应用技术型高等院校综合素质教育系列教材

大学生
心理健康
教育与实践

杜伦芳◎主审

刘轶◎主编

郝志芳　余莉　韩志来◎副主编

人民邮电出版社

北京

图书在版编目（CIP）数据

大学生心理健康教育与实践 / 刘轶主编. -- 北京 :
人民邮电出版社，2020.12
ISBN 978-7-115-54998-3

Ⅰ. ①大… Ⅱ. ①刘… Ⅲ. ①大学生－心理健康－健
康教育－高等学校－教材 Ⅳ. ①G444

中国版本图书馆CIP数据核字(2020)第189197号

内 容 提 要

本书依据《高等学校学生心理健康教育指导纲要》编写。全书共11章，内容以“认识—实践—反思—成长”为主线，整体架构、核心理念和知识要点都经过了精心的编排与提炼。本书每一章都由“真实案例”“活动体验”“知识解析”“测评推荐”4个模块组成，案例真实、体验新颖、要点突出。

本书适合作为“大学生心理健康教育与实践”课程的教材，也可为大学生社团开展朋辈心理辅导活动和班级开展主题班会活动提供指导。

◆ 主　　审　杜伦芳
主　　编　刘　轶
副 主 编　郝志芳　余　莉　韩志来
责任编辑　王亚娜
责任印制　王　郁　陈　犇

◆ 人民邮电出版社出版发行　　北京市丰台区成寿寺路11号
邮编　100164　　电子邮件　315@ptpress.com.cn
网址　https://www.ptpress.com.cn
三河市中晟雅豪印务有限公司印刷

◆ 开本：787×1092　1/16
印张：14.5　　2020年12月第1版
字数：352千字　　2020年12月河北第1次印刷

定价：45.00元

读者服务热线：(010)81055256　印装质量热线：(010)81055316
反盗版热线：(010)81055315
广告经营许可证：京东市监广登字20170147号

前言

心理健康教育是提高大学生心理素质、促进大学生身心健康和谐发展的教育，是高校人才培养体系的重要组成部分，也是高校思想政治工作的重要内容。

2018 年 7 月，中共教育部党组印发《高等学校学生心理健康教育指导纲要》，强调：“健全心理健康教育课程体系，结合实际，把心理健康教育课程纳入学校整体教学计划，规范课程设置，对新生开设心理健康教育公共必修课，大力倡导面向全体学生开设心理健康教育选修和辅修课程，实现大学生心理健康教育全覆盖。”

心理健康教育是情智教育，是一门引导大学生理解自己、理解他人、适应社会的学问。它教导大学生开拓成熟且富有弹性的视野，养成理性与平和的心态，在自我和他我中寻找平衡点，正确处理成和败、得和失、义和利、群和己的关系。

本书旨在使大学生在知识、技能和态度 3 个层面达到以下目标：在知识层面，了解与其生活相关的心理学基本理念和知识，了解大学阶段个体的心理发展特征及异常表现，掌握自我调适的基本知识；在技能层面，掌握自我探索技能、心理调适技能及心理发展技能，如学习发展技能、环境适应技能、压力管理技能、沟通技能、问题解决技能、自我管理技能、人际交往技能和生涯规划技能等；在态度层面，树立心理健康的自助与助人意识，了解自身的心理特点和性格特征，能够对自己的身体条件、心理状况、行为能力等进行客观评价，正确地认识自己、接纳自己，在遇到心理问题时能够进行自我调适或寻求帮助，积极探索适合自己并适应社会的生活状态，在他人遭遇心理危机时能辨别危机程度，并及时伸出援助之手。大学生通过实际参与每章的实践活动，体验专业的心理测验，可以加深自我探索，体验自我与环境之间的互动关系，进而整合、迁移、内化心理健康知识，塑造积极的个性品质，提升自主感、幸福感和成就感。

本书由武汉华夏理工学院马克思主义学院的杜伦芳教授任主审并负责总策划，武汉华夏理工学院心理健康教育中心的刘轶任主编，郝志芳、余莉、韩志来任副主编。具体编写分工如下：第一章由刘轶编写，第二章由刘轶和余莉编写，第三章由刘轶和郝志芳编写，第四章由刘轶和郝志芳编写，第五章由刘轶和龚飞编写，第六章由刘轶和刘浩波编写，第七章由刘轶和杨洋编写，第八章由刘轶编写，第九章由刘轶和韩志来编写，第十章由刘轶和郭定芳编写，第十一章由刘轶编写。

本书在编写过程中，参阅了相关书籍和文献资料，在此对所借鉴书籍及参考文献的作者一并致以衷心的感谢！此外，还要感谢艺术设计与传媒学院的邢艺燃同学对封面设计提出的建议。由于编者水平有限，书中难免存在不足之处，敬请同行专家及广大读者提出宝贵意见！

编　者

2020 年 8 月

目　录

CONTENTS

第八章

第九章

第十章

第十一章

第一章 大学生心理健康教育概述

真实案例

刘某，女，18岁，某大学一年级学生，为家中独生女，其父母均为事业单位职员，自小对刘某要求严格。刘某多才多艺，小学时成绩优秀，其父母喜欢在别人面前炫耀自己的女儿，上中学后刘某的成绩不如从前。

求助者主诉：这是什么学校啊？就跟高中似的，要求我们出早操、上早自习和晚自习。班上的学生不上课或者不上自习就在宿舍聊天、玩游戏，或者出去逛街、做兼职。我很看不惯他们这样的做法。我高中的朋友都去了重点高校，每次听他们说他们的学习有多紧张、大学的生活有多么丰富，我就很难过。我觉得自己一直都是一个不错的学生，以前成绩一直在中上，我应该在一个学习氛围很好的大学里，不知道怎么就来到了这样一所学校。这段时间，我根本不能好好学习。我真是受不了，想回去复读，可是担心压力太大，也怕自己来年考不好，但在这边又待不下去，真是烦恼。现在我和宿舍同学的关系也不是很好，真不知道该怎么办。现在，除非天气突然变得很好，或者家里有重大喜事，或者老同学来找我玩，否则我都高兴不起来。

同学们，你们是怎么看待的呢？你可能看到了刘某的抱怨，看到了她对身边人的指责、批评等，这是从道德或者其他角度出发的。如果我们换个角度来看她，比如她内心的矛盾纠结、情绪的烦躁不安，这就是从“心理健康”的角度出发了。所以，心理健康就在我们身边。

活动体验

活动一　课程介绍

1. 课程目标

（1）帮助学生了解老师，为良性互动奠定基础。

（2）帮助学生了解本门课程开设的初衷和要求。

（3）帮助学生初步了解自己所属的团队，帮助学生建立支持系统。

（4）通过团队活动，更好地适应大学生活。

2. 课程规则

（1）组长负责制：选出的组长全权负责团队事务，并为团队的状况负责。

你们的组长是____________________________________。

你们的组员包括____。

（2）考勤：下课之前组长考勤。

（3）迟到：迟到者要表演节目。

（4）旷课：无故旷课 2 次及 2 次以上者，取消课程成绩。

3. 考核方式

（1）期末成绩：开卷考试，占 50%。

（2）平日成绩：根据平日出勤、小组讨论及课堂表现为平日成绩赋分，占 50%。

活动二 我想有个家

（1）全体队员围成圆形，老师向大家问好。要求每个学生都带着最迷人的微笑，向全体成员行注目礼。

（2）全体向右转，老师站在圆圈的中间，学生根据老师的口令跑动起来。老师说：“我想有个家。”学生问：“几个人？”老师随机报出数字，要求学生在最短的时间组成符合数字要求的“家庭”。活动共进行 4 ~ 5 轮，目的在于帮助学生调节身心，使学生进入最佳的上课状态。

你的感受：____。

活动三 团队初体验

1. 分组

报数分组：根据班级人数，男女分别报数 1、2、3、4，同样数字的学生分在一组。

大家不要随意换组，要为自己提供一个与陌生人交往的机会。团队成员互相认识——记住别人的水果名（每人为自己取一个水果名，并且在3分钟内记住组内所有人的水果名）。

具体要求如下。

（1）同组成员水果名不要重复，选取一个最适合自己或者最像自己或者最喜欢的水果作为自己的水果名。

（2）3 分钟内以最快的速度记住所有成员的水果名。

（3）比比哪组最快。最慢的一组需要表演一个节目，节目的形式、内容自选，鼓励活泼、有创意的节目。

你的水果名：＿＿＿＿＿＿＿＿＿＿＿＿＿＿＿＿＿＿＿＿＿＿＿＿＿＿＿＿＿＿。

它的含义：＿＿＿＿＿＿＿＿＿＿＿＿＿＿＿＿＿＿＿＿＿＿＿＿＿＿＿＿＿＿＿。

2. 团队练习——激情节拍

全体队员围成圆形，按照规定要求喊出：“我们是最棒的！”

具体要求如下。

（1）双手在左边队员的后背拍 1 下，同时喊“1”；再在右边队员的后背拍 1 下，同时喊“1”；再双手互拍，喊出第一个字：“我”。

（2）双手在左边队员的后背拍 2 下，同时喊“2”；再在右边队员的后背拍 2 下，同时喊“2”；再双手互拍，喊出 2 个字：“我们”。

（3）双手在左边队员的后背拍 3 下，同时喊“3”；再在右边队员的后背拍 3 下，同时喊“3”；再双手互拍，同时喊出 3 个字：“我们是”。

（4）双手在左边队员的后背拍 4 下，同时喊“4”；再在右边队员的后背拍 4 下，同时喊“4”；再双手互拍，同时喊出 4 个字：“我们是最”。

（5）双手在左边队员的后背拍 5 下，同时喊“5”；再在右边队员的后背拍 5 下，同时喊“5”；再双手互拍，同时喊出 5 个字：“我们是最棒”。

（6）双手在左边队员的后背拍 6 下，同时喊“6”；再在右边队员的后背拍 6 下，同时喊“6”；再双手互拍，同时喊出 7 个字：“我们是最棒的，耶！”。

你的感受：＿＿＿＿＿＿＿＿＿＿＿＿＿＿＿＿＿＿＿＿＿＿＿＿＿＿＿＿＿＿＿
＿＿＿＿＿＿＿＿＿＿＿＿＿＿＿＿＿＿＿＿＿＿＿＿＿＿＿＿＿＿＿＿＿＿＿＿
＿＿＿＿＿＿＿＿＿＿＿＿＿＿＿＿＿＿＿＿＿＿＿＿＿＿＿＿＿＿＿＿＿＿＿＿
＿＿＿＿＿＿＿＿＿＿＿＿＿＿＿＿＿＿＿＿＿＿＿＿＿＿＿＿＿＿＿＿＿＿＿＿。

3. 首次团队任务——为弱势群体排练一个节目

要求：形式不拘，创意为主，团队合作，节目时间为 3 ~ 5 分钟。

准备时间：30 分钟。

老师点评：对学生的表现进行点评。

你们的团队任务：＿＿＿＿＿＿＿＿＿＿＿＿＿＿＿＿＿＿＿＿＿＿＿＿＿＿＿。

4. 选举组长

经过一整节课的磨合，你会发现在身边有一位同学与众不同，他更富有热情，更有责任心，思维更全面和敏锐，更重要的是，他有一颗愿意为大家服务的爱心。我们应该选他做我们的组长。

全体成员讨论，确定组长人选并进行就职演说。全体队员为组长举行支持仪式。

老师留下组长的电话号码，以便联络。

组长留下全体队员的联系方式，并建立本组的 QQ 群或微信群，以方便联络。

你们的组长：____。

知识解析

第一部分 心理健康的含义与标准

要点一 心理健康的含义

健康是人的宝贵财富。如果没有健康，智慧就难以表现，知识也无法利用。有了健康就有了希望，有了希望才可以拥有一切。对当代大学生来说，健康更是学业成就、事业成功、生活快乐的基础。

1. 健康新概念

长久以来，“没有病痛和不适就是健康”的观念一直为许多人所信奉，他们认为只要自己头不疼、脑不热就是健康。随着科技的日新月异和社会的不断发展，人们对健康的理解也发生了很大的变化。社会心理因素对于健康的影响越来越引起人们的关注，人们在重视生理健康的同时，对心理健康的关切程度也与日俱增。

现代医学认为，在人体疾病的发生与发展中，个体的认知、情绪、性格、行为等心理因素有很大的影响作用。比如，一个人在遭受重大刺激、心理上受到严重创伤时，会本能地产生一种应激反应进行自我保护，运用以往经验中的应对方式做出行为反应。但是如果这个刺激强度过于激烈，持续时间过久，就可能导致机体疾病的产生，甚至精神崩溃，也就是我们常说的精神失常。是否健康，不仅仅是身体没病没痛，还要有合理的认知、良好的情绪、阳光的性格、健康的行为模式等。世界卫生组织提出了健康的新概念：“不但没有身体的缺陷和疾病，还要有完整的生理、心理状态和社会适应能力。”它指出健康是一种生理、心理与社会适应都臻于完满的状态，而不仅仅是没有疾病和摆脱虚弱的状态。

2. 心理健康的定义

迄今为止，关于心理健康还没有一个统一的概念。由于心理健康的标准不像生理健康的标准那样具体、精确和绝对，对心理健康状况的划分，一般用“常态”和“变态”或者“正常”与“异常”来表示。心理健康与否、正常与否的界限是相对的，是一个连续体的两端，没有绝对的分界线。

1946 年第三届国际心理卫生大会曾为心理健康下过这样一个定义：“身体、智力、情绪十分调和；适应环境，人际关系中彼此能谦让；有幸福感；在工作和职业中能充分发挥自己的能力，过着有效率的生活。”因此，所谓心理健康是指在身体、智能以及情感上与他人的心理健康不相矛盾的范围内，将个人心境发展成最佳状态。它是知、情、意、行的统一，是人格完善协调、社会适应良好。简言之，心理健康是一种持续高效而满意的心理状态。个体在这种持续的、积极的心理状态下能与环境有良好的适应，其生命具有活力，能充分发挥身心潜能。人的心理健康水平大体可分为 3 个等级：一是一般常态心理，表现为心情经常愉快，适应能力强，善于与别人相处，能较好地完成与同龄人发展水平相适应的活动，具有调节情绪的能力；二是轻度失调心理，表现出不具有同龄人所应有的愉快，与他人相处略感困难，生活自理能力较差，经主动调节或通过专业人员帮助后可恢复常态；三是严重病态心理，表现为严重的适应失调，不能维持正常的生活和工作，如果不及时治疗可能恶化成为精神病患者。

要点二　心理健康的意义 

就像“人”字的结构是相互支撑，如果说左边的一撇代表人格和智力等心理特征，那么右边的一捺就代表体能、体态和体型这些身体特征。一个人只有重视生理和心理健康，在世上生存才能站得稳，遇到困难和挫折及时调整才能屹立不倒。

由于生活节奏加快，社会竞争日趋激烈，应激反应、性格问题、品德问题、行为问题、学习问题、工作问题、人际关系问题、社会交往问题等日益突出，各种心理障碍严重影响了人们的生活质量，常常使人们生活在痛苦之中。健康的心理是学生全面发展的基础，良好的心理品质、健全的个性是学生赢得学习和生活成功的必要条件。心理学调查表明，一个人能否成功，知识和智力方面的因素占 30%，而非智力因素占 70%。即在相同的客观条件下，愉快的心情、共同进步的愿望、坚强的自信心、平静的心境与心态对成功有很大的促进作用。心理健康者，可以充分发挥出人本身具有的巨大潜能，效果事半功倍；反之，心理不健康，就有可能使潜能受到压抑，而只能事倍功半。因此，心理健康与成功人生密切相关：心理健康是人生获得成功的前提基础，是获得正确思维的保证，也是家庭幸福、享受成功人生的保障。

在米奇·阿尔博姆所著的《相约星期二》这本书中，书中的社会学教授很好地诠释了心理健康的意义，他说：“你应该发现你现在生活中的一切美好、真实的东西。回首过去会使你产生竞争的意识，而年龄是无法竞争的……当我应该是个孩子时，我乐于做个孩子；当我应该是个聪明的老头时，我也乐于做个聪明的老头。我乐于接受自己赋予我的一切权力。我属于任何一个年龄，直到现在的我。你能理解吗？我不会羡慕你的人生阶段，因为我也有过这个人生阶段。”

由此可知，心理健康的意义有以下 3 点。

第一，可以坦然地面对生活的不同阶段和不同际遇。一个心理健康的人，能保持开放的心态去面对生活中发生的事情，不论是年龄的变化，还是荣辱以及富贵贫贱。

第二，一个心理健康的人在接受并适应自身的生活境遇的同时，能保持自身内部及外部人际的和谐，其充分接受人与人各自的独立性，享受孤独。

第三，在充分接纳自身、他人、环境的同时能分享人际间的亲密感，同时能审时度势，设计并争取自身的发展方向，不断地探索真理。

我们经常看到这样的情况，那些平时看似平和冷静的人，在遇到生活波折时其表现却大不相同，有的大呼小叫，有的痛哭流涕，有的则比平时更冷静。那些遇到荣誉、名利时就忘乎所以、得意忘形的人，那些遇到挫折、失利时就抑郁悲观、不能自拔的人，显然都是心理不够健康的。在这种情况下，他们的内心平静与否过多依赖于外在事物的状态是否能满足自身需要，而无法真正考虑到自己本身就是有价值的，以及身外之物与自身的关系，当然也就无法客观全面地看待自己，与人建立真正的亲密关系也会受到自我评价的影响，在此基础上的争取自身的发展也就变得更受限制。而那些在面对生活的磨难时表现出惊人的冷静和接纳的人，则让我们从内心由衷地佩服。试想，当大家都急得像热锅上的蚂蚁，面对突然的变化不知所措时，有一个清晰而明确的声音说：这件事情是这个样子的，这样处理会比较合适。这些确定的态度、明朗的指示语、稳定的情绪，对当时人们的心灵有极大的抚慰作用。这就是我们在生活中常见的心理健康的状态。生活中也不乏有这样一些人，他们在灾祸、急性事件发生时，能够出来稳定局面、想办法解决问题，他们的表现让人信服，好似“有容乃大”。再举一个简单直接的事例：某晚宿舍闹鼠患，大多数同学都很慌乱，而此刻一个开始打老鼠的人就是面对老鼠带来的焦虑时心理最健康的人。

除此之外，当一个活动遇到突发状况时，能顶住压力、想方设法使活动完成的人；当一个项目遭遇困难时，能聚拢团队，使项目绝处逢生的人；当家庭遭遇危机时，能清晰地阐明方向，提出建设性方案的人；当公司面对金融风暴，能审时度势，提出保全方案的人；当国家面对强敌，能号召民众团结力量抵御外敌的人；在经历恐慌、担心、害怕、无助后，能及时调整自己的身心状态、调动积极资源正常生活的人……这些人都是心理健康的人。那些在别人狂喜时最冷静的人；那些在别人发愁时最积极想办法的人；那些在事情不可逆转时最平静地接受失败的人；那些最勇于挑战自己，同时又充分接受失败可能性的人，就是心理最健康的人。

可见，心理健康的意义在于：它让我们既能与人和谐相处，也能充分享受孤独，让我们能真正地发挥自己的潜能，实现自己的理想。不过很显然的是，心理健康有不同的层次和方向，我们发现，对有些事我们能稳定情绪，但对另一些事就不能了。这在生活中是比较正常的状态，因为我们的心理状态是一个动态的平衡过程，而我们都走在不断地让自己越来越健康的路上。

要点三 身体健康的标准

世界卫生组织提出的关于人体健康的 10 条标准如下。

（1）有足够充沛的精力，能从容不迫地应付日常生活和工作的压力，而不感到过分紧张。

（2）处事乐观，态度积极，乐于承担责任，事无巨细不挑剔。

（3）善于休息，睡眠好。

（4）应变能力强，能适应环境的各种变化。

（5）能够抵抗一般性感冒和传染病。

（6）体重适当，身材均匀，站立时头背位置协调。

（7）眼睛明亮不发炎。

（8）牙齿清洁，无空洞，无痛感，齿龈颜色正常，无出血现象。

（9）头发有光泽，无头屑。

（10）肌肉皮肤富有弹性，走路感觉轻松。

要点四　心理健康的标准

1. 判断心理健康的依据

关于心理健康的标准，迄今为止还没有一个统一的概念。国内外学者一般认同心理健康标准的相对性和复杂性，其既有文化差异，也有个体差异。一般而言，判断个体心理健康与否，主要源于以下 4 个方面。

（1）经验标准

这一标准是指当事人按照自己的主观感受来判断自己的健康状况，研究者凭借自己的经验对当事人的心理健康进行判定，重点关注当事人的主观心理感受。由于个体先天的遗传及后天的环境不同，面对同样的生活事件，不同的个体由于自我认知不同、自我体验不同，自我评价也不尽相同。

（2）社会适应标准

以社会中大多数人的常态为参照标准，根据当事人是否适应常态而判断其心理是否健康。例如，大学生根据生理、心理与社会发展的常态应当具有独立生活与处理生活中面临的事务的能力，而如果某位大学生生活能力低下，不能打理自己的日常生活，这便需要引起重视。

（3）统计学标准

这一标准是依据对大量正常心理特征的测量取得一个常模，把当事人的心理与常模进行比较，符合常模的说明其心理健康。这个标准更多地应用于心理学研究之中。一般而言，我们都要将个体的心理测验结果与常模对照，来判断其心理健康状况。

（4）自身行为标准

每个人在生活中会形成一种稳定的行为模式，如果个体现实的行为与自己以往的行为模式相符合，也就是说前后一致，即为相对正常标准。

2. 心理健康的基本标准

个体的心理健康与否没有一个绝对的界限，判断一个人心理是否健康是有一定困难的。根据世界卫生组织对心理健康标准的说明，结合我国大学生这一特殊群体的年龄特征、心理特征和社会角色特征，其心理健康的基本标准可归纳为以下 7 个方面。

（1）智力正常

智力正常是大学生学习、生活、工作最基本的心理条件，是大学生胜任学习任务、适应周围环境变化的前提，也是衡量大学生心理健康的首要标准。一般来说，大学生通过了高考的选拔，足以表明大学生的智力是正常的。

同时，衡量大学生的智力，关键在于看大学生的智力是否正常、充分地发挥了功效，判定标准：有强烈的求知欲和浓厚的探索兴趣；智力结构中各要素在其认识和实践活动中都能协调地参与，并能积极地发挥作用；乐于学习。

（2）认识自我，悦纳自我

老子曰："知人者智，知己者明。"大学生要有正确的自我概念，客观地进行自我评价，这是大学生心理健康的重要条件。

一个心理健康的大学生，对自己的认识往往比较接近实际，有自知之明，能恰如其分地认识自己，摆正自己的位置。既不因自己某些方面强于别人而自傲，也不因自己在某些方面弱于别人而自卑；面对困难与挫折，能够自我悦纳，喜欢自己，接受自己，自尊、自强、自立、自律，正视现实，积极进取。了解自己的长处，才会清楚自己的发展方向；了解自己的缺陷，才会少犯错误，避免去做自己力所不能及的事情。大学生应对自己的优点感到欣慰，但不能狂妄自大；对自己的弱点应既不回避又不自暴自弃，做到善于接纳自我。

（3）接纳他人，适应环境

人生活在社会中，就像鱼生活在水中一样，离开了他人和他人的帮助，人将无法生存。因此，大学生要合乎常理地认识客观现实，也就是说对一些人人皆知的东西、认知不要有悖于常理，具有较强的适应能力是心理健康的重要特征。

个体应与客观现实环境保持良好的关系，既要进行客观观察以取得正确认识，以有效的办法应对环境中的各种困难，又要根据环境的特点和自我意识的情况努力进行协调，或改变环境以适应个体需要，或改造自我以适应环境。

心理健康的大学生，能与社会保持良好的接触，对社会现状和未来有较清晰、正确的认识，思想和行动都能跟上时代的发展步伐，与社会相适应。这里所讲的适应，不是被动、一味地迎合，甚至与不良风气、落后习俗同流合污，而是在认清社会发展趋势的基础上，不逃避现实，努力提高自己，主动适应社会。

（4）具有健全的人格

人格是个体稳定心理特征的总和。健全的人格指个人的所想、所说、所做都是协调一致的。大学生人格健全的主要标准：人格结构的各要素完整统一，具有正确的自我意识，不产生自我同一性的混乱，能以积极进取的人生观作为人格的核心，并以此为中心把自己的需要、愿望、目标和行为统一起来。

心理健康的人，其人格是健全统一的，其行为表现出一贯性和统一性。而心理不健康的人，其人格缺乏统一性，行为具有不连贯性、变化无常，如双重人格或多重人格等。

（5）有较强的情绪调节能力

情绪健康的标志是心情愉快和情绪稳定。心情愉快不是说一个人只有积极情绪（正面情绪）才是健康的，而是既有积极情绪又有消极情绪（负面情绪），同时，积极情绪多于消极情绪，总体上乐观开朗，富有朝气，对生活充满希望，消极情绪不影响总体的积极向上状态。情绪稳定是指个体能够调控自己的情绪，既能满足自身的需要，又在不违背社会要求的基础上去合理宣泄消极情绪，并且能克制情绪的强度，使情绪的强度符合引起情绪的情境而不过度；同时，能够考虑不同的时间和场合，恰如其分地表达情绪。当一个人心理健康时，其情绪表达恰如其分，仪态大方，既不拘谨又不放肆。

（6）行为与社会角色相一致

社会角色，通俗地讲就是“身份”。在现实生活中，每个人在不同的场合或从不同的角度来看，充当着不同的角色，即具有不同的身份。社会对各种角色有相应的要求。如果个体的行为与其所充当的角色的要求基本一致，则说明其心理处于健康状态。

（7）心理行为符合大学生的年龄特征

人的心理行为是与人不同阶段的生理发展相对应的，不同的年龄阶段往往具有不同的心理行为特征。对心理健康的人而言，其认知、情感、言行、举止与其所处的年龄段相符合。如果一个人的心理行为经常严重偏离自己的年龄和性别特征，这就意味着心理有问题。心理健康的大学生应该是精力充沛、勤奋好学、反应敏捷、喜欢探索的。过于老成、过于幼稚、过于依赖都是心理不健康的表现。

要点五 对心理健康应有的认识

1. 心理健康是一种状态，更是一个过程

心理健康状态是动态的，始终处于不断的变化之中。每个人的心理平衡都是动态的平衡。生活不可能没有压力和冲突，压力和冲突必然引起内心的波动。人的心理就像一台设计精巧的机器，随时对环境的温度、湿度和气压作做出调整，调整的适当与否会表现在个体能否继续完好地生活、学习、工作。因此，心理健康是一个动态的过程，是在平衡和不平衡中不断变化而寻找新的平衡的过程。人在外界的压力之下，内心的心理平衡状况被打破，有时候会出现心理失衡的状况。一般情况下，人们可以依据以往的经验来应对，自行调节，使心理恢复平衡；而有时人们很难自我调节，在这种情况下需要及时寻求帮助，找亲人、朋友或专业心理咨询师，使心理状态尽快恢复平衡。如果一个人长期处于心理失衡状态却置之不理，任其发展，则容易导致心理疾病的发生。

2. 从不同角度和不同层次理解心理健康

一个心理健康的人并不意味着完全没有不健康的心理和行为。从不同角度和不同层次对心理健康进行理解，有助于我们更清晰地把握心理健康的概念。

判断一个人的心理是否健康，不能简单地根据一时一事下结论，所以，“较长一段时间”和“持续”是两个基本条件。如果一个人偶尔出现一些不健康的心理和行为，并不能说明这个人就心理不健康。至于持续多久才算心理不健康，则要视具体情况而定。判断一个人心理健康与否，应兼顾内外两方面：对内，应看其心理机能是否健全，意思是内在是否保持和谐状态，是否用正当手段满足个人需要；对外，就是看其行为是否符合规范，人际关系是否保持协调，社会适应是否良好。

对于心理健康可以从不同角度和不同层次进行理解，这有助于我们更清晰地把握心理健康的概念。从适应的角度来说，如果我们能保持心理平衡，内心没有冲突，则已经达到了一种心理健康的状态。当然，这种状态比较消极，因为在现代竞争激烈、压力巨大的社会现实下，我们很难保持完全的平衡状态，这种适应性的心理健康状态很容易被打破。因而从发展的角度来说，心理健康是指更积极的、高层次、有追求、有价值目标的状态，也就是说，在不断地追求发展，不断地产生和追求新目标的过程中，能随时保持心理平衡，迅速地调适。

3. 人人都有心理问题

人人都会有心理问题。心理问题就象像我们生理上的感冒。衡量一个人的心理是否健康，并不在于他（她）是否有心理问题，而在于他（她）是否善于自我觉察，发现问题，勇于自我调节或寻找他人帮助以解决自身的心理问题。

许多有严重心理障碍的人起初所经历的只不过是一种很常见的小事件、小挫折，如一次考试不及格、一次失恋、与同学吵了一架等，由于没有及时地调整认知或应对方式，没有及时地疏导小挫折引起的情绪困扰，生活中很多这样那样的小问题引起的困扰长期堆积起来不能解决，就会像一只气球达到了最大容气量马上面临爆炸一样，只要再经历一次很小很小的事件，这个小事件就会成为“骆驼身上的最后一根稻草”，把人压垮。

“郁闷”“纠结”几乎成了一些大学生的常用词汇。他们用“郁闷”表达诸如失落、空虚、无聊、找不到方向等复杂情绪。这种情绪不同于“焦虑”和“抑郁”，焦虑是自己明知道没有道理却无法控制、摆脱负性情绪，而抑郁是一组综合征，它包括多种症状和体征，涉及躯体和心理两方面。“郁闷”一词的模糊性，涵盖意义的广泛性，使其表达了比传统的“烦恼”“焦虑”等词更多的信息内容，从而更准确和精练地表达出了人们的某种复杂的心理和精神状态，也因此得以在大学生中流行。“纠结”则表达了那些纠缠着的、无法理清、左右为难的、难以取舍的复杂感受，相比于“郁闷”表达出的低沉的情绪状态，“纠结”则更多是“说不清，理还乱”的烦躁心理。通过这两个词在大学生中的高使用率，大学生活的压力状态可见一斑。

4. 心理健康归根结底应该是一种人生态度

心理健康不是指对任何事物都能愉快地接受，而只是在对待环境和问题冲突的反应上，能够更多地表现出适应倾向。心理健康的人具备足够的灵活性，对人对事的观点、看法能保持弹性，即使有生活事件的冲突，也能随时进行调整，因此，这种健康的人生态度既不是超控制（对事物抱定必然如此的信念）的，也不是失控制（对事物抱定完全不会如此的信念）的，它是开放的、乐于吸取新经验的，用积极的眼光看问题。

第二部分 大学生心理健康问题的类型及影响因素

要点一 大学生心理健康问题的类型

一般而言，大学生心理健康的问题可以分为两类：一类是适应与发展困扰，另一类是心

理障碍。

1. 适应与发展困扰

适应与发展困扰是大学生在成长成熟的生理和心理发展过程中，面临这个年龄阶段应完成的发展任务时所遭遇的种种困扰。通常伴有一定的心理机能紊乱（如消极情绪、行为偏差等），但并未达到各类心理障碍的诊断标准，具体表现为各种适应与发展方面的困扰，比如自我认识与发展、学习、人际交往、性与恋爱、生活自理、理财、运动等方面的诸多困扰。在本章开始的案例中，刘某的苦恼可谓当前一部分刚进大学的新生心理状态的真实写照。适应与发展困扰是大学生最主要的心理健康问题。

2. 心理障碍

大学生中发生频率较高的心理障碍主要有以下 5 类。

（1）心境障碍

心境障碍也称情感性精神障碍，是指由各种原因引起的、以显著而持久的情感或心境改变为主要特征的一组疾病。在大学生中，主要表现为抑郁症和双相障碍。

① 抑郁症：又称重度抑郁障碍，是以显著而持久的心境低落为主要临床特征的一类心境障碍。

② 双相障碍：又称双相情感障碍，指既有躁狂发作又有抑郁发作的一类心境障碍。

（2）焦虑障碍

焦虑障碍又称焦虑性神经症或焦虑症，是以焦虑情绪体验为主要特征的一组疾病，主要表现为无明确客观对象的紧张担心、坐立不安，并伴有自主神经失调症状（如心悸、手抖、出汗、尿频等）以及运动性不安。在大学生中，主要表现为广泛性焦虑，即慢性焦虑。而惊恐发作即为急性焦虑发作。

（3）强迫障碍

强迫障碍也称强迫症，是以强迫思维和强迫行为为主要特征的一组疾病，主要表现为有意识的强迫和反强迫并存，一些毫无意义甚至违背自己意愿的想法（如怕脏、怕危险等）或冲动（如检查、洗手等）反反复复侵入患者的日常生活。患者虽体验到这些想法或冲动来源于自身并极力抵抗，但始终无法控制，二者强烈的冲突使患者感到巨大的焦虑和痛苦。

（4）精神分裂症

精神分裂症是以基本个性改变，思维、情感、行为的分裂，精神活动与环境的不协调为主要特征的一组常见的重性精神疾病。不同类型的精神分裂症患者临床表现差异较大，有的表现为幻觉、离奇的妄想、怪异行为等，有的则表现为情感淡漠、意志减退甚至缺乏。

（5）人格障碍

人格障碍即人格的异常，是指明显偏离了个体文化背景预期的内心体验和行为的持久模式，并且是泛化的和缺乏弹性的。人格的异常妨碍了患者正常的情感和意志活动，破坏其行为的目的性和统一性，给人以与众不同的特异感觉，尤其表现在待人接物方面。人格障碍患者不仅个人遭受痛苦，也可能使他人遭受痛苦，或是给个人和社会带来不良影响。

从 20 世纪末开始，对我国大学生心理健康状况的研究一直处于近乎白热化的状态。从研究思路来看，绝大部分研究采用医学研究的“疾病思路”或“缺陷思路”即采用各类心理测验对大学生的各种心理问题或心理障碍进行流行病学调查。20 世纪八九十年代以来的相关调查显示，大学生心理健康的整体状况较好，但也存在一些问题，需要人们引起重视。

要点二 影响大学生心理健康的因素 

根据心理健康的“生物—心理—社会”综合模型，可将影响大学生心理健康的因素总结如下。

1. 生物因素

影响大学生心理健康的生物因素主要如下。

（1）生理疾病或缺陷

遗传、创伤、传染等导致的生理疾病或缺陷，比如肝炎、视觉异常、白癜风、生理残疾等，是一类强有力的生理性应激源，对大学生的自我认识与悦纳、性格、人际交往、恋爱或亲密关系、就业等影响巨大，有的甚至造成长期的负面影响。

（2）体貌特征与运动

身高、体重、容貌、身材、皮肤、发质、牙齿等体貌特征以及运动对身体的影响（比如身体素质、肥胖、疾病等），影响着大学生的学习与生活，尤其体现在自我认识与人际交往方面，可能造成适应与发展困扰（比如人际回避、过度减肥、反复整容等），严重的甚至会引起心理疾病（比如神经性厌食症等）。

（3）物质摄入

酒精、尼古丁、咖啡因以及其他精神活性物质的摄入或过度摄入，不仅影响大学生的身体健康，还可能损害正常的心理机能（比如注意力问题、情绪失调、行为偏差等），严重的甚至会引起物质依赖。

2. 心理因素

影响大学生心理健康的心理因素主要如下。

（1）个人观念

世界观、价值观和人生观决定着大学生怎样面对和投入大学阶段的学习与生活。一些不良的个人观念（比如读书无用论、享乐主义等）容易造成大学生的适应与发展困扰，往往令有些大学生在学习、人际交往、恋爱或亲密关系、休闲娱乐、饮食睡眠、就业或创业等方面陷入困境或冲突。

（2）个人能力与兴趣

大学生的生活自理能力、自主学习能力、注意控制能力、时间管理能力、自我控制能力、学习与生活兴趣等影响着学习与生活的方方面面。个人能力不足、兴趣缺乏等往往容易造成适应与发展困扰。

（3）个性特征

一些消极或负面的个性特征（比如神经质、内向性、完美主义、自我中心等）不仅容易在学习与生活中造成适应与发展困扰，严重的甚至会引发心理障碍（比如抑郁症、强迫症、社交焦虑障碍等）。

（4）性

大学生的性冲动及其满足、性取向及其适应、性观念及其选择等对于日常生活有着重要影响，可能在人际交往、恋爱或亲密关系等方面造成适应与发展困扰，还可能引发心理障碍（比如抑郁症、焦虑障碍）。

3．社会因素

影响大学生心理健康的社会因素主要如下。

（1）家庭及早年经历

家庭所在地、家庭社会经济地位、父母受教育程度、父母个性特征、家庭成员关系（尤其是原生家庭）、早年经历（比如学业成败、留守经历、创伤经历、重大事故等）影响着个体的人格、能力以及个人观念的形成，对大学生学习和生活的影响深远，可能是造成各类心理健康问题的深层次原因；而近期的家庭变故（比如父母离婚、亲人去世、亲人患重病、破产等）通常是一种强有力的应激源，可能对大学生的心理健康造成暂时性或长期性的影响。

（2）学习与生活

就读学校的性质、所学专业、就读年级、学业难度及任务量、住宿条件等客观方面的因素可能给一些大学生造成适应与发展困扰；宿舍关系、师生关系、同学关系、恋爱或亲密关系等既能反映大学生的心理健康状况，也能反过来成为影响大学生心理健康的原因，可能造成各类心理健康问题；手机与网络的使用、社团及课余活动等影响着学习时间的分配与学习投入，可能给一些大学生造成适应与发展困扰；而考试失利、无法顺利毕业、失恋、意外怀孕等学习与生活中的重大事件，常常是影响大学生心理健康的重要应激源，严重的可能引发心理精神疾病甚至自杀。

（3）社会文化及环境

参照美国心理学家布朗芬布伦纳的生态系统理论，社会文化及环境作为宏观系统与上述两方面因素的作用有所不同，它们对大学生心理健康的影响较为间接，往往作为背景性的影响因素，或是潜移默化地产生影响。比如，传统文化、亚文化、社会文化变迁（如金钱观、消费观、健康观）、社会治安状况、经济环境、就业环境、环境污染等。

第三部分　心理保健与心理咨询

要点一　大学生心理健康保健

1．树立科学的健康观

身体健康固然重要，人的心理健康和社会适应能力更值得关注。当大学生的心理“感冒”

时，病毒就会悄悄侵蚀大学生的心理健康。为了身体健康，大学生要锻炼身体，预防疾病产生；为了心理健康，大学生应关心自我、锻炼自我的心理承受力，提高“心理免疫力”。

（1）培养良好的人格品质

大学生要培养良好的人格品质，首先应正确认识自我，培养悦纳自我的态度，扬长避短，不断完善自己；其次，应提高对挫折的承受能力，对挫折要有正确的认识，在挫折面前不惊慌失措，采取理智的应对方法，化消极因素为积极因素。

（2）直面挫折，在风雨中变得坚强

挫折承受能力的高低与个人的思想境界、对挫折的主观判断、挫折体验等有关。大学生要客观认知挫折是人生经历中的一部分，逃离不是办法，勇敢面对才是解决之道。提高挫折承受能力，就应努力提高自身的思想境界，树立科学的人生观，积极参加各类实践活动，丰富人生经验。

（3）养成健康的生活方式

生活方式对心理健康的影响已被科学研究所证明。健康的生活方式指生活有规律、劳逸结合、科学用脑、坚持体育锻炼、少饮酒、不吸烟、讲究卫生等。大学生的学习负担较重，心理压力较大，为了长期保持学习的高效率，必须科学地安排好每天的学习、锻炼与休息，使生活有规律。

2. 自我心理调适

大学生要正视现实，学会自我调节，保持与现实的良好接触。自我心理调节要做到以下 4 点。

（1）保持浓厚的学习兴趣和求知欲望。

（2）保持乐观的情绪和良好的心境。

（3）保持和谐的人际关系。

（4）保持良好的环境适应能力。

3. 主动寻求专业心理咨询人员的帮助

心理老师具备较深厚的理论功底和丰富的生活实践经验，对大学生所面临的心理问题具有较好的解答方式和处理技巧。大学生在必要时应求助于经验丰富的心理咨询医生或长期从事心理咨询的专业人员和心理老师。

扫一扫

心理咨询的主要服务对象

心理咨询兼有心理预防和心理治疗的功能，专业的心理咨询可以为大学生创设良好的社会心理环境和条件，提高他们的精神生活质量和心理效能水平，以实现降低和减少心理障碍、防止精神疾病产生、保障心理健康的目的。

4. 积极参加课余活动和发展社会交往

丰富多彩的课余活动不仅丰富了大学生的生活，而且为大学生的健康发展提供了课堂以外的活动机会。大学生应培养多种兴趣，发展业余爱好，通过参加各种课余活动，发挥潜能、振奋精神、缓解紧张、维护身心健康。通过社会交往可以实现思想交流和信息资源共享。发展社会交往可以不断地丰富和激活大学生的内心世界，有利于心理保健。

要点二　心理咨询的原则与功能

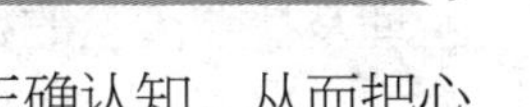

了解心理咨询的原则和功能有利于大学生形成对心理咨询工作的正确认知，从而把心理咨询作为解决心理问题、保障心理健康的有效途径。

1．心理咨询的原则

心理咨询的原则是心理咨询人员在工作中必须遵守的基本原则，主要有以下6条。

（1）保密原则

保密原则是心理咨询中最重要的原则。这一原则指心理咨询人员有责任对来访者的谈话内容予以保密，来访者的名誉和隐私应受到道义上的维护和法律上的保护，在没有征得来访者同意的情况下，不得将来访者的言行泄露给其他人。在公开案例研究或者发表有关文章必须使用特定来访者的个人资料时，需充分保护来访者的利益和隐私，并使其不至于被他人对号入座。但是，保密原则也是有一定限度的，如果发现来访者有明显的自杀意图、存在伤害性人格障碍或精神疾病，心理咨询人员应及时向有关部门反映，以便采取防范措施。

（2）尊重原则

尊重来访者是对心理咨询人员最起码的要求。尊重来访者的现状以及他们的价值观、人格和权益，对他们予以接纳、关注、爱护，是建立良好咨询关系的重要保障，是有效助人的基础。尊重意味着心理咨询人员与来访者在人格上是平等的。虽然心理咨询人员在专业知识方面以及在某些经验方面比来访者要强，但这决不能成为比来访者优越的资本。心理咨询人员不能居高临下，摆出一副权威的样子，盛气凌人；不能因来访者的过失、片面的想法或缺乏某些方面的知识而流露出不屑一顾的神态或摆出自己比对方高明、高尚的样子。

（3）中立原则

中立原则指心理咨询人员在心理咨询中应始终保持不偏不倚的立场，确保心理咨询的客观与公正，不得把自己私人的情感、利益掺杂进去；要保持冷静、清晰的头脑，不轻易批评来访者，不把自己的价值观强加于来访者。中立原则是使来访者感到轻松的重要因素，它可使来访者无所顾虑，从而把内心世界完全展示出来。

（4）自愿原则

心理咨询是建立在心理咨询人员与来访者双方“知情同意”基础上的一种心理援助活动。来访者寻求心理咨询应该完全出于自愿，这是心理咨询能够有效进行的必要条件。

（5）发展性原则

发展性原则指心理咨询人员要以发展变化的观点来看待来访者的问题。心理咨询人员不仅要了解来访者已有的发展历程和结果，还要善于判断来访者今后发展的可能性和发展方向。这就要求心理咨询人员具有较高的洞察能力和预见能力。一方面，心理咨询人员要对来访者的内在潜能和发展条件有准确的估计；另一方面，心理咨询人员要对来访者的发展目标和发展道路有恰如其分的把握，从而使来访者提高自信心，增强适应能力，完善人格。

（6）整体性原则

整体性原则指在咨询过程中，心理咨询人员要有整体观念，对来访者的心理问题做到全面考察、系统分析。心理咨询人员既要重视心理活动诸要素的内在联系，又要考虑心理、生理及社会因素的相互制约和影响，以使咨询工作准确有效，防止“头痛医头，脚痛医脚”和“只见树木，不见森林”的片面做法。

阅读材料

心理咨询“与我无关”

1. 来访者背景

小婷，大三，女生，焦虑、易怒，思维紊乱，人际交往困难。由辅导员转介而来。

2. 来访者自述

我一直以为找心理医生的人都是精神有毛病的人。接受心理咨询的人是得了精神病或是被人称为“怪人”的人，去咨询就是有见不得人的隐私或思想道德品质方面有问题，总之，有病的人才去进行心理咨询。进入大学后，我不知道如何与室友相处，导致我的人际关系越来越糟糕。我的情绪很低落，容易紧张、焦虑，常常失眠、食欲缺乏。即使如此，我依然告诉自己：“我的心理没有问题，还没到那么严重的地步，心理咨询与我无关”。如果被别人特别是室友知道我去进行心理咨询，他们一定会嘲笑我、排斥我、孤立我，因此，我一直压抑着。结果越压抑问题越多、越麻烦。如果不是辅导员苦口婆心地劝我来，我是不会自己来学校心理咨询中心的。老师，我真的有问题吗?

3. 分析与讨论

和小婷有一样的想法及困扰的大学生并不少见。

（1）心理咨询面向的是正常人，探讨正常人在日常生活中面临的种种痛苦和烦恼，而不仅是当心理和生活出现问题时才需要进行心理咨询，特别是当心理问题很严重、自己无法解决时，进行心理咨询是非常有必要的。许多对大学生来说极难解决的问题，在心理咨询人员的指导下都可以找到解决的办法。

（2）寻求心理咨询并非有些人理解的所谓“有病”。心理咨询可以帮助来访者认识和开拓自身，不断突破自我，从而获得全面而充分的发展。一些发展性的心理咨询，如自我规划、职场选择等，更是和“有病，不正常”毫无关系。甚至可以说，一个处于健康状态的人去接受心理咨询，他的获益要大于那些已经出现心理问题的人。

（3）大学生求助心理咨询的主要目的是让自己更加优秀。当大学生在发展自己的过程中遇到一些影响心理的问题时，都可以去寻求心理咨询人员的指导和帮助。

2．心理咨询的功能

一般认为，心理咨询能为人们提供一种新的学习经验，可以帮助求助者扫除心理障碍。那些由于心理障碍而遇到麻烦的人，可以在心理咨询人员的帮助下逐渐改变与外界格格不入的思维、情绪和反应方式，并学会建立与外界相适应的方式。简单地说，心理咨询可以促使人们从不同的角度看待自己和社会，用新的方式去体验和表达他们的思想情感，并形成全新的思维方式。具体而言，心理咨询的功能包括以下 7 个方面。

（1）帮助求助者认识到自身的问题主要是由尚未解决的内部冲突引起的

很多求助者往往认为他们的问题是由他们自身之外的因素造成的。这时心理咨询人员采取的做法就是让求助者认识到，大部分心理问题的发生是源于自己尚未解决的内部冲突，外部环境只不过是一个舞台，冲突便在这个舞台上展开。人们所遇到的压力问题、适应问题、人际问题等，正是其内部冲突的外部表现。在咨询过程中，求助者将逐渐认识到，只要改变自己的内部冲突，不仅问题得到了解决，还使自己变得坚强，使自己的人生变得充实、美满。

（2）为求助者有效地面对现实问题提供了机会

求助者在面对现实问题时，往往采取一些无效的防御反应，如逃避、理想化、过分责备他人等。但他们一般认为自己对现实的认识是清楚的，解决问题的方法是正确的，而事实上这些方法无助于他们解决现实问题，只会让他们产生更大的心理困扰。通过咨询可以帮助求助者全面、客观地认识自己和外部世界，并采取积极有效的方式去解决所面对的问题，引导求助者回到现实中来，对现实体验敞开胸怀，勇敢地去承受现实中的痛苦。只有学会将过去的经验、现在的行动和对未来的理想境界统合起来，投身现实去做切实的努力，才能坚实地走向未来。

（3）引导求助者发现真实的自我

关于自我的问题，在求助者当中主要有 3 种类型：一是有些人能明确认识自己，却要制造假象给别人看；二是有些人认为已经认清了自己，但实际上并非如此；三是有些人对自己感到迷惑不解，不知自己到底是什么样的人。通过咨询，求助者可以真正地认识自己的需要、价值观、态度、动机、个性特征等，根据自己的心理状况设计自己的行为，从而可以尽可能快地成长并获得最大进步。这也就意味着，心理咨询不仅可以帮助求助者认清自己，而且可以让他们根据这个真实的自我促使人格完善。

（4）为求助者提供建立新型人际关系的机会

心理咨询人员必须心理健康，全心全意地关心和帮助求助者，并且应具备丰富的心理咨询专业知识和助人技巧。求助者在现实生活中，有些人会关心他们，但不一定持久，这些人并不一定在心理上比求助者健康，并且往往缺乏专业的知识和助人技巧。换句话说，尽管心理咨询人员不是十全十美的，但他们比求助者所接触到的其他人更有能力提供一种健康的和有益的相互关系。求助者经过心理咨询人员的帮助，能够把其与心理咨询人员的关系以及发展关系的经验，成功地应用于其他人际交往之中。

（5）增加求助者心理的自由度

大多数求助者至少在一个相当重要的方面缺乏心理自由。例如，很多人从来不敢承认自己有过失或缺点（让别人知道自己存在不足的自由），或是不愿意让别人失望（使别人失望的自由），以及不能容忍自己存在互相矛盾的情感（允许矛盾情感同时存在的自由）等。通过心理咨询，求助者可以发现他们到底在哪些方面缺乏自由，进而增加这种自由。当求助者能觉察自己复杂的感情并能够接纳时，他们就会理解自己前后矛盾的行为，并在解决问题的道路上迈出重要的一步。

（6）纠正求助者的某些不合理的观念

许多求助者头脑中存在不同性质、不同程度的不合理观念，正是这些观念导致他们产生心理问题和适应困难。求助者常确信他们十分清楚自己需要什么和正在干什么，而实际上并非如此。心理咨询帮助求助者面对那些以前认为“无法解决”的问题，帮助他们坦诚面对沉重的许诺，促使他们不再自我欺骗。心理咨询促使求助者审视其思想观念的准确性，帮助求助者获得对自己做出有利决定的自由，而有了这种自由，求助者就有能力做出清醒的、明智的选择，从而加速自身的成长，并在生活中获取更大的满足。

（7）帮助求助者做出新的有效行动

新的有效行动是求助者过去未曾尝试过的，且行动给其带来满足感，如友好关系的体验、成就感等。心理咨询启发、鼓励和支持求助者采取新的有效行动，使其欲望得到满足，从而减少烦恼。

心理咨询的认识误区

1. 心理医生≠救世主

一些来访者把心理医生当作“救世主”，将自己的所有心理包袱丢给心理医生，以为心理医生应该有能耐把它们一一解开，而自己无须思考、无须努力、无须承担责任。其实，真正的“救世主”只有一个，那就是自己。只有改变自己、战胜自己，才能超越自我，达到理想目标。

2. 心理咨询≠思想工作

思想工作的目的是说服对方服从、遵循社会规范、道德标准及集体意志，心理咨询则是运用专门的理论和技巧寻找心理障碍的症结，予以疏导和辅导；心理咨询人员持客观、中立的态度，而不是对来访者进行批评教育。

3. 心理问题≠精神病

心理问题与精神病是两个不同的概念。每个人在成长的不同阶段以及生活、工作的不同方面，都有可能遇到这样那样的问题，导致消极情绪产生。心理问题是日常生活中经常会遇到的，就这些问题求助于心理咨询并不意味着有什么不正常，相反，这表明了个体具有较高的生活目标，希望通过心理咨询更好地自我完善，而不是回避和否认问题。

4. 心理学≠窥视内心

许多来访者不愿或羞于吐露自己的心理活动，认为只要简单说几句，心理咨询人员就应该猜出其心中的想法，否则就表明心理咨询人员水平不高。其实心理咨询人员也没有窥见他人内心世界的特异功能，他们只是应用心理学的理论和方法，对来访者提供的信息进行讨论和分析。

5. 心理咨询≠无所不能

一些来访者将心理医生视为“开锁匠”，期盼其能打开“心中千千结”，常常在求诊一两次而没有达到所希望的“豁然开朗”的心境时，就大失所望。实际上，心理咨询是一个连续的、艰难的改变过程。心理问题与来访者的个性及生活经历有关，所谓“冰冻三尺，非一日之寒”，没有强烈的求助、改变的动机，没有恒久的决心与之抗衡，是难以冰消雪融的，所以，来访者有打“持久战”的心理准备。

要点三　大学生心理咨询的类型与要素

学校是大学生进行心理咨询的主要场所，学校心理咨询是心理咨询老师运用心理学的原理和方法，对在校大学生的学习、适应、发展、择业、情感等方面的问题给予直接或间接的指导与帮助，并对一些心理障碍或轻微精神疾患进行识别与转介。

1. 大学生心理咨询的类型

（1）按照咨询性质分类

按照咨询性质的不同，大学生心理咨询可划分为以下 3 类。

① 发展性咨询

发展性咨询的对象是无明显心理冲突、基本适应环境的健康人群。咨询的内容主要是成长中不同阶段出现的心理困惑和心理问题，如求学择业问题、职业适应和职业发展问题等。咨询的目的是更好地认识自己，扬长避短，充分发挥潜能，提高学习和生活质量。

② 健康性咨询

健康性咨询的对象是在现实生活中有各种烦恼和压力，有明显的心理矛盾和心理冲突的人群。如新生入学后对环境适应不良而产生焦虑，因学习成绩不理想而产生苦恼，因单恋或失恋而不能自拔、过度自卑等。咨询的目的是排除心理困扰，减轻心理压力，提高适应能力。

③ 障碍性咨询

障碍性咨询的对象是患有某些心理疾病、影响正常的学习和生活、求治心切的求助者，如患有焦虑症、抑郁症、强迫症等心理疾病的人。咨询的目的是挖掘病源，找到对策，克服心理障碍，恢复心理健康。需要注意的是，当心理问题严重到形成心理障碍的程度时，需要接受系统的心理治疗，心理咨询只是辅助手段。

（2）按照咨询人数分类

按照咨询人数的不同，可以将大学生心理咨询划分为以下两类。

① 个体咨询

个体咨询是一对一的心理咨询模式。个体咨询可以选择面谈咨询，也可以通过电话、信函等方式进行咨询。由于这种咨询没有其他人在旁边，咨询对象的顾虑较少，可以毫无保留地表达自己真实的想法，倾吐内心的秘密，所以个体咨询是心理咨询中最常见的类型。

② 团体咨询

团体咨询是一种在团体情境下提供心理帮助与指导的咨询形式，即由心理咨询人员根据求助者问题的相似性或求助者自发组成课题小组，通过共同商讨、训练、引导，解决成员共同的发展问题或共有的心理问题。

（3）按照咨询方式分类

按照咨询方式的不同，可以将大学生心理咨询划分为以下两类。

① 直接咨询

直接咨询是通过心理咨询人员与来访者的直接交往，使问题得到解决。直接咨询有助于心理咨询人员对来访者的问题准确了解和有针对性地沟通。

② 间接咨询

间接咨询是由心理咨询人员向当事人的家长、朋友、老师等了解其心理问题，并通过他们对当事人实施指导。能否正确地理解当事人的心理问题与合理地实施指导，是间接咨询效果好坏的决定性因素。

2. 心理咨询的要素

心理咨询不完全等同于平日里的聊天，它一定要在正式的心理咨询室内进行，并以保密为首要原则。对同一个来访者的个别交谈往往不止一次，心理咨询人员与来访者的谈话是建立在双方互相信任的基础上的。此外，心理咨询人员与来访者在谈话过程中的动作、神态与面部表情等体态语言交流也会对心理咨询产生影响，心理咨询活动是一个人性化、个性化和有内涵的过程。而一般的聊天往往很客气，缺乏主题、内容，同时流于非人性化与形式化。心理咨询是一种特殊的人际关系，它以平等为前提，以同感为基础，并希望以这种关系的确立来协助对方认识自我、接纳自我，进而欣赏自我、开发自我，最终迈向自我完善与自我实现。因此，心理咨询关系是一种十分中立的关系，它要求心理咨询人员与来访者始终保持一定的距离，以确保心理咨询人员的客观立场和同感能力以及来访者对心理咨询人员的充分尊重。

概括起来，心理咨询包括以下 5 个基本要素。

（1）心理咨询面对的问题是来访者心理或精神方面的问题，并不是帮助来访者解决生活中的具体问题。例如，因为考试焦虑或就业压力前来咨询的大学生，希望通过心理咨询使自身的焦虑或压力水平得到缓解，属于心理咨询的范畴；但是，若预期心理咨询人员帮助其取消考试制度或帮助其找到合适的工作，则超越了心理咨询的范围，也是对心理咨询作用的一种误解。

（2）心理咨询有别于人们通常所理解的助人行为。在日常生活中，人们遇到困惑或自身无法解决的问题时，可以找亲朋好友互相帮助、互相谈心，使紧张情绪得到缓解，但这只属于人与人之间一般的社会交往而不是心理咨询。心理咨询是一种职业行为，具有特定的目的和任务，是由经过专门训练的职业心理咨询人员通过运用专业的心理学理论知识和方法，从心理上为来访者提供帮助的活动。

（3）心理咨询强调良好的人际关系氛围。在心理咨询活动中，心理咨询人员和来访者之间的互动关系是心理咨询能否得以顺利实施的关键，只有在双方之间建立起相互理解和信任的关系的基础上，才能促使来访者真实陈述自己的问题，接受心理咨询人员的帮助。在心理咨询活动以外，心理咨询人员和来访者双方均不能谋求发展咨询以外的关系。例如，不能谋求建立日常生活中的朋友关系或恋人关系等。

（4）心理咨询是帮助来访者成长的过程。例如，当来访者因为不能正确对待自己和他人的关系而产生心理困惑时，心理咨询人员要针对来访者的认知、人格或行为方面的不足，帮助来访者学会与他人和睦相处，消除由此产生的心理困扰，促进来访者在认知、人格或行为方面成长。

（5）心理咨询的实施基于来访者的自愿行为。当来访者出现心理困惑，有意愿寻求心理咨询时，心理咨询人员和来访者之间才能建立起真诚的沟通，咨询才有意义。若来访者是迫于他人压力而前来咨询，则心理咨询人员和来访者之间不能进行深入的交流，心理咨询无法有效开展。

测评推荐

心理健康自测表

下列 30 道题中，每题有 4 个答案，选出符合自己实际情况的一项。

1. 刚到一个新的环境，你会感到紧张恐惧吗？（　　）

A. 不　B. 有点紧张　C. 比较紧张　D. 很紧张，甚至恐惧

2. 你常想一些与“死”有关的话题吗？（　　）

A. 不　B. 很少想　C. 有时候想　D. 常想

3. 在别人的注视下，你拿手的工作也会出现失误吗？（　　）

A. 不　B. 有点　C. 比较明显　D. 很明显

4. 你常常发完邮件以后，怀疑自己没发送成功吗？（　　）

A. 不　B. 有时　C. 较经常　D. 经常

5. 你与朋友发生摩擦后会（　　）。

A. 心有不快，但很快就忘了　B. 虽有不快，仍能交往

C. 牢记在心，难以忘怀　D. 很苦恼，担心会被朋友冷落

6. 你在黑暗中是否感到害怕？（　　）

A. 不　B. 有点　C. 比较害怕　D. 非常害怕

7. 你是否愿意一个人孤独地待着？（　　）

A. 不　B. 不太愿意　C. 比较愿意　D. 很愿意

8. 你的注意力容易集中吗？（　　）

A. 容易　B. 比较容易　C. 不太容易　D. 很不容易

9. 你常常看不惯一切东西吗？（　　）

A. 不是　B. 很少是　C. 有时是　D. 经常是

10. 你迷信专家权威吗？（　　）

A. 不　B. 不太迷信　C. 比较迷信　D. 很迷信

11. 你能很好地调节和控制自己的情绪吗？（　　）

A. 能　B. 基本能　C. 不太能　D. 不能

12. 你愿意与比自己能力差的人交往吗？（　　）

A. 很愿意　B. 比较愿意　C. 有点愿意　D. 不愿意

13. 你对待生活与工作自信吗？（　　）

A. 很自信　B. 比较自信

C. 不太自信　D. 缺乏自信或常常过于自信

14. 你的虚荣心强烈吗？（　　）

A. 很不强烈 B. 不很强烈　C. 比较强烈　D. 很强烈

15. 你愿意参加集体和社会活动吗？（　　）

A. 很愿意　B. 比较愿意　C. 不太愿意　D. 讨厌或害怕参加

16. 你相信命运吗？（　　）

A. 不相信　B. 很少相信　C. 比较相信　D. 很相信

17. 你对自己要求苛刻吗？（　　）

A. 能切合实际　B. 不太苛刻

C. 比较苛刻　D. 很苛刻

18. 你遇事优柔寡断吗？（　　）

A. 极少　B. 有点　C. 较多　D. 经常

19. 你在比赛前是否总是心慌或害怕对手？（　　）

A. 不是　B. 很少是　C. 较多是　D. 总是

20. 你对生活的要求是符合实际的吗？（　　）

A. 是　B. 基本是　C. 不太是　D. 脱离实际

21. 你做事固执己见吗？（　　）

A. 不是　B. 有点是　C. 不太是　D. 总是

22. 你是否总怀疑自己的能力？（　　）

A. 从不怀疑　B. 很少怀疑　C. 有时怀疑　D. 经常怀疑

23. 你经常会因回想伤心事而暗自流泪吗？（　　）

A. 不会　B. 偶尔会　C. 有时会　D. 经常会

24. 你嫉恨比自己强的朋友吗？（　　）

A. 从来不　B. 有点　C. 比较嫉恨　D. 非常嫉恨

25. 你经常有一种失落感吗？（　　）

A. 没有　B. 很少有　C. 有时有　D. 经常有

26. 你总是怀疑别人在背后议论你吗？（　　）

A. 从不　B. 极少　C. 有时怀疑　D. 经常怀疑

27. 你总是莫明其妙地发脾气吗？（　　）

A. 从不　B. 很少　C. 有时是　D. 经常是

28. 你常做噩梦吗？（　　）

A. 极少做　B. 有时做　C. 较多做　D. 经常做

29. 你是否有不安全感？（　　）

A. 没有　B. 有，但不明显

C. 比较明显　D. 有，很明显

30. 你是否会通过想象来获得满足和自慰？（　　）

A. 从来不　B. 有时会　C. 经常会　D. 总是这样

评分标准

选 A 得 3 分，选 B 得 2 分，选 C 得 1 分，选 D 得 0 分。各题分数相加即为最后得分。

结果解释

76 ~ 90 分：心理很健康。

61 ~ 75 分：健康。

46 ~ 60 分：比较健康。

31 ~ 45 分：不太健康。

16 ~ 30 分：不健康。

0 ~ 15 分：很不健康。

第二章 新生适应与身心健康

真实案例

月月和小赵毕业于同一所高中，高考后他们又被同一所大学录取，并且就读于同一专业，在他们心中都有着美丽的梦想……

完成军训之后，月月跟同学们一样开新生班会、上课、熟悉校园环境……学校所有的一切对月月来说都是新鲜的，一个月过去了，月月发现，老师、辅导员的上课及管理风格完全有别于高中，老师上课认真但不再像高中老师那样继续利用自习课时间到班级做课后辅导。而辅导员也不像高中时的班主任那样，辅导员会带着某一项活动任务到班级安排工作，但不会强制性要求学生参加什么社团、必须做什么。本来曾经在高中时是老师得力助手的月月开始觉得特别的不适应，很希望辅导员能够安排她做点什么。周末了，百无聊赖的月月在校园里瞎逛，她来到了大学生活动中心，月月发现很多的学长学姐正忙碌着，月月很羡慕他们，为什么自己就不能够像他们这样得到老师的重视呢？月月从小就喜欢音乐，于是她来到音乐爱好协会，向协会的会长表明希望能够加入协会。从此，月月的周末不再彷徨，她有了自己的生活，积极参加协会的活动。对于学业，她更是怀着积极向上的心态努力钻研，主动找老师探讨问题。一年后，月月的全部课程成绩都在 80 分以上。除音乐协会外，她还加入了学院艺术团等组织，认识了很多的老师和同学，老师和同学都特别喜欢她，认可她的才能。月月终于找到了自己在大学生活期间的舞台……

小赵和月月一样，经历了大学入学之后的每一个环节，他还获得过“军训优秀学员”的光荣称号。随着军训结束，真正的大学生活开始。大学的管理方式有别于高中时期，小赵不再受到高中那种严格纪律的约束，他感觉自己终于完全解脱，获得了属于自己的自由。在远离父母管制的大学，小赵开始逃课，通宵玩游戏。见到同宿舍的同学热心于学校的社团活动，小赵开始也曾经为之心动过，但游戏的诱惑实在太大了，小赵觉得比起学习和社团活动，游戏要有趣得多。于是小赵经常利用白天时间给自己补觉，到了晚上继续玩游戏……因为长期旷课，小赵被全系通报批评，辅导员也找过他谈话，但他依然我行我素。一年后，小赵由于学分差太多，被留级。无法接受留级的小赵，只好退学，提前结束了自己的大学生活……

同学们，你们怎么看待这两位同学对大学生活的适应情况呢？

活动体验

活动一 大风吹、小风吹、台风吹

所有人围成一个圆圈，先由一人站在圆圈中说："大风吹。"，旁人问："吹什么？"如果那人说："吹穿红衣服的人。"那么所有穿红衣服的人就必须离开位子重新寻找位子。没有位子的人就站到中间继续进行活动。如果说"小风吹"，就反着进行。如果说"台风吹"，则所有人都需要离开位子重新寻找位子。

活动二 进入大学后的 5 个"最"

本活动进行 25 分钟（自己写 3 分钟，组内交流 10 分钟，集体展示 10 分钟）。

同学们，进入大学后自己的感觉怎样？别人的感觉呢？大家是不是有一些共同的想法呢？哪些人、哪些事让自己印象深刻，感受美好？又有哪些人、哪些事使自己感到困惑？哪些事我们可以一起面对呢？

（1）填写 5 个"最"。

进入大学后，我最满意的是______________________________。

进入大学后，我最高兴的是______________________________。

进入大学后，我最关心的是______________________________。

进入大学后，我最想做的是______________________________。

进入大学后，我最担心的是______________________________。

（2）小组内交流。

（3）各组派 1 名代表，概括小组成员的想法。

（4）总结。总结词示范如下。

刚进入大学，大家有一些迷茫、困惑是正常的，因为每个人到新的环境都要有一段适应期，角色的转变也需要一定时间。但同时，我也看到了大家日渐加深的默契，有了这份默契和精神情感支持，大家会走得更顺利的！

活动三 做一个有意义的实物

（1）要求：形式不拘，创意为主，团队合作，团队中每名成员都要参与。

（2）准备时间：一周。

（3）代表介绍：团队代表介绍实物的意义和创造过程，可进行投票评比。

知识解析

第一部分 人的适应和发展

要点一 什么是适应

从婴儿出生那一刻开始，每个人就面临着适应与发展问题。当我们还是胎儿时，靠着母体内的胎盘及脐带供给所需的氧气和营养。从妈妈的子宫分娩出来后，为了适应新的环境，我们必须发展自己的呼吸能力和吸吮能力，通过自己的呼吸来吸入氧气，通过用力地吸吮奶水来获得营养。随着成长，从进入幼儿园、小学、中学、大学到走上工作岗位，我们都面临着适应与发展的问题，可以说适应与发展是每个人毕生都要面对的人生课题。那么，究竟什么是适应，什么是发展，适应与发展之间又具有怎样的关系呢？

瑞士心理学家皮亚杰认为，从生物学来说智慧的本质就是一种适应。适应是心理健康的基本标志之一，也是大学生必备的心理素质。

1. 适应的含义

《心理学大辞典》这样定义“适应”：“适应是来源于生物学的一个名词，用来表示能增加有机体生存机会的那些身体上和行为上的改变，心理学中用来表示对环境变化做出的反应。如对光的变化的适应、对社会环境变化的适应、对人的社会行为变化的适应等。”心理学中的适应，是指一个人通过不断调整自身，使其个人需要能够在环境中得到满足的过程，适应也是自我与环境和谐统一的一种良好的生存状态。

每个人都生活在特定的环境中，并与环境产生互动。如果与环境的互动是协调、平衡的，就是适应良好的表现；如果与环境的互动不能协调一致，则是适应不良。一般来说，当对环境适应不良时，有两种应对方式：一种是改变自己；另一种是改变环境。例如，由于高考失利等各种原因没考上理想的大学，而是进了一所自己不喜欢的大学，导致上大学后对大学生活很不适应。面对这种不适应有两种改变方式：一是调整自己，接纳现实，把理想大学作为自己的考研目标，让自己能够尽快适应新的学习和生活，为考研打下良好的基础；二是改变环境，放弃自己不喜欢的大学，通过复读争取考上自己理想的大学。但通常情况下，选择环境、改变环境是有一定难度的，大多数时候只能通过调节自身来适应既定的环境。

由于个体生活的环境在不断地发生变化，因此个体对环境的适应是一个连续不断的过程。心理学家珍妮特认为，人的一生是一系列的适应阶段，而每一阶段都会对个人的发展产生影响。每一次适应都是对个人的一次挑战，也是自我成长的一次机会。

2. 适应的方式

假如上大学后发现现实中的大学与理想中的大学有一定差距，你会怎么做？是抱怨、指责、消极应对？还是及时调整自己的期待，尽快融入新的大学学习和生活？在现实生活中，个体对环境的适应大体分为以下两种。

一种是消极适应。例如，有的同学刚上大学时因为对大学的教学方法不适应，跟不上老师的讲课速度，有的课程听不懂，慢慢变成一上课就玩手机，再也不认真听讲了。这种适应是人与环境的消极互动过程。在这一过程中，他们认同、顺应了环境中的消极因素，却未发挥自己对于环境的能动作用。他们对环境的适应是以抑制自己的积极性、能动性和潜能为代价的，这种适应是退化，而不是发展。

另一种是积极适应。例如，从偏远山区来到大城市上大学的一些同学，发现自己的英语听力和口语水平与来自城市的同学相比有很大的差距，上英语课时经常听不懂老师在讲什么，但他们没有自暴自弃，而是积极发扬自己在艰苦生活中培养起来的不怕吃苦、积极肯干的精神，积极向老师和同学请教，课余时间苦练英语听力和口语，最终以让自己满意的成绩通过了英语四级和六级考试。这样的行为就是积极的适应，他们对环境的积极适应使他们得到了发展。

积极适应是个体在客观环境中积极主动地调整自己的不适应行为，增强自身在环境中的主动性、积极性，使自身得到发展。任何环境中都存在有利于个人成长的积极因素和不利于个人成长的消极因素，积极适应就是要正确地分析自身的特点及环境的特点，并在对这二者的分析中找到自己的生长点。

要点二 什么是发展

1. 发展的含义

发展有广义和狭义之分。从广义上说，人的发展是指人生的发展，是指个体的身心随着时间的推进不断变化的过程；从狭义上说，人的发展是指一个人从胚胎、出生、成热、直到死亡的整个生命进程中所发生的系列生理和心理变化，这种变化是有序的、连续的、有规律的。

假如要列举在过去几年所发生的变化，你会列举什么内容呢？在学习上是有所长进，还是停步不前？结交了新的朋友，还是只与老朋友交往？在描述发展时，我们一般会使用“变化”这一概念。变化，既有量的变化，又有质的变化。发展，既包括向前推进的过程，又包括衰退、消亡的过程；既包括身体和语言的发展，又包括认知、情感、个性和社会性的发展。但是，不能把发展看成被动的过程，要意识到许多发展性的变化都需要积极地与所处的环境进行交互作用。而且，这里所说的发展强调选择，因此，收获和丧失都是发展的特征。例如，当选择谈恋爱时，就会丧失自由安排时间的权利，但收获了甜蜜的爱情；当选择辅修其他专业课程时，就会丧失周末的休闲时间，但收获了新知识。

2. 身心发展过程

一般来说，个体的身心发展与变化主要是经由两个过程来实现的。首先，个体的身体发展和变化主要是受到成熟的影响。成熟，是指按照遗传基因（即父母传递给孩子的遗传物质）自然发展的过程。正如种子如果有适宜的温度、湿度和营养就会自然地成长为成熟的植物；受精卵在母亲的子宫里，只要有充足的营养物质，就会自然地生长。40 周左右，胎儿就会从母体中分娩出来，1 岁左右婴儿就会学习行走和牙牙学语，11 ~ 15 岁开始进入性成熟阶段，然后成年，直到死亡，这就是我们所说的成熟。其次，个体的心理发展和变化既受到成熟的影响，又受到学习的影响。随着大脑不断成熟，心理会自然变化，如日渐增长的注意能力、解决问题的能力、对他人思想或情感的理解能力等。此外，个体大多数的能力和习惯不是简单地按生物程序自然发展的，常常是通过观察父母、老师、生活中的重要他人或与他们交往，以及通过自己的经历来学习，并用新的方式去感觉、思考和行动而形成和提高的，这就是我们说的学习。通过学习，个体的感情、思想和行为会产生相对持久的变化。

要点三　适应与发展的心理学解释 

关于适应与发展的心理学理论认为，从胚胎到身体死亡，人的发展是获得和丧失的结合。任何发展都是新适应能力的获得，同时也包含着以前存在的部分能力的丧失。发展要经历若干个阶段，每个阶段都面临着心理发展的任务。人就是在成功地完成每个阶段的人生发展任务中，不断地走向完善，度过自己的生命历程。

1. 埃里克森的心理社会性发展理论

美国专门研究人格的心理学家埃里克森提出了心理社会性发展理论来解释人是如何通过完成适应环境和社会的任务得到发展的，他认为，人一生的发展可分为 8 个阶段，每个发展阶段都会出现一个特定的有待解决的发展危机，即每个阶段都会遇到特定的社会适应问题（见表 2–1）。发展危机是个体生命的转折点，是发展上往前进或往后退的关键点。在每个发展阶段，如果个体能够顺利解决这一阶段的发展危机，也就是完成这一阶段的适应任务，就能走向人生新的发展阶段；如果不能顺利解决这一阶段的发展危机，也就是不能完成这一阶段的适应任务，就会对个体顺利进入下一个人生发展阶段造成阻碍。

表 2–1　埃里克森的心理社会性发展理论

大致年龄	发展危机	充分解决的结果	未充分解决的结果
0 ~ 1.5 岁	信任对不信任	建立基本信任感	不安全感、焦虑
1.5 ~ 3 岁	自主对自我怀疑	知道自己有能力控制自己的身体、做某些事情	感到无力完全控制事情
3 ~ 6 岁	主动对内疚	相信自己是发起者、创造者	缺少自我价值感
6 岁至青春期	勤奋对自卑	拥有丰富的社交技能和认知技能	缺乏自信心，有失败感
青少年期	同一性对角色混乱	作为一个人，有舒适的自我感；明白自己是谁，接受并欣赏自己	碎片化的、变化不定的自我感，不清楚自己是谁
成年早期	亲密对孤独	有能力与他人建立亲密的、需要承诺的关系	感到孤独、隔绝；否认需要亲密感

续表

大致年龄	发展危机	充分解决的结果	未充分解决的结果
成年中期	繁殖对停滞	更关注家庭、社会和后代	自我放纵、缺乏未来的定向
成年晚期	自我整合对绝望	圆满感，对自己的一生感到满意	感到无用、无价值、沮丧

个体幼时的经验对如何步入青少年时期有直接的影响，而个体能不能顺利通过青少年时期的课题，也和个体能不能应对成年期的发展危机大有关系。因此，这就需要不断地学习，在经验中调适自我，使自己不断地完成每一个阶段的适应任务，走向人生新的发展阶段。由于个体的适应调节能力不同，个体的发展趋向也会不同。如果具有良好的适应调节能力，则能顺利发展；反之，发展就会受到阻碍。对大学生来说，他们正处在成年早期，当刚到大学这个陌生环境时，由于和周围的同学还不熟悉，特别容易产生孤独感，他们特别渴望在大学能找到新的朋友。如果在与别人交往时能够克制个人一些偏好、承担一些责任、放弃一些隐私和独立性，就能发展对他人做出充满情感、道德的承诺的能力，能够在与人交往中结交新的朋友，这种孤独感就会慢慢消除，并能融入新的环境中；如果无法发展对他人做出充满情感、道德的承诺的能力，不能在与人交往中结交新的朋友，则孤独感不仅不会消失，而且会随着时间的推移变得越来越强烈，强烈的孤独感会让大学生越来越想家，最后甚至会影响到对新环境的适应。

2. 生命全程发展观

生命全程发展观特别重视从发展转折的角度探讨适应。该理论认为，在个体人生发展中所面临的每个转折对个体而言，既意味着新的发展契机，又蕴涵着压力乃至危机。这是由于转折会导致个体与环境的原有关系状态部分或全部改变，个体与环境已建立的平衡被打破。个体将承受各种压力，产生焦虑、不安的混乱状态。但是，新环境所提出的要求与个体重建平衡的内在需求又为个体心理的进一步发展提供了必要的动力与可能性，推动个体在解决问题、调整行为的过程中提高认识水平、扩展经验、获得新的心理能力，从而进入心理发展的新阶段。因此，“适应”实际上是个体在原有适应状态的基础上，不断进行再适应。在脱离原来所处环境、进入新环境的变化过程中，个体根据新环境提出的要求，通过积极调整心理行为，有效利用内外部资源，达成与新环境的协调关系。然而，在前一阶段适应良好的个体并不必然能适应下一次的转折，而个体在转折期适应的好坏将影响其以后发展的方向与速度。因此，转折往往促使个体之间的发展产生新的分化。

适应是个体与环境相互作用的过程及其关系的反映，而个体心理行为的发展正是个体在与环境的相互作用中不断适应环境要求的过程。对大一新生来说，适应大学生活需要持续一段时间。因为他们所面临的压力是随着时间的推移逐步展开的，而发展与环境要求相适宜的行为与技能不是一蹴而就的。所以，大一新生适应的困难并不全部集中于入学初期，而是在与环境互动中逐步产生的。大一新生在进入大学的第一个学期体验到的消极情绪不会随时间的推移而降低，相反还会有所增高。与入学初期相比，新生在大学第一学期后半段时间所体验的焦虑与抑郁在总体上会增多。有研究表明，从“陷入迷茫”到“走出困境”，46% 的大一新生需要 3 个月左右的时间才可以完成，43% 的大一新生需要 1 年左右的时间，另外 11% 的学生则需要更长的时间。

第二部分 大学阶段的适应和发展任务

大学是什么？不同的人具有不同的答案。大学是智慧的象征，是精神的家园，是令人向往和憧憬的圣地。从高中走进大学，就如同沿着小溪和江河驶进了大海。“天高任鸟飞，海阔凭鱼跃”，在大学的知识海洋里，大学新生可以尽情地遨游，充分地展现自己。大学是一个舞台，给人展示的机会；大学是一面镜子，让自己认识自己；大学是一个超市，让人各取所需；大学是一个宝藏，等待人们去开采……作为一名初出茅庐的新生，你对大学学习生活是怎样认识的呢？本章开始案例中月月和小赵的选择为什么不同呢？

从高中到大学，从基础教育阶段到高等教育阶段，是人生的重要转折，大学阶段在个体的一生发展中具有非常重要的作用。它是个体从青少年期到青年期、从以学习为主到以工作为主的过渡和准备时期。在满怀憧憬和期望跨进大学校门之后，你可能会发现，从生活环境到学习方法，从人际交往到自我认识，有太多陌生而具有挑战性的任务摆在你的面前。如何应对这些挑战，使自己尽快适应新的学习、生活环境和新的人际关系，并找到新的学习方法、生活方式和新的人际交往方式，对自己进行新的认识和定位，是摆在大一新生面前的适应与发展问题。

要点一 大学生活适应

1. 大学生活面临的挑战

大学是什么样的呢？大部分同学第一次这么长时间离开父母来到陌生的城市，进入新的校园环境来生活学习，首先面临的挑战就是熟悉类似小社区的校园环境以及功能分区——教学楼、图书馆、运动场、学生宿舍和超市等，从依赖走向独立是有一个过程的。

2. 大学生活适应与发展策略

那么如何适应呢？面对大学生活的新变化，作为大一新生，你需要从以下 3 方面来调整和完善自己，从依赖走向独立，这样才能尽快融入大学新生活。

（1）培养生活自理能力

要学会自己整理床铺、洗晒衣服、收拾书桌、缝衣服扣子等，根据天气变化增减衣服，安排好自己的一日三餐，注意营养搭配，合理安排自己的衣食住行。如果以前没有独立生活的经验，可以观察周围能力强的同学，并向那些有生活经验的同学请教，尽快培养自己的生活自理能力。

（2）培养良好的生活习惯

大学生正处于长身体、长知识的阶段，良好的生活习惯不仅能促进身心健康，而且能促进个人发展。为了能让自己身心健康地顺利度过大学阶段，首先，要形成有规律的作息时间，养成早睡早起的良好习惯，如果经常熬夜导致睡眠不足，上课的时候就会无法集中注意力，影响听课效率，因此，充足的睡眠是有效学习的保证；其次，养成有规律的饮食习惯，一日三餐要按时，注意营养搭配，切忌饮食不规律或暴饮暴食；再次，要适当进行体育锻炼和文娱活动，每天抽点时间锻炼身体和参加一些文娱活动，不仅可以增强体质、提高对疾病的抵抗力，而且可以放松心情、增加乐趣、丰富大学生活，进而提高学习效率；最后，防止养成或及时改正沉迷于网络或手机依赖等不良生活习惯。近年来因沉迷网络或手机依赖等导致学业困难而休学甚至退学的事情时有发生，甚至有极个别同学因在网吧长时间玩网络游戏而猝死。因此，要学会提高自制力，玩网络游戏或玩手机都要适可而止。

（3）培养理财能力

合理支付自己的生活费也是我们要学会的一项能力。如果对父母提供的生活费没有一个合理的计划和安排，就有可能会过着“月初是富豪、月尾是乞丐”的生活，月初花钱大手大脚，到了月尾没钱了，又不好意思找父母开口，只能每天吃泡面馒头。因此，大学期间要学会理财，要考虑在生活中哪些开支是必需的，预先留足金额；哪些开支是不必要的，尽量不要开支，抑制消费；哪些开支是可有可无的，可以暂缓消费或者节省开支。因为收入来源主要是依靠父母，要避免不必要的浪费，可花可不花的钱尽量少花。可以设立一个记账本，把每个月的花销记下来，到了月尾分析一下开支情况，根据实际情况及时做调整。如果在学有余力时参与一些实习兼职，在积累工作经验和社会阅历的同时，感受劳动的艰辛并进行一定的储蓄就更好了。

要点二 大学学习适应 

同学们手捧大学录取通知书，一脚迈入多年梦寐以求的高等学府时，是否思考过这个问题：大学学习和高中有什么不同呢？

1. 大学学习的适应

（1）学习目标不同

从小学到高中 12 年，同学们从高考填报志愿的那一刻才深深意识到，基础教育是为进入专业学习打基础的。如果说很多同学高中的学习目标就是高考时考进一所理想大学继续学习，那么进入大学以后就是要通过专业学习为将来的职业生涯做好准备，因此，学习要更加主动积极。

（2）学习内容不同

高中阶段，我们要学习的科目有 10 门左右，老师传授课本上一般性的基础知识，围绕高考科目，不遗余力地狠下功夫。对于与课本、考纲无关的内容，学校很少提倡，学生也无暇顾及。而大学 4 年我们需要学习的课程在 40 门左右，各个学期学习的课程都不相同，内容多任务重。一般大学一、二年级主要学习公共必修课程和专业基础课程，大学三、四年级主要学习基础课程和部分专业课、选修课，或学习职业教育课程，重点做毕业设计（论文），也有不少同学开始准备考研。除教材上的内容外，老师经常开列一些自学的相关书目，布置阅读、思考的课外作业；还有各类通识教育讲座、学科竞赛、文娱团体活动等。

大学学习要求同学们不但要有扎实的理论基础，还要有宽广的知识面，以及动手操作能力、收集整理信息的能力、解决问题的能力、人际沟通与团队协作的能力、项目管理能力等，学习内容由有限变得无限，这令不少大一新生感慨："大学学习，让你真正晓得什么是学海无涯！"

（3）学习方式不同

我们有些同学，在初高中习惯了由老师精讲知识点，自己反复做练习题，考前老师还会专门做辅导。进入大学一学期后发现，一门课上 8 ~ 10 周后结束了就考试，中间只有平时作业和课堂表现考核，老师不会盯着你写作业，上课听不懂的问题如果你不主动问老师和同学，则没有人来帮你搞懂。

除了上课和统一的锻炼、自习时间，你还有很多自由支配的时间，如果你不去图书馆、教室看书学习，也没有人会要求你学习。父母不在身边，也不可能监督你。辅导员和班主任也不会每天跟着你、督促你。因此，学习是主动还是被动、能否坚持就看你的学习动机、学习动力以及自我管理能力了。

2. 大学学习策略

（1）及时设立学习目标

回想一下，你是否存在以下情况：上课时常容易走神，无法集中注意力；虽然很想好好学习，但是再也找不到高中时的那股学习劲头了；对大学学习越来越迷茫，不知道为什么而学……如果你有这些情况，可能与你到了大学之后没有及时找到新的学习目标有关。

因此，我们有必要好好想想：我为什么而读大学？为了毕业时能找到一份好工作，还是希望未来在自己所学的专业上有所造诣？学习目标不同，在大学的学习方式就不同。如果是为了找到一份好工作，大学期间就要同时兼顾第一课堂的专业学习和第二课堂的综合素质能力培养，"两手都要抓、两手都要硬"；如果希望未来在自己所学的专业上有一定造诣，那就要侧重专业学习，以专业学习为主、素质能力培养为辅，在大学期间积极寻找机会参与老师课题研究和具有公信力的学科竞赛，为继续深造打下良好的专业基础。

（2）培养自主学习能力

培养自主学习能力必须掌握大学学习的三部曲，具体来说就是课前认真预习、课上专心听课和课后及时复习完成作业。

首先，要培养课前认真预习的学习习惯。中学时，老师的讲课速度比较慢，有时甚至一节课才讲一两个知识点，而大学老师讲课速度普遍比较快，并且是连续讲两节课甚至三四节课。讲的内容比较多，如果课前不进行预习，就有可能跟不上老师的讲课节奏。大学的课前预习并不是简单翻翻书，而是要掌握章节知识点，对于不能理解的知识点要做好标记。

其次，要培养课上专心听课的学习习惯。上课时要着重听自己不能理解的知识点，并做好笔记，标注重难点；对于已理解的那部分知识，通过课堂上专心听老师的讲解，可以起到复习的作用，进一步巩固知识。

最后，还要培养课后及时复习完成作业的学习习惯。德国心理学家赫尔曼·艾宾浩斯通过研究发现，遗忘在学习之后立即开始，而且遗忘的进程并不是均匀的。最初遗忘速度很快，以后逐渐缓慢。他认为“保持和遗忘是时间的函数”，并根据实验结果绘成描述遗忘进程的曲线，这就是艾宾浩斯遗忘曲线。艾宾浩斯遗忘曲线表明，人们在学习中的遗忘是有规律的，遗忘的进程不是均匀的，不是固定地一天遗忘几个，隔天又遗忘几个，而是在记忆的最初阶段遗忘的速度很快，后来逐渐减慢，到了相当长的时间后，几乎就不再遗忘了，这就是遗忘的发展规律，即“先快后慢”的原则。结合艾宾浩斯遗忘曲线，你会发现，学到的知识在一天后，如不及时复习，就只剩下原来的很小一部分；随着时间的推移，遗忘的速度减慢，遗忘的数量也在减少。

（3）培养时间管理能力

大学的学习任务是比较繁重的，既要学习专业知识，又要培养自己各方面的素质和能力，如果不能学会有效利用时间，可能就没办法完成大学的学习任务。那么，如何才能有效利用时间？这就需要培养时间管理能力。不少大学生在时间的安排上比较随意，想到什么就干什么，时间管理观念淡薄，更谈不上科学的时间管理。要做到有效管理时间，首先就要分清事情的轻重缓急。做好学业规划，并根据分阶段的学习目标制订实施方案，将学习任务分解成小步子，逐步完成。

（4）培养情绪管理能力

能进入大学学习的同学一般智商都正常甚至超常，大学是进入工作岗位多重角色和多项任务并进的适应期，要完成复杂的学习任务，一定要加强情绪管理，也就是修炼情商，培养良好的学习品质，尤其是自我监控能力和意志力，这样才能持续发展不断进步。

要点三 大学人际适应

1. 大学人际交往的特点

虽然大学生一般已经成年，要遵守成人交往模式，但是还有一些同学不知道如何与人打交道，甚至感到孤独寂寞。有研究发现，大一新生普遍感觉大学的人际关系没有高中那么单纯，而人际关系的复杂性很容易导致一系列的适应问题。例如，在宿舍人际关系中，或是由于生活方式与习惯的差异，或是由于室友不讲卫生，或是由于室友熬夜玩游戏影响大家休息，或是由于室友性格古怪、难以相处等原因，导致人际关系紧张、宿舍气氛很差。面对宿舍的人际冲突问题，有相当一部分新生想到的解决办法是更换宿舍，但这个办法往往难以实现，从而导致他们回避社交、自闭、孤独、焦虑。调查显示，大学生跟同学发生矛盾时，选择“保持沉默，让时间淡化一切”“等对方主动”“不知怎么处理”的占39.8%；与他人交往时选择“期待他人接纳自己，往往退缩”“说不清”的占34.3%。

你在大学人际交往方面是否也有类似的烦恼呢？当面临人际冲突时，如果首先想到的是回避和那些不喜欢的人打交道，则说明你仍然停留在儿童式的人际交往模式上。儿童式人际交往模式的最大特点是以“我是否愿意”为标准：我喜欢你，我就愿意和你玩；我讨厌你，我就不愿意和你玩。然而，大学是走入社会前的最后一站，大学的人际交往要求你从儿童式交往发展为成人式交往，将来才能适应社会的人际交往。成人式人际交往的特点是无论你愿不愿意、喜不喜欢，都必须学会与不同的人和谐相处。如果想在走上社会之后能够很好地生存，就必须学会与不同的人和谐相处，建立和谐的人际关系；如果想要在事业上有所成就，也需要有良好的人际关系；如果想要获得更多的幸福感，更需要有亲密的人际关系。因此，大学生要学会和不同的人和谐相处，随时调整人际交往模式，培养与不同的人和谐相处的能力。

2. 大学人际交往适应与发展策略

大学生要遵守成人交往模式，尊重他人、与人平等相处，学习与不同的人和谐相处，达到共赢。

首先，要理解每个人都有自己的价值观，只要不违反道德、法律，都可以接受。因此，大学生要慢慢学会包容。有位同学跟心理咨询老师说，他特别看不惯室友在与人相处时表里不一、表面一套背后一套的做法，他觉得对人就应该真诚。比方说，有同学穿了一套新衣服问室友好不好看，室友们当着那位同学的面会说还不错，但在背后却偷偷议论这套衣服并不好看。当他说室友们待人不真诚时，室友们却说实话实说只会让对方不开心，如果说些善意的谎言能让对方开心，又有什么不可以呢？何必要去得罪别人呢？室友们并不认为这是不真诚的表现。为此，这位同学感到非常郁闷，不知道应该改变自己还是改变别人……

其次，要降低对别人的期待，很多时候不能期望同学像自己的父母一样对待自己。别人没有义务完全满足自己的需要。在和别人交往时，你会本能地渴望和每个人都能成为朋友、都能交心谈心。然而，随着年龄的增长，由于每个人在家庭背景、父母教养方式和成长经历等方面的不同，人与人之间要成为朋友并不是一件容易的事情，也不可能和所有人都成为朋友，因此，在成人的人际交往中，要学会用不同的标准和不同的人相处，有的人能成为朋友，而有的人只能以熟人关系相处，所以不要太奢求。

最后，要学习用不同的标准与人相处。每个人的成长背景、家庭环境不同，待人处事的方式也会受影响。由于受儿童式人际关系交往模式的影响，当你对别人有好感时，你就会希望和他成为朋友。当你对别人没有好感时，你就不会和他来往。因此，儿童的人际关系很简单，要么是朋友，要么是陌生人，但在成人的人际关系中，人与人之间并不仅仅只有朋友关系，还有熟人关系，如同学关系、室友关系等。在朋友关系中，你可以和朋友无话不谈，可以分享彼此的快乐、分担彼此痛苦；而在熟人关系之后，你只能谈一些表面话题，如说些客套话和无关痛痒的话，但不会彼此交心谈心。

要点四 大学生自我探索

1. 大学阶段自我认知的特点

一些大学生刚进学校时会有角色混乱的感觉，不知道是沿用高中的学习模式，还是像学长学姐一样主动去适应大学的学习生活。艾里克森的心理社会性发展理论认为，青少年阶段的基本危机是同一性对角色混乱。有研究发现，虽然大学生处于成年早期，但尚未真正形成自我同一性，仍然面临着自我同一性的建立与角色混乱的发展危机。所谓自我同一性，是指青少年对“我是谁”“我应该成为什么样的人”“我要如何实现自身的价值”等关于自己的本质、信仰、价值等人生中的重要议题具有前后一致及较完整的意识，也就是个人的内部状态与外部环境的整合和协调一致。如果发展顺利，就会形成自我认同感，即对于自己是谁、将要去何方、在社会上处于何处具有稳固和连贯的知觉，有舒适的自我感，能接纳自己、欣赏自己；如果发展不顺利，就会面临角色混乱，不知道自己是谁、该走向何方，严重的甚至会导致心理问题的出现。因此，大学生在大学阶段除了完成专业知识的学习，在心理上还要完成的一个重要的心理发展任务就是形成自我同一性。自我同一性的确立将有利于大学生身心健康地成长，有利于更好地适应社会和实现自身的价值。

2. 大学阶段的自我认知拓展

首先，要了解自己为什么而学习，学习的目标和标准是什么，树立终身学习意识，促进自己不断成长。

其次，要逐渐澄清自己的世界观、人生观、价值观，为自己的选择负责。如果你以前从来没有思考过“我是谁”“我想要过怎样的人生”“我该如何实现自己的人生价值”这类问题，或者你现在正在思考这类问题，并为之困扰，那么进入大学后就需要积极参加各类活动，结交更多的人，在扮演各种社会角色中，以及在与人交往的过程中积极探索自我，逐渐认清自我，形成稳定的目标信念和价值体系。

最后，要了解自我认同的发展水平。埃里克森认为，认同危机在青春早期出现，大约在 15 ~ 18 岁得到解决。其实这是一个理想化的判断。有研究发现，自我认同感的形成要花一些时间，青少年大约要等到青春晚期，即大学期间，才能从认同感混乱或提前结束水平进入延缓偿付水平，然后才能达到认同感获得水平，但这并不意味着自我认同感完全形成。许多成年人仍然会为之困扰，甚至有的人会把我是谁这类以前有了答案的问题重新提出。很多大一新生由于中考、高考的学习压力，青春期被迫暂时压抑了自我探索的成长机会，来到大学遇到环境的改变不能实现角色转变，出现心理危机。而危机中也蕴藏着机遇，如果能通过及时求助专业人士，比如辅导员和心理咨询师，来帮助自己，同时加强社会实践，做好承担一定压力的心理准备，最终可能会拓展自己的认知水平，逐步走向新的发展阶段。

要点五　如何尽快适应新环境

当我们来到一个全然陌生的环境后，首先应该尽快去适应它，而不是逃避。我们怎样才能适应一个新的环境呢？

1. 要摆正心态

在进入新环境之前要在意识形态上做好积极准备，因为新环境可能会比以前的更好，但有时也会比以前的更差，所以在进入新环境之前可以把困难想得多一些，做好积极应对的准备；但也不要吓到自己，没有过不去的火焰山。

2. 去适应人际环境

在新环境中会认识许多陌生人，我们要学会做好自己，建立良好的人际关系。认识到差异的存在，才能更好地接受别人，拉近与别人的距离。尊重他人的价值理念，会大幅度提升我们的形象；在提出意见的时候要注意语气委婉，不能恶语伤人；要积极与新环境中的人多交谈、多接触，多做听众，不要着急表达自己的观点。

3. 要去适应客观环境

当你来到一个新的环境并安顿好后，可以叫上几个朋友，一起去把周围的环境好好地熟悉一番，记住一些重要地点的名称，这样你就不会觉得那么不安了。人们有很大一部分的不安都源自不了解，也就是对未知的恐惧。

4. 过上一种符合环境要求的有规律的生活

这是很重要的一点，如果你过的是一种混乱的生活，那么你就有可能很难适应新环境，还可能会有被排挤出某个集体的感觉。进入新环境后应尽快制订一套符合自己的作息制度。

5. 遇到问题要慎重处理

当遇到问题和挫折时，不要凭冲动和臆测行事，可以先和自己周围的人（亲人、朋友、老师等）商量，然后再做决定。

测评推荐

心理适应能力自测问卷

下面的问题能帮助你进行心理适应能力的自我判别。请认真阅读，然后从每个问题下面所附的 3 个备选答案中选出一个。

1. 我最怕转学或转班级，每到一个新环境，我总要经过很长的一段时间才能适应。（　　）

A. 是　　B. 无法肯定　　C. 不是

2. 每到一个新地方，我很容易与别人接近。（　　）

A. 是　　B. 无法肯定　　C. 不是

3. 在陌生人面前，我常常无话可说，感到尴尬。（　　）

A. 是　　B. 无法肯定　　C. 不是

4. 我最喜欢学习新知识或新学科，它给我一种新鲜感，能调动我的积极性。（　　）

A. 是　　B. 无法肯定　　C. 不是

5. 每到一个新地方，我第一天总是睡不好；就是在家里，只换一张床，有时也会失眠。（　　）

A. 是　　B. 无法肯定　　C. 不是

6. 不管生活条件有多大变化，我都能很快习惯。（　　）

A. 是　　B. 无法肯定　　C. 不是

7. 越是人多的地方，我越感到紧张。（　　）

A. 是　　B. 无法肯定　　C. 不是

8. 我的成绩多半不会比平时练习差。（　　）

A. 是　　B. 无法肯定　　C. 不是

9. 当全班同学都看着我时，我心都快跳出来了。（　　）

A. 是　　B. 无法肯定　　C. 不是

10. 虽然对他（她）有看法，但我仍能同他（她）交往。（　　）

A. 是　　B. 无法肯定　　C. 不是

11. 我做事情总有些不自在。（　　）

A. 是　　B. 无法肯定　　C. 不是

12. 我很少固持己见，常常乐于采纳别人的观点。（　　）

A. 是　　B. 无法肯定　　C. 不是

13. 与别人争论时，我常常感到语塞，事后才想起该怎样反驳对方，可惜已经太迟了。（　　）

A. 是　　B. 无法肯定　　C. 不是

14. 我对生活条件要求不高，即使条件很艰苦，我也能过得很愉快。（　　）

A. 是　　B. 无法肯定　　C. 不是

15. 有时自己明明把课文背得滚瓜烂熟，可是在课堂上背的时候，还是会出错。（　　）

A. 是　　B. 无法肯定　　C. 不是

16. 在决定胜负成败的关键时刻，我虽然很紧张，但总能很快地使自己镇定下来。（　　）

A. 是　　B. 无法肯定　　C. 不是

17. 我不喜欢的东西，不管怎么学也学不会。（　　）

A. 是　　B. 无法肯定　　C. 不是

18. 在嘈杂混乱的环境里，我仍然能集中精力学习，并且效率较高。（　　）

A. 是　　B. 无法肯定　　C. 不是

19. 我不喜欢陌生人来家里做客，每逢这种情况，我就有意回避。（　　）

A. 是　　B. 无法肯定　　C. 不是

20. 我不喜欢参加社交活动。（　　）

A. 是　　B. 无法肯定　　C. 不是

评分标准

凡是单数号题（1，3，5，7，…），选A得–2分，选B得0分，选C得2分。

凡是双数号题（2，4，6，8，…），选A得2分，选B得0分，选C得–2分。

将各题的得分相加，即得总分。

结果解释

35 ~ 40分：心理适应能力很强，能很快适应新的学习、生活环境，与人交往轻松、大方；给人的印象极好，无论进入什么样的环境，都能应付自如。

29 ~ 34分：心理适应能力良好。

17 ~ 28分：心理适应能力尚可，进入一个新的环境后，经过一段时间的努力，基本上能适应。

6 ~ 16分：心理适应能力需要增强，依赖于较好的学习、生活环境，一旦遇到困难则容易怨天尤人，更容易消沉。

5分以下：心理适应能力可提升的空间很大，在各种新环境中，即使经过相当长一段时间的努力，也不一定能够适应，常常困惑，因与周围事物格格不入而十分苦恼。在与他人交往中，总是显得拘谨、羞怯、手足无措。

如果你在这个测评中得分较高，则说明你的心理适应能力较强。但是，如果你的得分较低，也不必忧心忡忡，因为一个人的心理适应能力是随着年龄的增长、知识经验的丰富而不断增强的，只要你充满信心、刻苦学习、虚心求教、加强锻炼，你的心理适应能力一定会增强的。

第三章 家庭与心理健康

真实案例

一封家书

一向严肃的老向：

其实在我的记忆里，属于你的那一部分并不是很多，从小就在妈妈身边，而你却只是一年回来一次的那个熟悉而又陌生的爸爸，真的，直到现在，我都不喜欢叫你爸爸，还是私底下叫你老向。哈哈，当面叫那是不可能的了，我记得以前在电视上看到别人与他爸爸称兄道地时，我真的很羡慕，可当我也那样叫你时，你却回复我一脸的斥责，所以在我心中，你留给我的印象就是很凶、很严肃、不苟言笑，很少见你笑，也很少见你从容地陪陪我。我能理解，其实我也知道你很想与我交交心，与我多说说话。可是每次见面都是那几句叮嘱与问候。妈妈也常常让我和你多聊聊。我之前并不理解，现在上了大学才体会到一个人的生活，没有亲人陪伴的孤独。我这才短短20天，而你却整整在外20年。我也懂得了你那年为了早一天回家，在火车站等了一晚上的票，只是为了早点回家，在工厂里连夜加班了多少天。记得当天的你，在我看来就是一些从外地带回家的零食，就是各种没有见过的玩具，而你，只是在旁边享受着我满足的表情。

老向，如今我上了大学，记得你暑假跟我聊天说到大学时，你也是十分憧憬，就好像上学的是你一样，你说了你在外这么多年的一些经历和感受，告诉了我上大学的重要意义，我知道你并没有那么多的东西要跟我说，你只是觉得作为我爸爸应该给我一些人生的指导，哈哈，我看着你把几句话翻来覆去地说来说去的样子，好笑又好气，你从来都是那样严肃，可那天晚上，你却很随意地把手搭在我的肩膀上，陪我走了一段长长的夜路。儿子的肩宽了，你已不能再像以前那样轻易地就能搂住，再也不能像儿时那样背着我满屋跑，再也不能让我站在你肩上帮你踩背了，儿子也是20岁的成年人了，哈哈，老向，我想我已经能够以一个男子汉的身份与你沟通。大学，还有4年，不会太长，也不算很短，足够让我独当一面，也足够让你苍老几分，我不知道再写些什么了，哈哈就这样吧，再聊！

老向，再坚持 4 年，4 年换我！笑一个！

小向

同学们，你们是怎么看待家庭对一个人影响的呢？

活动体验

活动一　生命线练习

生命线就是每个人的生命路线，是每个人在生命的每一个年龄阶段做的各种事情的呈现和组合。每个人都来自一个家庭，都有自己的生命周期：出生、婴幼儿期、儿童期、青少年期、青年期、成年期（恋爱、结婚、生儿育女）、老年期（子女离开家）、人生暮年。请你按照你预计的生命长度，在这条生命线中找到你现在的年龄点，并标记出来，写下现在的年龄。

回顾你过往生命历程中有重大影响的事件或人，在直线上方写出 2 ~ 3 个对你有积极影响的事件或人，并在直线相应位置上标明年龄；在直线下方写出 2 ~ 3 个对你有消极影响的事件或人，并在直线相应位置上标明年龄。

思考一下这些事件对你的影响，即它们如何使你成为今天的你。你可以提前准备好一些可以用来标识重要事件或人的小物品，如一张便笺纸或一枚曲别针，然后放一首自己喜欢的舒缓的曲子，慢慢地找到自己呼吸的节奏。之后，闭上眼睛想象在一个空间中找到一个起点，这是你所能回忆起的生命的起点，然后随着自己的节奏慢慢地“走过”自己的一生。这可以是一条直线，也可以是一条“随着你的心的曲线”。在每“走”过一个对自己的发展很重要的事件时停留一下，找一件能标识它的小物品，最终“走”到你认为的现在的年龄点。站在这里，回望一下过去，看看那些标识物，思考在过往的人生中，你是如何走过那些艰难时刻的？若将你走过的人生视为一本小说，你会给它起个什么名字？接下来，你会继续走，你希望如何完成这本小说？

之后，请在你目前年龄标记的左边，即代表着过去岁月的那部分，把对你影响重大的事件用数学符号（如①、②）标出来。在你目前年龄标记的右方，把你将来可能会发生的重大事件也用笔标出来，比如这一生想干的事、职业生涯中可能成功的经历及挫折和困难等，都标出来。如果有可能尽量把时间注明，视它们带给你的快乐或悲伤的程度，标在线的上下方，全部标出后将各标记连线，最后将这些事件用一句话概括写在“事件描述”中。

例如，右侧是小刘的生命线。

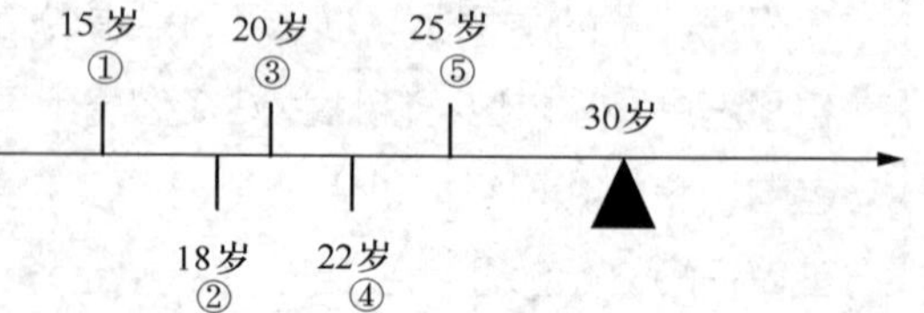

积极事件

① 15 岁时我担任班级班长，第一次组织班级活动是在学校附近的福利院做志愿者。这次活动组织得很成功，它让我对自己的组织能力有了更多的信心，所以到现在我都乐于组织一些活动。

② 在我 20 岁生日这一天，我光荣地成了一名中国共产党党员。这既是组织对我的肯定，也是对我未来的一种鞭策。我一定不忘初心，努力前行，向前辈们学习，为中华民族的腾飞贡献自己的力量。

③ 我工作上得到了晋升，同时还考取了在职研究生。算是事业学业双丰收了吧。我会继续努力，取得更好的成绩。

消极事件

④ 高中成绩还算不错的我，每次模拟考试成绩都是一本线以上的我，高考的时候却没有发挥好，与理想的大学失之交臂，只能上一所普通学校。其实考试的时候我并不觉得太紧张，也有可能是高考的题目不对自己的路子吧。总的来说，还是自己学习中有短板。希望在大学里能够更努力一点吧。

⑤ 高考没考好的我在研究生考试中再次受到打击。做了整整一年的努力，最后距离分数线就差 3 分。其他同学早早地就去准备工作了，现在很多好的工作机会都已经定了人选，剩余的我都不太满意，这让我很迷茫。还好我的辅导员和我们大学同学给了我很多支持，有的人安慰我，辅导员也给了我很多就业信息。最后我成为一名老师，也算是圆了我一个梦想。我一定会更努力，提升自我，达到自己的目标。

看完小刘的生命线及事件描述，下面请你参照着画出自己的生命线，并对你人生中的重大事件进行概括性描述。

生命线

0 ⟶ 预计寿命：

事件描述

（1）____。

（2）____。

（3）____。

（4）____。

（5）____。

（6）____。

（7）____。

（8）____。

（9）____。

（10）____。

活动二　成长3部曲——鸡蛋、雏鸡、雄鸡

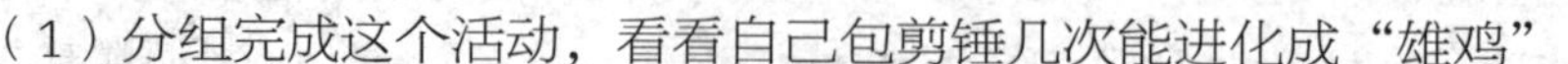

（1）分组完成这个活动，看看自己包剪锤几次能进化成“雄鸡”。

① 约20人围成一个圈，大家都蹲下，此时大家都是鸡蛋。

②“鸡蛋”找“鸡蛋”包剪锤，赢的人变成半蹲状，成为“雏鸡”。

③“雏鸡”找“雏鸡”包剪锤，最终赢的人进化为“雄鸡”，完成成长任务；输的人退化为“鸡蛋”，再进行“鸡蛋”找“鸡蛋”包剪锤的过程。

（2）活动结束后，了解大家的感受。通过两次包剪锤就顺利进化为“雄鸡”的同学，有什么感受呢？“进化”之路特别“坎坷”的同学，又有什么感受呢？

（3）总结。生命的成长是不容易的，有压力、挫折，也有动力、努力；生命相互之间可能会是阻碍，也可能是成全；家庭中的每一个成员都是越挫越勇、积极面对、一路成长的；让我们一起珍惜成长中的每一个脚步吧！

活动三　一封家书

请给父母手写一封家书，谈谈你进校以来的感受，在军训结束之后寄给或带给他们。

活动四　理解父母

1. 活动目的

（1）引导组员了解自己对父母的了解和认识程度，让组员感受到父母已奉献了自己的青春和一切力量，我们尽量理解父母的辛苦和不容易。

（2）引导组员和父母之间进行进一步的沟通、交流和互动，让彼此之间的关系变得更融洽。

（3）让组员进一步培养爱父母的意识，并将其融入日常生活的点点滴滴。

2. 人员与场地

小组完成，每组人数8人左右，大组人数不限；室内。

3. 活动道具

《我所知道的父母》习作纸每人一份，笔，音乐《感恩的心》《父亲》《真的爱你》，多媒体设备。

4. 活动规则与程序

（1）老师给每位组员派发一张《我所知道的父母》习作纸和一支笔，在15分钟内，组员完成分发的习作。

习作问题举例如下。

我对父母知多少？

我知道他们的生日、身高、体重、鞋子号码吗？

父母最喜欢和最不喜欢的食物是什么？

他们最喜欢的娱乐是什么？

父母最关心我什么？

父母最不放心我什么？

回家和离家时，我主动和他们打招呼吗？

我还记得他们最后一次生病的情形吗？

（2）每个组员都独立完成自己的习作，不要与人商量和讨论。

（3）遇到不知道答案的问题，组员可以先行空着，等活动结束后再与自己的父母沟通，填补上空白之处。

（4）小组成员完成后，在小组内进行充分的分享和反馈，每位组员都可以和大家分享自己对父母的了解以及活动中的自我感受等。

（5）分享环节完成后，大组可以合唱手语歌《感恩的心》，共同表达自己对父母的爱与感激。

活动五　家庭大事记 

1. 活动目的

（1）请回忆和梳理自己的家庭在过去的一年里所发生的一些亲情故事，真切地感受亲情就在自己的身边。

（2）请反思在这些事件中自己和家庭成员间的关系、亲情所在，并强化彼此间的联结。

2. 人员与场地

30 ~ 50 人，活动分小组进行，每组 10 人左右；室内。

3. 活动道具

A4 纸、签字笔。

4. 活动规则与程序

（1）老师发给每位组员一张 A4 纸和一支签字笔。

（2）要求组员在 A4 纸上设计一份类似月历的东西，并明显标记出一年的 12 个月。

（3）让组员在与每个月份对应的位置上写下在这个月里发生的有关家庭的亲情事件。

（4）邀请组员与大家分享自己的家庭亲情故事，启发组员反思自己与家庭成员间的关系。

（5）老师做最后的点睛，即指明活动的目的和意义，同时回应组员们的发言。

活动六　父（母）亲的剪影 

1. 活动目的

（1）通过画心目中父亲或母亲的剪影形象，使组员加强对自己父母的了解和认识。

（2）培养组员对父母的观察能力。通过画父母亲的剪影，使组员学会留心观察自己的父母，包括父母的言行以及出现的细微变化等，帮助组员通过对父母的观察，理解父母的良苦用心，了解父母的拳拳爱心，体悟父母的真情与期盼。

（3）激发组员对父母的感激之情。

2. 人员与场地

小组完成，每组人数 8 人左右，大组人数不限；室内。

3. 活动道具

彩笔、A4 纸。

4. 活动规则与程序

（1）老师给每位组员发一张 A4 纸，一盒彩笔置于场地中央，组员可根据需要自取。

（2）在 15 分钟内，组员在 A4 纸上完成一幅父（母）亲的剪影，可以画父亲或者母亲，也可以二者都画。

（3）小组成员想怎样画就怎样画，不拘泥于形式和要求，只要能表达自己心目中的父母亲形象即可。

（4）每位组员独立完成，不要与人商量、模仿他人，也不要指导他人或被他人指导。

（5）小组成员完成后，在小组内互相交流和分享各自父母亲的剪影，并进行解释和说明，同时组员可以进行提问和质疑等，但防止批判性和攻击性的言语。

（6）老师发现小组中的典型案例，大组分享。

活动七 原生家庭 

1. 活动目的

（1）鼓励组员尽可能充分释放自己对原生家庭成员怀有的情感，正向的、负向的都可以。

（2）引导组员发现所写原生家庭中成员们的特点，包括最欣赏的地方和最不欣赏的方面。

（3）促使组员在家庭的背景下客观、理性地反思自己与原生家庭间的联结，如自己的性格、思维习惯、情绪表达方式、行为举止等方面和某些成员有相似性。

（4）带领组员认识原生家庭给自己带来的各种影响。对于那些积极的、具有建设性意义的方面我们应该继续坚持和发扬，对曾给过我们这些的家庭成员抱有感恩之情；而对于那些消极的、不利于自身前进的因素，我们需要找到问题的根源，不仅做到客观面对，还要能够积极处理，以期健康、快乐成长。

2. 人员与场地

30 ~ 50 人，活动分小组进行，每组 6 ~ 8 人为宜；室内。

3. 活动道具

原生家庭习作纸、签字笔。

4. 活动规则与程序

（1）组员回忆在其成长过程中，对自己影响最大的 3 个人物，可以是爸爸、妈妈、爷爷、奶奶、外公、外婆或其他人。

（2）对于这 3 个人物，分别写出最欣赏他们的地方有哪些，最不欣赏的地方有哪些，每项限写 3 点，要求尽量写满。

（3）填写过程中，组员独立完成。不要与人讨论，不要替别人写或请别人替写。

（4）组员在小组内和大家分享自己所写的具体内容及理由，以及自己的发现与反思。

活动八 再选你的父母

1. 活动目的

（1）引导组员表达出对父母不欣赏的地方，将这种情绪尽量完全释放出来，同时思考导致这种情绪产生的原因所在。

（2）带领组员一同讨论如何看待自己和父母间的这种关系，探讨这种关系会给自身及整个家庭带来什么样的影响，做怎样的处理是比较适宜的。

（3）推动组员完成由对父母的不满、指责等延伸到对自我进行探索和反思。

（4）鼓励组员找到符合自己与父母特点的互动模式，多和他们进行交流和沟通，加强彼此间的联结，珍视亲情的存在。

2. 人员与场地

30 ~ 50 人，活动分小组进行，每组 6 ~ 8 人为宜；室内。

3. 活动道具

A4 纸、签字笔。

4. 活动规则与程序

（1）老师向每位组员分发一张 A4 纸和一支签字笔。每位组员在白纸的上方写下“再选 ××× 的父母”几个字，××× 就是你自己。“再选 ××× 的父母”，你看着它一定不舒服，这是正常的。因为此刻之前，你从来没有想过可以把自己的父母“炒鱿鱼”，让他们“下岗”，自行“招聘”一对父母。

（2）上一环节写好以后，请组员郑重地写下自己再选的父母的名字。

母亲：________________________________。

父亲：________________________________。

请你把头脑中涌起的第一个人名写下来。他们可以是你认识的任何一个熟人，也可以是传说中的人物；可以是历史名人，也可以是普通百姓；可以是动植物，也可以是山岳湖泊；可以是日月星辰，也可以是布帛黍粟；可以是仰慕的师长，也可以是同窗好友。总之，跟随自己的第一感觉就好。

（3）顺利完成上述关键步骤后，组员可以在老师的引领下进行思考和分享。

活动九 我的家庭树

1. 活动目的

（1）引导组员思考自我和家庭成员的关系。反思 3 代人各自的生活环境、文化背景、性格特征、交往模式及相互之间的影响。

（2）引导组员梳理家庭各个成员之间（包括横向和代际间成员）的关系。家庭内的各个成员彼此的互动模式和交往关系受到许多不同因素的影响，包括文化、性格、角色等，彼此之间的关系会有许多不同特点。这些不同的交往关系和互动模式会对自我的成长和发展及对家庭的情感联结带来很大影响。

（3）培养组员和家庭建立亲密的联结和归属感。家庭永远是一个人最重要的心灵归属，与家庭建立亲密的联结和归属可以让一个人获得更大的精神力量和生命动力。

2. 人员与场地

小组完成，每组人数 8 人左右，大组人数不限；室内。

3. 活动道具

《我的家庭树》习作纸每人一张，笔，电影片段，多媒体设备。

4. 活动规则与程序

（1）老师给每位组员发一张《我的家庭树》习作纸和一支笔，在 20 分钟内，组员完成分发的习作。

（2）习作一共分为 3 个部分：第一部分是完成一幅《我的家庭树》图，将自己的家庭成员及其构成以树图的形式描画出来；第二部分是完成“我眼中的 3 代人”部分，分别用 3 个中心词概括出家庭成员所处的历史时期、性格特征及其交往模式；第三部分是完成“家庭内对我有重要影响的家庭成员”部分，包括列举出对自己有重要影响的家庭成员 2 ~ 3 人，同时描述其对我的重要影响。

（3）每个组员都独立完成自己的习作，不要与人商量和讨论。

（4）小组成员完成后，在小组内进行充分的分享和反馈，每位组员都可以和大家分享家庭重要成员对自我成长和发展的重大影响及家庭成员间的关系等。

活动十　家庭对我的影响

（1）原生家庭。

请写出 3 点你欣赏他们的地方和 3 点你不欣赏他们的地方。这些人物必须是与你同住或至少是多年来照顾你的。你对他们的印象是你在 18 岁以前的。样式示例如下。

	欣赏的	不欣赏的
祖母	______________	______________
祖父	______________	______________
爸爸	______________	______________

（2）你的发现：________________________________

____

____

____。

（3）小组交流分享。

（4）你的再发现：______________________________

____

____。

知识解析

第一部分 影响心理健康的家庭因素

要点一 原生家庭——生命成长的摇篮

人的一生有两个家，一个是我们从小长大的家，有爸爸、妈妈和兄弟姐妹，另一个是我们长大以后要结婚成家的那个家，就是我们的小家。第一个家叫作原生家庭，那是我们生命的摇篮，无论是知识的学习、态度的养成、行为的塑造，几乎都是在原生家庭启蒙、奠基的，家庭心理治疗的先驱维琴尼亚·萨提亚认为，一个人和他的原生家庭有着千丝万缕的联系，而这种联系有可能会影响他的一生。要了解个体的发展，就要先探讨个体在其原生家庭中的角色和地位。

1. 在父母的镜映里找到自我价值感

刚出生的婴儿和母亲处在共生状态，没有独立意识。在人类大脑镜像神经元的作用下，婴儿会从母亲的反应中“看见”自己。镜像神经元就像人类大脑中的一面镜子，当个体的五官感受到外界的变化时，比如婴儿看见母亲微笑时，其镜像神经元会自动驱使他模仿母亲的笑，同时婴儿会产生愉快的感觉，并发现自己的愉悦感。

亲子关系模式的代际传递仿佛有种神奇的魔力，就像歌里唱的那样，“长大后，我就成了你”。在自体心理学里，镜映是每个人在婴儿时期发展的一种需要，一种渴望被看到、被注意、被欣赏的需要。比如，在父母与子女之间，孩子心理体验到的所有东西，妈妈给予反应、确认和映证。在家庭中，其实每个人都期望自己的主观经验在另一个人那里引起相应的身心反应，也就是每个人渴望被理解，而作为子女，渴望理解自己的人就是父母。

当我们在一次次的镜映中被父母看到、理解并给予我们期待的回应时，我们就在父母的反馈中看到了自己的需要并得到满足，就像照镜子一样看到了自己的价值感；如果在父母的反应中没有被看到，我们可能就会卡在这个需要里，不停地希望被看到，成人以后也会有很强烈的被看到的需要，我们会集中很多精力做很多给别人看的事情，甚至处于一种讨好的状态里。

举一个镜映的例子，我们小时候在学校考试成绩很好的时候，特别想一下子飞回家与父母分享，等告诉父母之后，他们会有不同的反应：“好，但是不要骄傲，要再接再厉哦！”“看到你这么开心，我都替你感到高兴，说说你是怎么做到的呢？”你希望得到怎样的镜映反应呢？不同的镜映给予我们不同的自我价值感的体验。

2. 亲子互动里的人际关系模式

子女与父母的关系——亲子关系是我们每个人来到世界的第一个社会关系，它对于我们今后能否与他人发展健康的关系具有决定性的影响。人在婴儿期就形成一套人际交往的“工作模式”，如果孩子在早期的关系中体验到爱与信任，他就会觉得自己是可爱的、值得信赖的。如果孩子的依恋需要没有得到满足，他就会对自己形成一个不好的印象。一个不受欢迎的孩子不只是觉得自己不受父母欢迎，而且坚信自己基本上不受任何人欢迎。相反，一个得到爱的孩子长大后不仅相信父母爱他，而且相信别人也觉得他可爱。人类学家认为，一切人际关系无不打上亲子关系的烙印。亲子关系有以下 3 种依恋类型。

（1）安全型

这类儿童跟母亲在一起时，能在陌生的环境中进行积极的探索和玩耍，对陌生人的反应也比较积极；当母亲离开时，表现出明显的苦恼和不安；当母亲回来时，立即寻求与母亲的亲密接触，继而能平静地离开，只要母亲在视野内，就能安心地活动。

（2）焦虑－矛盾型

这类儿童当母亲要离开时表现出惊恐不安，大哭大叫；一见到母亲回来就寻求与母亲的接触，但当母亲去迎接他（她），如抱起时，却又挣扎反抗着要离开，还有点发怒的样子，孩子对母亲的态度是矛盾的。他们即使在母亲身旁，也不感到安全，不能放心大胆地去玩耍。

（3）回避型

这类儿童对母亲在场或不在场影响不大，母亲离开时，并无忧虑表现；母亲回来了，往往不予理睬，虽然有时也会欢迎，但是短暂。这种儿童实际上并未形成对母亲的依恋。

儿童在长大后形成的 4 种成人依恋类型，是根据情感融合与自我分化程度划分的，它会影响成人的人际关系。

① 安全型：是一种低焦虑低回避的类型，表现为情绪稳定，安全感足，人格独立，能独处，又能主动接触别人，感受到亲密关系。

② 疏离型：是一种低焦虑高回避的类型，表现为追求独立，难以信任和依赖他人，对亲密感到不适或不喜欢亲近他人。

③ 恐惧型：是一种高焦虑高回避的类型，表现为既想依赖他人又想独立的矛盾，想依赖又担心被抛弃，想亲近又对亲密感到不适。

④ 痴迷型：是一种高焦虑低回避的类型，表现为渴望亲密关系，十分依赖伴侣，总是担心被抛弃。

3. 父母的教养方式

鲍尔特温认为，由于家长的人格特点不同，家长在帮助子女实现社会化过程中所采取的教养方式也有重大区别。他将家长对子女的教养方式概括为 4 类：专制型、溺爱型、放任型、民主型。

（1）专制型

家长的道德责任感十分强烈，大有“恨铁不成钢”之心，但家长却不理睬子女的需要，常用命令和责难来强迫子女顺从自己的意志。

（2）溺爱型

溺爱型是“情感型”人格家长的必然方式。父母不是从社会关系角度履行自己的教育职责，而是把子女视为纯粹私人的财产，把子女教育视为个人的私事，用过分的生物本能的感情去满足子女的要求，对子女百依百顺。

（3）放任型

放任型即家长在对子女采用专制式的教育方法不奏效后，滋生了“朽木不可雕”之类的失望情绪，常常缺乏耐心，讨厌子女，撒手不管。

（4）民主型

父母能够充分理解子女的兴趣和要求，经常向子女提出自己的建议却不强迫孩子按自己的意志行为，尊重孩子的自主决定权，用积极关注和爱让孩子学会独立。

要点二 过往经历——生命的烙印

1. 早期经验

人的一生中，发展最显著的时期是出生以后的早期阶段，在该时期中，个体所接受的早期经验对其身体发育、生理机能、知觉、情感、行为、动机、学习、社会化等各个方面都具有持久的影响。心理学家对于早期经验在某些方面已取得了较为一致的看法。

（1）持久的、严重的、极端贫乏的早期环境会影响人类儿童和动物正常行为的发展，至于由剥夺所造成的后果是否可逆，要依据受剥夺的时间、程度及补偿教育的适时性而定。

（2）丰富的早期经验是促进儿童以后发展的必要条件，但非充分条件。丰富的早期经验可以促进儿童的发展，但这种影响能否长久地保持还有赖于以后各个发展阶段环境的有利性。

（3）早期经验的丰富性或贫乏性会影响神经系统的发展，影响大脑皮层的重量、生化活动和神经细胞的结构。精神病学家 R. 希思通过对猴子大脑的相应部位进行研究，发现小脑与边缘系统的情绪中心有双向神经联系，从而从一个侧面探明了早期经验影响动物的运动、情绪和社交行为的机制。

（4）儿童早期经验的丰富性主要包括以下成分：丰富的言语刺激；允许儿童自由地探索，学会自己控制环境；建立富有感情的社交关系，环境提供的刺激以及成人与儿童的相互作用要适合儿童的水平。比较极端的例子是“狼孩”，即使回到了人类社会，但错过发展关键期的孩童再难以达到正常人的智力发育水平了。

2. 重要他人和重大生活事件

（1）重要他人

“重要他人”是一个心理学名词，意思是在一个人的心理和人格形成过程中，起到过重大影响甚至是决定性作用的人物。“重要他人”可能是我们的父母长辈，或者是兄弟姐妹，也可能是我们的老师，还可能是萍水相逢的路人。

在社会学习理论中，班杜拉指出个体的社会行为是通过观察、模仿现实生活中重要人物的行为来完成的。在生活中，重要他人就是给我们提供了一个榜样，我们通过直接和间接学习获得行为。直接学习是个体通过模仿榜样直接做出行为，间接学习是通过观察其他人实施这种行为后所得到的结果来决定自己的行为。不管是哪种学习，我们都会受到身边重要他人的影响。

（2）重大生活事件

生活中经常发生的对自己有意义的事件，给我们留下无数难以磨灭的印记，这些事件对我们的成长有如此重大的影响，以至于我们的观点、行为甚至人生轨迹会因此改变。这样的事件不一定是惊天动地的，也可能就是平淡无奇，但它确实对我们产生了影响，甚至改变了我们的人生轨迹，影响可能是积极的或者是消极的。比如，父母为你庆祝生日，老师几句鼓励的话语，读过一本好书，朋友送你的临别赠言，一次比赛获奖的体验或者失败的经历……此外，还有可能是生理的问题，如重大疾病、生理残疾等。

3. 客体和认知

一生中经历的许多人和事称为“客体”，这些客体可以分为内在客体和外在客体，外在客体是指真正的人物、地方和东西，内在客体指的是心理表象，即与外在客体有关的影像、想法、幻想、感觉或记忆等。每一个客体都会或强或弱地在我们的成长过程中投下其影子，我们也正是通过人际互动，不断把客体内化在自己心中，成为自我心理构建的原材料，成为自我心理发展的前提和基础，同时借助客体关系，每一个人又逐渐形成一个完整、稳定而独立的自我。在众多客体之中，总有一些人对个体的一生产生过重大影响，特别是出现在个体生命早期的那些人，将会令个体终身难忘。

在社会学习理论中，班杜拉强调个体的认知、行为和环境因素交互作用对人的行为的影响。可见，个体认知和行为不容忽视，在重要他人和重大生活事件中，人和事提供了个体成长的环境，是促进个体成长的直接因素，但起决定性作用的是个体的态度、认知和行为，即个体是如何看待和理解身边的人和事以及如何行动的。也就是说问题本身不是问题，如何看待和应对才是问题。这可以解释为什么同样一件不好的事情不同的人却有不同的看法，有的看到消极悲伤，有的看到积极意义，从而做出不同的应对方式，自然结果就完全不同了。

要点三　我从哪里来，将往哪里去

1. 感谢父母赐予生命

无论我们身在何方，无论我们将往哪里去，我们的生命起源是不能改变的，接纳父母是接纳自己的开始。

2. 家庭影响自我认知

早期经历中岁月的变迁，重要他人和重要事件的洗礼，在我们的成长足迹上打上烙印。如果我们想对自己有更多的了解、宽容和接纳，我们就要学会反思觉察，这对我们学会扬弃和取舍、做真正的自己是大有裨益的。

3. 家庭影响人际关系

父母是我们人生旅程的第一任老师，原生家庭不仅影响我们的个性、心理、意志、行为，也会影响我们同他人建立关系，特别是亲密关系，当我们感觉被某类人吸引时不妨觉察一下，他们身上的哪些特征吸引了自己，这些特征与自己的父母及其他家人有怎样的相似点或互补性。而有时候我们越是不喜欢具有某些特征的人，却往往容易被那些人吸引，这是一种强迫性的重复。

4. 做真实的自我

父母给予我们生命，我们是父母生命的延续，但我们也是独立的个体，与父母既有联系、守望。又要有区别、分离。世界上没有相同的两片叶子，也没有一样的人生，我们要遵从内心呼唤做自己想做的和能做的事，为自己的人生负责，让父母看到不讨好、不谄媚、真实、自信、有爱的自己。

第二部分　了解父母，理解家人

要点一　了解父母的生命轨迹

如果我们能在假期父母休息时多陪他们聊聊天，就会发现他们的人生经历中也许有不少可供我们借鉴的生命经验；父母也有自己的原生家庭，我们能看到他们的父母和兄弟姐妹对他们的影响，从而理解他们为什么会成为今天的样子。

家庭是每个孩子成长的第一课堂，父母是孩子学习的第一任老师。每对父母都是在第一次中尝试着做好父母，不知哪些是合适的和不合适的，只好在养育孩子的过程中慢慢尝试，认真对待取舍。这在很大程度上仅仅依靠感觉和间接经验。所以，父母做的即使不及格似乎也可以被理解，因为他们的知识和经验大多来自自己的父母。我们所有人都会受到强大的代际传递影响，在养育下一代时，我们多多少少带着父母的影子，又或是家里长辈的影子，有些影子是积极正面的，比如坚强勇敢，又有些是消极负面的，比如暴躁的脾气。

要点二　“缘”来是你

父母与孩子的相遇本是一种缘分，既是缘分，我们无力人为改变，那就接受他们，面对他们，要相信每一对父母，他们在看到孩子出生的那一刻，都是尽最大努力把孩子照顾好，让他健康成长、平安快乐，至于其他的都不重要。我们也相信他们知道每一个孩子都是独一无二的，帮助我们成为更好的自己，只是在养育的过程中，他们会急于求成，拔苗助长，无意中伤害了我们。在纷繁复杂的社会中，他们会过度担心我们因没有过硬的技能而生活穷困、受苦，为了避免糟糕的结果，他们会想出各种办法帮助我们成长，而忽略了我们自身的成长动力。所以，他们不是故意干涉，不是不爱，而是太爱我们才过于慌张，请谅解父母，接受这种爱的缘分。接纳父母，是走向成熟与独立的必经之路。

要点三　一切源于爱

也许有的同学和父母关系和谐亲密无间，也许有的同学和父母冲突频频争吵不断，无

论是喜欢还是讨厌，是高兴还是伤感，是愤怒还是内疚，是期待还是回避，这都是在内心深处渴望被爱的表达。人人都期待被爱，能否付出爱是一种能力，能否接受爱也是一种能力。我们需要不断地反观自己和父母的生命历程，尝试和父母沟通，消除误解，让自己和父母之间的关系更加和谐。

那么，如何与父母沟通呢？

（1）看到自己身上与父母缺点的相似性。每个人都在代际传递中受到影响，或积极或消极，如果“继承”了父母的缺点，不要自责，也不要责怪父母，因为我们都是这场代际遗传的被影响者。当我们有勇气去面对自己的缺点时，就已经踏出改变的第一步了。

（2）我们无力改变过去，但我们可拼尽全力去改变现在，减少代际遗传对我们人生的影响。整个过程是漫长而艰辛的，但幸福和快乐也会随之而来。具体可以从以下 3 个方面开展。

第一，了解父母对自己的影响。比如列出与父母相似的优点与缺点，再去观察上一辈的人是否同样具有，再来保留优点，改掉缺点。

第二，促膝长谈，让父母了解他们的期待对孩子的影响。所有父母都有“望子成龙，望女成凤”的心愿，但未必所有的孩子都能达到这样的高度，所以可以跟父母一起设定合理期待，这样既能满足父母的期望，又符合自己的需要和渴望。

第三，与爱同行，让自己变得更好。爱是一种能力，是可以通过学习获得的。每个人都有爱自己的愿望，学会好好爱自己是让自己变得更好的基础。为人子女，我们要懂得珍惜身边的人，因爱不再怨恨父母，不再责怪自己，不再背着厚重的包袱寸步难行，就足够了。

要点四　关爱自我

从小得到过父母的关爱很重要。如果，我的存在，总是被忽略，不被看到；我的能力，总是被挑剔，总是被拿去跟别人家的孩子比较；我的感受，总是被否认、批评、指责，自我价值感很低，甚至认为我是没用的等。由于各种原因，我们可能没有得到足够好的爱，于是，我们可能会成为这样的人：不能亲近任何人，不能与别人建立深层次人际联结；被过度的敏感折磨；容易被情绪的惊涛骇浪淹没；总是在父母面前做最孝顺的孩子。我们不想成为这样的人，只是无意中被这样对待了才造成这样的结果。

我们可以通过自我关爱和成长改变自己。

第一步，要觉察，促进自我分化。自我分化是指可以由个体思考、计划和遵循自己的价值观，而不让自己的行为自动地受他人驱使。分化不是一个目标，而是达到情绪和理性、独立与亲密的平衡过程。觉察，就是在生活中找到并确认自己的声音。我们作为个体，需要发展出使情绪与思想分离的能力，以及选择在特定时刻是受理智还是受情绪支配的能力，即个别性，同时，还需要能够体验到与他人的亲密感，作为自主的个体而不陷入家庭的纠纷中。

第二步，在关系中获得矫正性情绪体验，调整认知偏差，发展出适应性的人际策略。可以先在同学、朋友、爱人等当下的关系中开始改变，不断地修正对关系的认知偏差，因为我们容易戴着有色眼镜看世界，出现绝对化要求，过度推断。我们要学习新的人际技巧，如学会恰当地表达自己的需要与情感，让别人更清楚和理解我们，我们也学着去了解他们，增加彼此的沟通交流。

第三步，理解原生家庭，帮助父母。作为一个自我分化良好的成年人，而不是被控制的孩子或者被父母化了的孩子，我们是独立自主的，是拥有亲密和稳定的情感的，你会发现人际关系中，特别是与父母之间发生冲突，出现矛盾没有那么可怕和恐怖，原来父母有着他们无法处理的伤痛，那将是他们的成长任务，而我们可以是那个愿意提供帮助的人，慢慢影响父母的改变。

第三部分 学习如何做父母

要点一 向父母学习

家庭是孩子人生的第一课堂，父母就是孩子人生的第一任老师，他们的言谈举止、思维方式、做事习惯潜移默化地影响着孩子。亲子关系是家庭关系的重要组成部分，另外一个核心的关系是夫妻关系。在家庭中，夫妻关系是第一位的，它的稳固与否直接影响着对下一代的养育。父母关系亲密、和谐，互助互爱，彼此支持，在教育理念、情感、行为上，一致性地教育孩子，同时对孩子也有恰到好处的关爱、尊重、理解，这种情况下孩子会感受到来自父母双方的爱，需要亲密的时候保持亲密，需要独立的时候能够独处，并且潜移默化地客观认识自己、学习父母的相处之道，对自己的人际关系尤其是日后的亲密关系有较大的积极影响。

家庭氛围是家庭成员在日常生活中互动形成的心理和行为环境，它是无形的，看不见，摸不着，却发挥着潜移默化的作用。不同的家庭氛围会给家庭成员造成不同的心理和行为影响。父母尽可能营造平静、和谐、温暖的家庭氛围，让下一代感觉到安全、舒适、幸福，这会提升孩子的心理健康水平，孩子也会在思维认知、情绪情感、意志行为方面获益良多。

无论过去、现在还是未来，家庭既是一个人人生起点的地方，也是一个人梦想启航的地方。先进家庭文化的传递也是中华民族的传统美德的传承。因此，成年后我们更要有意识地观察、发现、总结父母传承的美好品德，学习与人和谐相处之道。感恩父母，他们给我们的好的、正面的东西留下来；不好的、负面的东西觉察到它，然后超越它。

要点二 学习如何做自己

无论将来我们是否选择做父母，我们都需要不断成为更好的自己；如果做了父母，就会为孩子做好表率，注重下一代的依恋风格的塑造。我们期望的是，自己能成为像我们的父母那样的好父母，期望比我们的父母做得更好，但是，我们也可能会犯一样的错误。青春期的我们大多数都渴望以不同于自己父母的方式行事，结果却惊讶地发现自己做事的方式与父母的方式惊人相似。于是我们震荡摇摆，愤怒焦虑，难以自拔，最终在实践中摔打尝试，跌倒再爬起来，试图走一条属于自己的道路，这就是我们作为一个独特的生命体存在的意义。具体来说，可以进行以下练习。

（1）每天制订一个小目标，从而每月制订一个大目标。制订一个目标，让自己按照自己制订的计划来进行自己的下一步，为了自己设定的目标，做出相应的努力，敢于拼搏进取，每个月为自己总结一次。

（2）平常空闲的时候，多进行锻炼，展现最好的自己。在空闲的时候，即使再忙也要勤加锻炼，让自己能够拥有一个好的身体，让自己增强抵御严寒的能力，展现最好的自己，让自己处在健康榜首位。

（3）培养自己的业余爱好，平时不管有多忙，都要进行适当的业余爱好。自己的爱好自己做主，平常自己发展一下自己的爱好，让自己从爱好中学到一些知识，从而加深对兴趣爱好的喜爱程度。

（4）多阅读，使自己的修养更进一步，让自己融入时代潮流。阅读书籍能够提高自身的修养，让自己与时俱进，拥有远见卓识。

（5）多看一些新闻，从中能够了解最近发生的事情，使自己与时俱进从而掌握最新信息，便于及时调整计划。

（6）面对挫折与困难，勇于面对，积极进取。抓住时机，困难与机会往往一起到来，积极进取地面对挫折，在成长的道路上遇到的挫折，要勇于应对，让困难在自己的努力下迎刃而解。

（7）约束自己的行为，做到言行一致，能够处理和解决这些事情。约束自己的行为，在外要懂礼貌，让自己的行为与自己的言行一致，做最好的自己，能够自己处理和解决的事情自己解决，亲力亲为。

要点三　多学习、多思考、多交流

当你从知识和个人经验两个层面清楚地了解了家庭会对孩子造成巨大影响时，你就会更渴望让自己成为更好的父母，尽量为孩子的身心健康发展营造良好的环境。如何成为更好的父母？除了知道父母责任重大，要对自己和孩子相处的不良方式保持警惕，时常自我觉察，自我提醒，还要了解什么样的家庭环境是最有利于孩子心理成长的，包括教养方式、夫妻相处之道、家庭氛围营造等。我们没法选择诞生在哪一个家庭，但是我们可以尽可能多和其他家庭的孩子接触交往，学习他们的父母在养育子女方面的经验，扩大我们的视野。

同时也要看到，父母的成长经历、兴趣爱好、性格、价值观、学历背景、经济实力、学习能力以及对教育的重视程度都会影响家庭教育的质量，因此，寻找伴侣也要有意识地了解他（她）的原生家庭对他（她）的教育影响，汲取代际传递的积极影响，为家庭幸福奠定基础。

测评推荐

一、父母教养方式评价量表

父母的教养方式对子女的发展和成长有重要意义。表 3–1 是父母教养方式评价量表，该量表由很多题目组成，每个题目的选项均有 4 个等级。请分别在最适合你父亲和母亲的等级数字上画“√”，上面一栏是父亲的，下面一栏是母亲的。每题只准选一个答案。父母对你的教养方式可能是相同的，也可能是不同的。请实事求是地分别回答。如果幼小时父母不全，可以只回答父亲或母亲一栏。如果是独生子女，没有兄弟姐妹，相关的题目可以不回答。

表 3–1　父母教养方式评价量表

题目	父母	从不	偶尔	经常	总是
1. 我觉得父母干涉我所做的每一件事	父	1	2	3	4
	母	1	2	3	4
2. 我能通过父母的言谈、表情感受他（她）很喜欢我	父	1	2	3	4
	母	1	2	3	4
3. 和我的兄弟姐妹比，父母更宠爱我	父	1	2	3	4
	母	1	2	3	4
4. 我能感到父母对我的喜爱	父	1	2	3	4
	母	1	2	3	4
5. 即使是很小的过失，父母都会惩罚我	父	1	2	3	4
	母	1	2	3	4
6. 父母总是试图潜移默化地影响我，使我成为出类拔萃的人	父	1	2	3	4
	母	1	2	3	4
7. 我觉得父母允许我在某些方面有独到之处	父	1	2	3	4
	母	1	2	3	4
8. 父母能让我得到其他兄弟姐妹得不到的东西	父	1	2	3	4
	母	1	2	3	4
9. 父母对我的惩罚是公平的、恰当的	父	1	2	3	4
	母	1	2	3	4
10. 我觉得父母对我很严厉	父	1	2	3	4
	母	1	2	3	4
11. 父母总是左右我该穿什么衣服或该打扮成什么样子	父	1	2	3	4
	母	1	2	3	4
12. 父母不允许我做一些其他孩子可以做的事情，因为他们害怕我会出事	父	1	2	3	4
	母	1	2	3	4

续表

题目	父母	从不	偶尔	经常	总是
13. 在我小时候，父母曾当着别人的面打我或训斥我	父	1	2	3	4
	母	1	2	3	4
14. 父母总是很关注我晚上干什么	父	1	2	3	4
	母	1	2	3	4
15. 遇到不顺心的事时，我能感到父母在尽量鼓励我，使我得到一些安慰	父	1	2	3	4
	母	1	2	3	4
16. 父母总是过分担心我的健康	父	1	2	3	4
	母	1	2	3	4
17. 父母对我的惩罚往往超过我应受的程度	父	1	2	3	4
	母	1	2	3	4
18. 如果我在家里不听吩咐，父母就会发火	父	1	2	3	4
	母	1	2	3	4
19. 如果我做错了什么事，父母总是以一种伤心的样子使我有一种犯罪感或负疚感	父	1	2	3	4
	母	1	2	3	4
20. 我觉得父母难以接近	父	1	2	3	4
	母	1	2	3	4
21. 父母曾在别人面前唠叨一些我说过的话或做过的事，这使我感到很难堪	父	1	2	3	4
	母	1	2	3	4
22. 我觉得父母更喜欢我，而不是我的兄弟姐妹	父	1	2	3	4
	母	1	2	3	4
23. 在满足我需要的东西方面，父母是很小气的	父	1	2	3	4
	母	1	2	3	4
24. 父母常常很在乎我取得的分数	父	1	2	3	4
	母	1	2	3	4
25. 如果面临一项困难的任务，我能感到来自父母的支持	父	1	2	3	4
	母	1	2	3	4
26. 在家里往往被当作“替罪羊”或“害群之马”	父	1	2	3	4
	母	1	2	3	4
27. 父母总是挑剔我所喜欢的朋友	父	1	2	3	4
	母	1	2	3	4
28. 父母总以为他们的不快乐是由我引起的	父	1	2	3	4
	母	1	2	3	4

续表

题目	父母	从不	偶尔	经常	总是
29. 父母总试图鼓励我，使我成为佼佼者	父	1	2	3	4
	母	1	2	3	4
30. 父母总向我表示他们是爱我的	父	1	2	3	4
	母	1	2	3	4
31. 父母对我很信任且允许我独自完成某些事	父	1	2	3	4
	母	1	2	3	4
32. 我觉得父母很尊重我的观点	父	1	2	3	4
	母	1	2	3	4
33. 我觉得父母很愿意跟我在一起	父	1	2	3	4
	母	1	2	3	4
34. 我觉得父母对我很小气，很吝啬	父	1	2	3	4
	母	1	2	3	4
35. 父母总是向我说类似“如果你这样做我会很伤心”的话	父	1	2	3	4
	母	1	2	3	4
36. 父母要求我回到家里必须向他们说明我在做的事情	父	1	2	3	4
	母	1	2	3	4
37. 我觉得父母在尽量使我的青春更有意义和丰富多彩(如给我买很多的书，安排我去夏令营或参加俱乐部)	父	1	2	3	4
	母	1	2	3	4
38. 父母经常向我表述类似“这就是我们为你整日操劳而得到的报答吗”的话	父	1	2	3	4
	母	1	2	3	4
39. 父母常以不能娇惯我为借口不满足我的要求	父	1	2	3	4
	母	1	2	3	4
40. 如果不按父母所期望的去做，就会使我在良心上感到不安	父	1	2	3	4
	母	1	2	3	4
41. 我觉得父母对我的学习成绩、体育活动或类似的事情有较高的要求	父	1	2	3	4
	母	1	2	3	4
42. 当我感到伤心的时候可以从父母那儿得到安慰	父	1	2	3	4
	母	1	2	3	4
43. 父母曾无缘无故地惩罚我	父	1	2	3	4
	母	1	2	3	4
44. 父母允许我做一些我的朋友们做的事情	父	1	2	3	4
	母	1	2	3	4

续表

题目	父母	从不	偶尔	经常	总是
45. 父母经常对我说他们不喜欢我在家里的表现	父	1	2	3	4
	母	1	2	3	4
46. 每当我吃饭时，父母就劝我或强迫我再多吃一些	父	1	2	3	4
	母	1	2	3	4
47. 父母经常当着别人的面批评我既懒惰又无用	父	1	2	3	4
	母	1	2	3	4
48. 父母常常关注我交往什么样的朋友	父	1	2	3	4
	母	1	2	3	4
49. 如果发生什么事情，我常常是兄弟姐妹中唯一受责备的一个	父	1	2	3	4
	母	1	2	3	4
50. 父母能让我顺其自然地发展	父	1	2	3	4
	母	1	2	3	4
51. 父母经常对我动粗	父	1	2	3	4
	母	1	2	3	4
52. 有时甚至为一点儿鸡毛蒜皮的小事，父母也会严厉地惩罚我	父	1	2	3	4
	母	1	2	3	4
53. 父母曾无缘无故地打过我	父	1	2	3	4
	母	1	2	3	4
54. 父母通常会参与我的业余爱好活动	父	1	2	3	4
	母	1	2	3	4
55. 我经常挨父母打	父	1	2	3	4
	母	1	2	3	4
56. 父母常常允许我到我喜欢去的地方，而他们又不会过分担心	父	1	2	3	4
	母	1	2	3	4
57. 父母对我该做什么、不该做什么都有严格的限制而且绝不让步	父	1	2	3	4
	母	1	2	3	4
58. 父母常以一种使我很难堪的方式对待我	父	1	2	3	4
	母	1	2	3	4
59. 我觉得父母过于担心我会出事	父	1	2	3	4
	母	1	2	3	4
60. 我觉得与父母之间存在一种温暖、体贴和亲热感觉	父	1	2	3	4
	母	1	2	3	4

续表

题目	父母	从不	偶尔	经常	总是
61. 父母能容忍我与他们有不同的见解	父	1	2	3	4
	母	1	2	3	4
62. 父母常常在我不知道原因的情况下对我大发脾气	父	1	2	3	4
	母	1	2	3	4
63. 当我所做的事取得成功时，我觉得父母很为我自豪	父	1	2	3	4
	母	1	2	3	4
64. 与我的兄弟姐妹相比，父母常常偏爱我	父	1	2	3	4
	母	1	2	3	4
65. 有时即使错误在我，父母也把责任归咎于兄弟姐妹	父	1	2	3	4
	母	1	2	3	4
66. 父母经常拥抱我	父	1	2	3	4
	母	1	2	3	4

评分标准

整个量表可进一步分为两个分量表——父亲量表和母亲量表，分别如表 3–2 和表 3–3 所示。

表 3–2 父亲量表

父亲	题目序号	总题数	常模平均分 / 分
情感温暖、理解	2，4，6，7，9，15，20，25，29，30，31，32，33，37，42，44，60，61，66	19	51.54
惩罚、严厉	5，13，17，18，43，49，51，52，53，55，58，62	12	15.84
过分干涉	1，10，11，14，27，36，48，50，56，57	10	20.92
偏爱被试者	3，8，22，64，65	5	9.82
拒绝、否认	21，23，28，34，35，45	6	8.27
过度保护	12，16，39，40，46，59	6	12.43

注：在 66 个题目中，父亲量表不含有的题目是 19,24,26,38,41,47,54,63（反向计分题目：20,50,56）。

表 3-3 母亲量表

母亲	题目序号	总题数	常模平均分 / 分
情感温暖、理解	2，4，6，7，9，15，25，29，30，31，32，33，37，42，44，54，60，61，63	19	55.71
过分干涉、过分保护	1，11，12，14，16，19，24，27，35，36，41，48，50，56，57，59	16	36.42
拒绝、否认	23，26，28，34，38，39，45，47	8	11.47
惩罚、严厉	13，17，43，51，52，53，55，58，62	9	11.13
偏爱被试者	3，8，22，64，65	5	9.99

注：在66个题目中，母亲量表不含有的题目是5，10，18，20，21，40，46，49，66（反向计分题目：50，56）。

父母教养方式评价量表共有66个题目。其中，父亲教养方式由58个题目组成，共有6个因子：情感温暖、理解；惩罚、严厉；过分干涉；偏爱被试者；拒绝、否认；过度保护。母亲教养方式由57个题目组成，共有5个因子：情感温暖、理解；过分干涉、过分保护；拒绝、否认；惩罚、严厉；偏爱被试者，如表3-4所示。该量表由被试者独立完成，回答“从不”记1分，“偶尔”记2分，“经常”记3分，“总是”记4分。

表 3-4 评价因子及参照标准

因子		意义	常模平均分 / 分	标准差 / 分
父亲	因子Ⅰ	情感温暖、理解	51.54	8.89
	因子Ⅱ	惩罚、严厉	15.84	3.98
	因子Ⅲ	过分干涉	20.92	3.66
	因子Ⅳ	偏爱被试者	9.82	3.83
	因子Ⅴ	拒绝、否认	8.27	2.40
	因子Ⅵ	过度保护	12.43	3.12
母亲	因子Ⅰ	情感温暖、理解	55.71	9.31
	因子Ⅱ	过分干涉、过分保护	36.42	6.02
	因子Ⅲ	拒绝、否认	11.47	3.26
	因子Ⅳ	惩罚、严厉	11.13	2.84
	因子Ⅴ	偏爱被试者	9.99	3.81

共计 11 个因子。求出每个因子的得分，如果被试者某个因子的得分高于常模平均分，那么该被试者就表现出对应的教养方式。

二、成人依恋量表

请阅读表 3–5 中的语句，并衡量你对情感关系的感受程度。请考虑你的所有关系（过去的和现在的），并回答有关你在这些关系中的通常感受。如果你从来没有卷入情感关系中，请按你认为的情感会是怎样的来回答。

请在表 3–5 每题之后的选项中选择与你的感受一致的选项。

表 3–5　成人依恋量表

题目	完全不符合 / 分	不符合 / 分	不确定 / 分	符合 / 分	完全符合 / 分
1. 我发现与人亲近比较容易	1	2	3	4	5
2. 我发现要我去依赖别人很困难	1	2	3	4	5
3. 我时常担心情侣并不真心爱我	1	2	3	4	5
4. 我发现别人并不愿像我希望的那样亲近我	1	2	3	4	5
5. 能依赖别人让我感到很舒服	1	2	3	4	5
6. 我不在乎别人太亲近我	1	2	3	4	5
7. 我发现当我需要别人帮助时，没人会帮我	1	2	3	4	5
8. 和别人亲近使我感到有些不舒服	1	2	3	4	5
9. 我时常担心情侣不想和我在一起	1	2	3	4	5
10. 当我对别人表达我的情感时，我害怕他们与我的感觉会不一样	1	2	3	4	5
11. 我时常怀疑情侣是否真正关心我	1	2	3	4	5
12. 我对别人建立亲密的关系感到很舒服	1	2	3	4	5
13. 当有人在情感上太亲近我时，我感到不舒服	1	2	3	4	5
14. 我知道当我需要别人帮助时，总有人会帮我	1	2	3	4	5
15. 我想与人亲近，但担心自己会受到伤害	1	2	3	4	5
16. 我发现我很难完全信赖别人	1	2	3	4	5
17. 情侣想要我在情感上更亲近一些，这常使我感到不舒服	1	2	3	4	5
18. 我不能肯定，在我需要时，总找得到可以依赖的人	1	2	3	4	5

评分标准

（1）计算分量表分。

本量表包括3个分量表，分别是亲近、依赖和焦虑分量表，每个分量表由6个题目组成，共18个题目。

本量表采用5级评分法，其中2，7，8，13，16，17，18为反向计分题目，在评分时需进行反向计分转换。

先计算3各分量表的平均分数，再将亲近分量表总分和依赖分量表总分合并，产生1个亲近–依赖复合维度。

亲近分量表：1，6，8，12，13，17。

依赖分量表：2，5，7，14，16，18。

焦虑分量表：3，4，9，10，11，15。

亲近–依赖复合维度计分方法：亲近–依赖均分 =（亲近分量表总分 + 依赖分量表总分）÷12。

（2）依恋类型的划分。

安全型：亲近依赖均分 > 3分，且焦虑均分 < 3分。

先占型：亲近依赖均分 > 3分，且焦虑均分 > 3分。

拒绝型：亲近依赖均分 < 3分，且焦虑均分 < 3分。

恐惧型：亲近依赖均分 < 3分，且焦虑均分 > 3分。

第四章 大学生自我接纳与自信培养

真实案例

小刚，大一新生，家庭贫困，父母期盼他能考上好大学，以后到大城市生活和发展。他是个很孝顺、很听话的孩子，知道自己是父母的希望。他以为只要考上了大学，父母就能开心，家境也会很快好起来。因此，上大学成了他唯一的目标。功夫不负有心人，他终于考上了大学。临别时，妈妈对他说："到大学里要好好学习！不要贪玩荒废了学业！"但进入学校后，老师和学长对他说："在大学里除了学习，还要学会如何适应这个社会以及如何与人相处。"他慢慢意识到，如果还像以前一样死读书，将来就不能更好地适应社会。他开始寻找生活的目标，探寻到底什么才是他应该追求的。从此，平静的大学生活起了波澜。他发现自己没有办法再像以前那样专心于学习了。刚刚认识社会的他陷入了迷茫和困惑之中。他说："我真不知自己是怎么了，我越来越不清楚自己，更不知道自己的生活目标是什么。我感到内心的冲突和失衡，我是不是得了什么病？"

同学们，你们是怎么看的呢？

活动体验

活动一　我是谁

（1）准备 A4 纸若干张，笔若干支。

（2）请每位同学一边思考一边写出 20 句"我是一个________的人"，要求尽量能反映个人的特点，真正代表独一无二的自己。

（3）将所写的 20 句"我是一个________的人"的具体内容进行归类。

① 身体状况（属于你的体貌特征，如年龄、体形等）：____。

② 情绪状况（反映你常持有的情绪、态度）：____。

③ 才智状况（表现你的智力、能力）：______________________________

______________________________。

④ 社会关系状况（属于品德、人际关系等方面）：______________________________

______________________________。

（4）评估一下你所写内容是积极肯定的还是消极否定的。在每句话的后面标出“+”（表示肯定、满意）或“-”（表示否定、不满），数一下两种符号各有多少个，并填写在表 4-1 中。

表 4-1　汇总表

身体状况		情绪状况		才智状况		社会关系状况	
+	-	+	-	+	-	+	-
___个	___个	___个	___个	___个	___个	___个	___个

（5）结果解释：如果你的“+”多于“-”，说明你的自我接纳状况良好；反之，则表明你不能很好地接纳自己。

活动二　3 个“我”训练

（1）预备 3 张白纸。首先在第一张纸上描述“理想的我”，时间约为 10 分钟。然后将已写好的第一张纸搁置一旁，暂时不准再看。最后在第二张和第三张纸上分别具体描述“别人眼中的我”和“真正的我”，两张纸的描述时间也各约 10 分钟。

（2）完成后，将所有 3 张纸放在桌上，对 3 张纸上的 3 个“我”做出检核，主要是看看 3 个“我”是否协调和谐。若否，则弄清差异何在，并尝试找出原因所在。请你留意另外一个重点：“理想的我”和“真正的我”是否协调一致？透过此重点，你往往可以发现二者之间的差异甚至矛盾点，同时还会发觉自己对人生所产生的一些深层感受和渴求。

（3）为了达到更积极的效果，你应当努力探索，看看如何使 3 个“我”更加协调一致，制订促进 3 个“我”协调统一的方案。有了具体的计划，你会较易在生活中落实并做出改进。一个心理健康的人，3 个“我”是协调和谐的。如果一个人在自己和他人眼中的“我”没有太大的差距，个人理想也没有脱离现实，那就是一个自我形象明确而健康的人。但当 3 个“我”不协调时，我们就该问自己：别人为何不了解我？我是否不能表里一致？不过，我们不必期望自己的 3 个“我”完全协调一致，因为那是不切实际的期望，只会导致负面的影响。进行上述思考后，将结果填写在表 4-2 中。

表 4-2　3 个“我”汇总

3 个“我”	开始时	调整后
理想的我		
别人眼中的我		
真正的我		

（4）团体分享。请最有感受的成员在团体内讲述自己的体会，与大家分享。

你的感受：____

____

____

____。

知识解析

第一部分　自我意识与自我接纳

人类能将自己与周围世界区别开来，认识自己，是因为人类有自我意识。

要点一　自我意识

1. 自我意识的分类

自我意识也称“自我”，是人的意识活动的一种形式，指人对自己与客观世界的关系的意识和察觉，包括认识自己的生理状况、心理状况和自己与周围人的关系，即生理自我、心理自我和社会自我。

（1）按照自我意识的结构划分，自我意识可分为自我认识、自我体验、自我控制 3 部分，如图 4-1 所示。

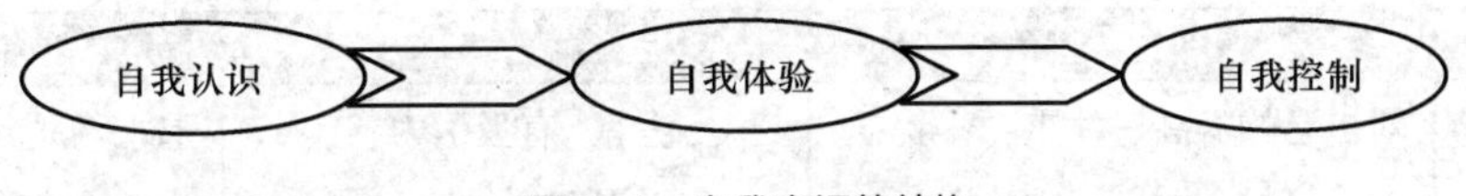

图 4-1　自我意识的结构

① 自我认识是自我意识的认知成分，包括自我感觉、自我观察、自我分析和自我评价等内容。它涉及“我是一个什么样的人”“我为什么是这样的一个人”等问题。自我认识是个体对自我有关属性的认知以及在此基础上做出的价值判断，其中，自我评价是其核心，也是自我体验和自我控制的基础。

② 自我体验是自我意识的情感成分，是个体对自己在自我认识的基础上产生的一种情绪体验，包括自我感受、自尊、自爱、自卑、责任感、优越感、义务感等内容，涉及“我能否接纳自己”“我对自己是否满意”等问题。

③ 自我控制是自我意识的意志成分，是自己对自身行为与思想言语的控制，包括自主、自理、自强、自卫、自制、自律等，涉及“我应该怎样控制自己”“如何做才能成为自己

理想中的那种人”等问题。一个人如果不受外界诱惑因素的影响，能够自己调节和控制自己的情感与行为，那么他就是一个意志力比较坚强的人。

三者以自我认识为基础，产生自我体验，进而达到自我调节；同时，又在自我体验的推动下加强自我调节，加深自我认识。这三者相互联系、有机组合，构成一个人个性中的核心——自我意识（见图 4-2）。

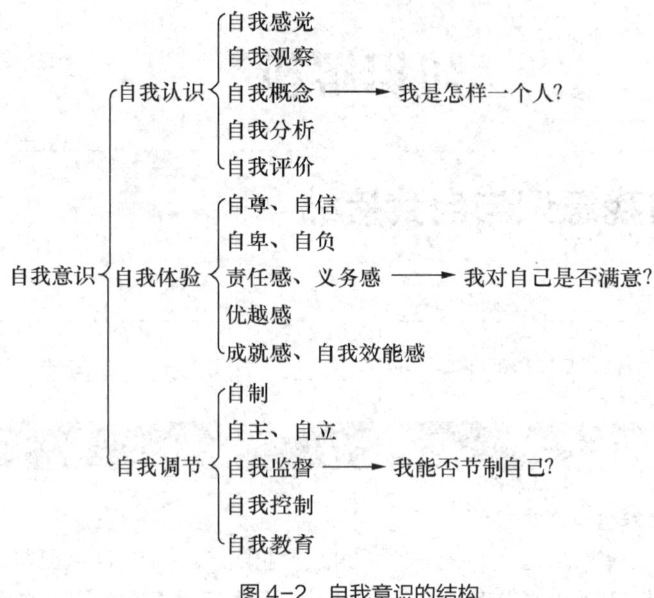

图 4-2 自我意识的结构

（2）从自我意识的内容来看，自我意识可以分为生理（物质）自我、社会自我和心理（精神）自我（见表 4-3 和图 4-3）。

表 4-3 自我意识内涵表

	自我认识	自我体验	自我控制
生理自我	对自己的身高、体重、容貌、身材、性别等的认识	英俊、漂亮、有吸引力、迷人、自我悦纳等	追求物质利益、生存欲望、身体外表改善
社会自我	对自己的名望、地位、角色、义务、责任等的认识	自尊、自信、自爱、自强、自豪、自卑、自恋	追求名利、竞争、得到他人的认可等
心理自我	对自己的智力、情绪、性格、道德、兴趣等的认识	聪明、有能力、优雅、敏感、迟钝、细腻等	追求信仰、注重规范、要求智慧能力发展等

① 生理自我

生理自我是指个人对自己生理状况的意识，包括占有感、支配感、爱护感和认同感等。这些意识是一个人在与他人的交往中，通过学习而逐渐形成的。生理自我使一个人把自我和非我区别开来，即将自己从客观事物中区别出来，意识到自己不是别人，自己的生存是寄托在自己的躯体上的。生理自我是自我意识的最初形态。

② 社会自我

社会自我是指个人对自己社会性的意识，包括个人对自己在社会关系中的各种角色、地位、权利、义务等的意识。社会自我是随着社会化进程，在个体逐渐学习角色并实践角色的过程中出现的。

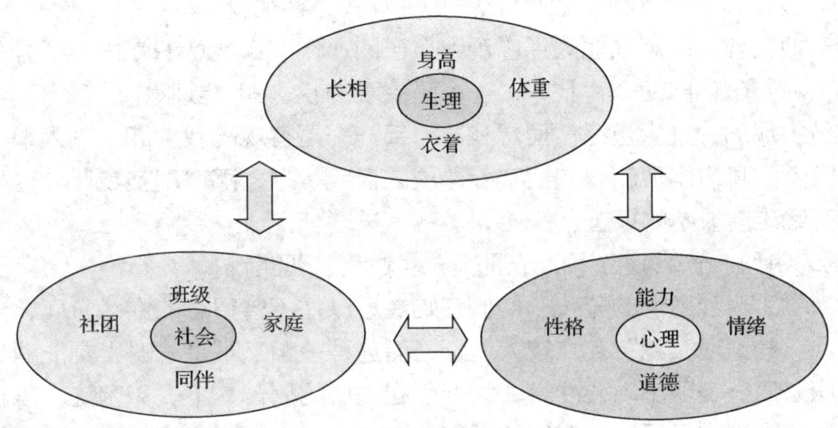

图 4-3 自我意识内涵图

③ 心理自我

心理自我是指个人对自己心理方面的意识，包括自己的感知、记忆、思维、智力、性格、气质、动机、需要、态度、信念、理想、价值观和行为等。个人对自己的生理的、社会的、心理的种种意识也是密切联系在一起的，并且是互相影响的。心理自我是与社会自我同时形成和发展起来的，这也构成了每个人独特的自我的形式和内容。

（3）就自我认识中的自我概念来划分，自我意识又可分为现实自我、投射自我和理想自我。

① 现实自我

现实自我也称为“现实我”，是个人从自己的立场出发对现实中的“我”的认识。

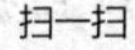

了解自己的三个信息来源

② 投射自我

投射自我是个人想象他人对自己的认识，如想象自己在他人心目中的形象，想象他人对自己的评价，以及由此产生的自我感。因此，投射自我又称为镜中自我。现实自我与投射自我不一定是相同的，二者之间可能会有距离。当这个距离加大时，个体就会觉得自己不为人所理解，因而容易产生隔阂，甚至发生冲突。

扫一扫

自我探索的方式

③ 理想自我

理想自我也称为“理想我”，是个人对将来自我的构想，如个人将来的生活目标、抱负、成就以及自己想成为一个什么样的人等。“理想我”是个人追求的目标，不一定与现实自我一致。但“理想我”对个人的认识、情绪和行为影响很大，是个人活动的动力和参照系。

2. 自我意识的形成和发展

大学生的自我意识是在儿童、青少年自我意识水平的基础上进一步发展起来的，既有继承性，又有自身新的特点，具体分为以下 4 个阶段。

（1）第一阶段——自我意识的分化——主观我、客观我

当你惊奇地发现，像观察他人那样观察自己时，你的自我意识就出现了分化。原来完整、笼统的“我”分化出两个“我”：一个是主观的我，即“我眼中的我自己”，它是以观察者的身份出现的，其中包括“理想我”；另一个是客观的我，即“别人眼中的我”，它是以被观察者的身份出现的，包括实际达成的自我状态，即“现实我”。这是这种自我意识的分化开始走向成熟的标志。

（2）第二阶段——自我意识的矛盾——理想我、现实我

伴随着大学生自我意识的分化，他们开始注意以往不曾留意的许多方面，会不情愿地看到“理想我”与“现实我”存在较大差距，而这种差距又不是一时半刻能消除的，因而产生自我意识矛盾，表现出内心冲突，甚至引起内心的痛苦、不安和困扰。自我意识矛盾表现在自我评价上常常矛盾，有时能较客观地评价自己，有时又做不到；有时对自己充满信心，感到自己什么都行，有时又认为自己无能，对自己不满。正如一位大学生在咨询来信中所写的“我时而欢乐，时而忧虑；时而骄傲，时而自卑；时而慷慨，时而苛刻；时而积极，时而消沉……”这是大学生自我意识矛盾的生动写照。

（3）第三阶段——自我意识的整合——主体我、客体我

整合自我意识，也就是我们常说的“自我同一性的建立”。这种自我意识的统一表现在主体我和客体我的统一，自我与客观环境的统一，理想我与现实我的统一，也表现为自我认知、自我体验、自我控制的统一。

自我意识的统一有以下 5 种类型。

① 自我肯定型：按照社会发展要求的理想自我，自觉改善现实自我的不足，使现实自我与理想自我趋于统一。

② 自我否定型：对现实的自我评价过低，致使理想自我与现实自我差距太大，从而否定自我。

③ 自我矛盾型：理想自我与现实自我无法协调，因而自我意识难以统一，无法转化出一个新的自我。

④ 自我扩张型：对现实自我评价过高，虚假的理想自我占优势，现实自我与理想自我是虚假的统一。

⑤ 自我萎缩型：理想自我极度缺乏或丧失，而对现实自我又深感不满，从而极端自卑，甚至出现自我拒绝。

（4）第四阶段——自我意识的转化与稳定

经过自我意识的再统一，大学生原有的自我意识发生极大转化，积极的统一使自我意识向更高水平转化，而消极的则向相反方向转化。一般来说，大一新生具有一定的依赖性和盲目性；大二年级的学生理想成分较多，容易想入非非；大三年级的学生就相对沉着稳

重。这表明大学生自我意识正处于矛盾、统一、转化并日趋稳定的阶段。

3. 大学生自我意识发展的特点

（1）大学生自我认知的特点

主体自我对客体自我通过感觉、知觉、表象而产生自我感觉、自我观察，也可以通过分析、判断、比较等高级思维活动形成自我分析和自我评价。这个自我认识的意识过程就是自我概念形成并完善的过程，此过程能明确告诉个体“我是谁”。大学生的自我认知具有以下 3 个特点。

① 深刻性

大学生在描绘自我形象时，使用分析性的描述，而不像中学生那样使用整体性描述。这种分析一般能深入剖析个人的内心世界、情绪体验、思想动机、意志特征与理想愿望，展示自我形象的深刻性，如用“大海里的一滴水”等来描述自己。

② 社会性

大学生自我评价的能力与中学生相比明显提高，能较全面、客观和主动地从政治、思想、动机、理想、品德方面，从与他人的比较中观察自己、分析自己，这表明大学生自我形象的社会性更强。

③ 概括性

大学生对自我形象的评价已从外部的、具体的、偶然的特征，发展到用概括性的词语或方式来描述自己经常出现的综合心理特征，如用“富有个性”“洒脱不羁”等来形容自我。这说明大学生自我形象的概括水平有了明显的提高。

（2）大学生自我体验的特点

在自我认知的基础上所表现出来的情绪体验，既可以是正面的情绪体验，如接纳、肯定、自尊、优越感等，也可以是负面的情绪体验，如不满意、否定、自卑等。这个过程使人们了解到客观的我是否让主体的我感到满意，回答“我怎么样”的问题。大学生的自我体验主要有以下 3 个特点。

① 丰富性

大学生的自我体验比较丰富，有肯定的和否定的自我体验（喜欢自己还是讨厌自己、满意自己还是不满意自己等），也有积极的和消极的自我体验（喜悦还是忧愁、趣味无穷还是乏味无聊等），还有紧张和轻松、敏感和迟钝等自我体验。一般来说，大学生自我体验的情绪情感基调是积极、健康的。

② 波动性

大学生自我体验仍有一定程度的波动性，主要表现为当事情进展顺利时，会产生积极、肯定的情绪体验，甚至得意扬扬、忘乎所以；当遇到挫折时，就会产生消极、否定的情绪体验，甚至自暴自弃、悲观失望。

③ 敏感性

大学生对涉及“我”的、与“我”相联系的一切事物都非常敏感，特别是在与异性的接触中更常常出现情绪波动。在行为与自我形象的塑造上，往往触景生情，通过想象抒发自己的灵感或生活的体验，因而在描述中经常带有一些感慨和遐想等。这种情况在学生的日记、通信、诗文中，是很容易看到的。

（3）大学生自我控制的特点

自我控制是自我心理层面中的意志方面，表现为个体对自我的认知、情绪、动机和行为有一定的控制能力，使用各种手段和方法，比如自我监督、自我塑造和自我克制等，来克服外部障碍和内部阻力，使之有利于设定目标的实现。这个过程体现了人作为行为主体的主观能动性。

大学生的自我控制主要有以下两个特点。

① 自觉性

大学生自我控制的自觉性体现在，随着知识的积累和生活阅历的增加，他们能够根据别人的评价和自己的行动结果进行反省，及时调整自己的行为以适应目标实现的要求。大学生自我评价的自觉性来源于社会责任感、成就目标的决心、生活的价值定向和意志的努力与锻炼，而外部直接诱因的作用则相对减少。这说明大学生行为的自觉性和自我控制能力明显增强，盲目性和冲动性逐渐减少。

② 独立性

大学生自我控制的独立性也有所增强。在他们的心目中，“我”的形象已经改变，不再是“中学生娃娃”般的形象，而是既肩负历史使命，又具有一定知识、才能和人格的大学生形象，成人感特别强烈。因而，在自我意识的发展中，他们强烈要求独立和自治，希望摆脱依赖和管束。

要点二　大学生自我同一性

1. 自我同一性的 4 种状态

玛西亚根据青少年所遇到的冲突及其解决冲突的方式，将自我同一性划分成 4 种主要状态：同一性获得、过早自认、同一性扩散和同一性延缓。

这 4 种同一性来源于对两个问题做出“是”与“否”的两种回答的组合，这两个问题如下：个体积极参与寻找同一性的活动吗？个体已经确定自己的选择了吗（如对价值观、对学校、对职业生涯、对要成为一个什么样的人、对自我同一性的其他方面的选择）？

如果一个人对两个问题都回答“是”，那么他就处于同一性获得状态，这样的人已经找到了自我同一性，并在此基础上做出了教育、职业或个人行为的决定。

有的人对两个问题都回答“否”，那么他正在经历同一性扩散，这样的人既不积极寻找同一性，也没有致力于任何有关同一性重要内容的行为。

第一个问题回答“是”而第二个问题回答“否”的人处于同一性延缓状态，这样的人正在积极寻找同一性，但是还没有做出决定。

第一个问题回答“否”而第二个问题回答“是”的人处于过早自认状态，这样的人已经做出了工作、上学或自我同一性其他方面的行为，但并没有积极寻找同一性。这样的人一般都是迫于父母的压力而做出行为。

自我同一性的 4 种状态如表 4-4 所示。

表 4-4 自我同一性的 4 种状态

个体积极参与寻找同一性的活动吗	个体已经确定自己的选择了吗	
	是	否
是	同一性获得： 自我坚定感和安全感； 确定了职业、信仰、性别角色的观念等； 充分考虑别人的看法、信仰和价值观，但自己的决定是自己做出的	同一性延缓： 正在经历同一性危机，或者正处在转折点上； 对于社会没有清晰的目标； 没有清晰的自我认同感； 正在积极地争取获得同一性
否	过早自认： 对于自己的职业和各种理念已经有所定位； 缺乏自我建构的过程，不假思索和不加怀疑地接纳他人的价值体系； 在获得自我同一性的过程中过早做出决定	同一性扩散： 缺乏方向； 对政治、道德或职业问题不关心； 做事情不问为什么； 对其他人为什么要做那些事情不关心

2. 大学生自我同一性的类型

根据我国当代大学生成长的环境与条件，并参照美国心理学家玛西亚关于青少年自我同一性 4 种方式的论述，我国大学生的自我同一性大致可以归纳为以下 4 种类型。

（1）达成型

达成型大学生独立性较强，平时勤于并善于思考，有较健全的人格。他们通过对自我的认真思考，认定了自我的特点与发展方向，认为所学专业既符合自己的兴趣，又能发挥自己的特长与潜能。他们找到了理想自我与现实自我的最佳结合点，即自我同一性已达成。这类大学生为数不多，大多数大学生的自我同一性都尚在发展之中。

（2）早定型

早定型大学生自小就是在家听从父母教导的乖孩子，在学校是听从老师教诲的好学生。他们对自己的志趣、能力等身心特点的认识来自父母和师长的评价，对自己人生目标的确定、未来发展的设计来自父母和师长的期望。这类大学生基本上没有经过什么困惑就认定了自己的特点和发展方向，免除了自我确认中的痛苦思考。其实，对一个人的成长来说，这种“早定”并不一定是件好事。由于缺乏独立思考和自主性，这类听话式的早定往往是较脆弱的。当他们走向竞争激烈的多元化社会时，往往难以驾驭自己，一旦理想自我与现实自我不能统一，便会变得束手无策、不知所措，甚至陷入自我迷惘之中。因此，这类自我同一性的早定之人应加强自主性，在对自我的不断疑问、探索之中求得真正的自我同一性的“达成”。

（3）延缓型

延缓型大学生在中学时代对自我思考较少，埋头读书，一心只想考上大学，其他问题很少去考虑。父母以及他们本人的希望与要求就是每学期的成绩在班级名列前茅，特别是在高中阶段，他们更是围着“高考”这根指挥棒转，在家长和学校的双重推力作用下向高考冲刺，只知读书做题，很少思考自己以及自己与周围环境的关系。在中学里他们一般是学校中的尖子生或佼佼者，是老师的好学生、父母的骄傲，是其他同学羡慕和推崇的对象，因此，他们的自我烦恼与自我冲突较少，在高考的压力下延缓了自我同一性的发展。进入大学后，他们发现周围高手云集，在竞争激烈的新集体中，平静的自我开始有了烦恼：考试成绩不能名列前茅，在社团活动中缺乏可以展示的才艺，与同学相处不能潇洒自如，甚至为自己的身材不高或容貌欠佳而痛苦不堪。这类大学生必须重新审视与评价自己。其中，一些人经过对自我的认真思考，逐步认定了自己的特点和发展方向，找到了理想自我与现实自我的最佳结合点，满怀信心地奔向未来。另一些人由于仍旧处于自我确认的困惑之中，尚未全面认识自我，拖延了理想自我与现实自我的统一。由于大学生自我意识发展的种种矛盾，这种自我同一性的延缓现象是不可避免的。尽管延缓之人经受着自我确认的煎熬，但只要没有放弃对自我的思考，相信会在徘徊之后，逐步达成自我同一性。

（4）迷惘型

迷惘型大学生由于对现实自我不满，又认为理想自我难以实现，而完全陷入了自我确认的困惑之中，甚至不愿去思考自我，不愿与他人交换自己的想法，不愿也不敢面对复杂社会的挑战，得过且过。其实，他们内心深处并没有完全放弃自我，只是在自我的浑噩世界之中难以突破。父母、师长和同学们应倍加关心他们，引导他们正确认识自我和欣然接受自我。这类大学生自己也应努力从自我迷惘中走出来，必要时可以找心理工作者进行咨询。

上述 4 种自我同一性的类型与每个大学生成长的环境与条件不尽相同有关，也与大学生本人的需要以及其他身心特点不尽一致有关。不论目前处于哪一类状况的大学生都可找到理想自我与现实自我的最佳结合点，关键在于本人的努力及家长、学校和社会的积极影响。

要点三　自我接纳

1. 自我接纳的含义

“自我接纳”中的“自我”就是“自我意识”，自我接纳就是接纳自我意识，是指个体对自我及其一切特征采取一种积极的态度，简言之就是坦荡欣然接受自我的一切，包括生理、心理和社会层面的感受、态度及评价。自我接纳是在社会文化及环境的影响下，逐渐形成的一种独特的心理机制。自我接纳包含两个层面的含义：一是能确认和接收自己身体、能力和性格等方面的正面价值，不因自身的优点、特长和成绩而骄傲；二是能欣然正视和接纳自己现实的一切，不因存在的某种缺点、失误而自卑。自我接纳是个体心理健康的一项重要标准。

2. 不同学派关于自我接纳的观点

（1）马斯洛需要层次理论

马斯洛需要层次理论表明每个人都有归属感的需要和被尊重的需要。马斯洛把人的需要分成生理需要、安全需要、爱和归属感的需要、尊重需要和自我实现需要 5 类，依次由较低层次到较高层次排列。通俗理解：假如一个人同时缺乏食物、安全、爱和尊重，通常对食物的需要是最强烈的，其他需要则显得不那么重要。此时人的意识几乎全被饥饿所占据，所有能量都被用来获取食物。在这种极端情况下，人生的全部意义就是吃，其他什么都不重要。只有当人从生理需要的控制下解放出来时，才可能出现更高级的、社会化程度更高的需要，如安全的需要。

第一层次：生理上的需要，包括呼吸、水、食物、睡眠、生理平衡、分泌和性。

如果这些需要（除性以外）任何一项得不到满足，人类个人的生理机能就无法正常运转。换而言之，人类的生命就会因此受到威胁。在这个意义上说，生理需要是推动人们行动最首要的动力。马斯洛认为，只有这些最基本的需要满足到维持生存所必需的程度后，其他的需要才能成为新的激励因素，而到了此时，这些已相对满足的需要也就不再成为激励因素了。

第二层次：安全上的需要，包括人身安全、健康保障、资源所有性、财产所有性、道德保障和工作职位保障、家庭安全。

马斯洛认为，整个有机体是一个追求安全的机制，人的感受器官、效应器官、智能和其他能量主要是寻求安全的工具，甚至可以把科学和人生观都看成满足安全需要的一部分。当然，当这种需要一旦相对满足后，也就不再成为激励因素了。

第三层次：爱和归属感的需要，包括友情、爱情和性亲密。

人人都希望得到相互的关系和照顾。感情上的需要比生理上的需要来得细致，它和一个人的生理特性、经历、教育都有关系。

第四层次：尊重的需要，包括自我尊重、信心、成就、对他人尊重和被他人尊重。

人人都希望自己有稳定的社会地位，要求个人的能力和成就得到社会的承认。尊重的需要又可分为内部尊重和外部尊重。内部尊重是指一个人希望在各种不同情境中有实力、能胜任、充满信心、能独立自主。总之，内部尊重就是人的自尊。外部尊重是指一个人希望有地位、有威信，受到别人的尊重、信赖和高度评价。马斯洛认为，尊重需要得到满足，能使人对自己充满信心，对社会满腔热情，体验到自己活着的价值。

第五层次：自我实现的需要，包括道德、创造力、自觉性、问题解决能力、公正度和接受现实能力。

自我实现的需要是最高层次的需要，是指实现个人理想、抱负，发挥个人的能力到最大限度，达到自我实现境界的人，接受自己也接受他人，解决问题能力增强，自觉性提高，善于独立处事，要求不受打扰地独处，完成与自己的能力相称的一切事情的需要。也就是说，人必须干称职的工作，这样才会使他们感到最大的快乐。马斯洛提出，为满足自我实现需要所采取的途径是因人而异的。自我实现的需要是在努力实现自己的潜力，使自己越来越成为自己所期望的人物。

（2）埃里克森的人格发展 8 阶段理论

埃里克森认为，在个体发展的不同时期，社会对个体提出不同的要求，在个体自身的需要和能力与社会要求之间就会出现不平衡现象，这种不平衡给个体带来紧张感。埃里克森将社会要求在个体心理中引起的紧张和矛盾称为心理社会危机。他根据个体在不同时期的心理社会危机的特点，将个体人格发展过程划分为 8 个阶段。每个阶段都有其特定的发展任务，每个阶段都存在特有的心理危机。他认为个体人格的发展过程是通过自我的调节作用及其与周围环境的相互作用而不断整合的过程。人的发展历经这 8 个阶段，每个阶段有每个阶段相应的核心任务，当任务得到恰当的解决时，人就会获得较为完整的同一性。核心任务处理得不成功或者是失败，则会出现个人同一性残缺、不连贯的状态，处理得成功或失败即为两个极点。现将这 8 个阶段介绍如下。

① 婴儿期（0 ~ 1.5 岁）：基本信任和不信任的心理冲突。

此时不要认为婴儿是一个不懂事的小动物，只要吃饱不哭就行，这就大错特错了。此时是基本信任和不信任的心理冲突期，因为这期间孩子开始认识人了，当孩子哭或饿了时，父母是否出现则是建立信任感的重要问题。信任在人格中形成了“希望”这一品质，它起着增强自我的力量。具有信任感的儿童敢于希望，富于理想，具有强烈的未来定向。反之，则不敢希望，时时担忧自己的需要得不到满足。埃里克森把希望定义为“对自己愿望的可实现性的持久信念，反抗黑暗势力、标志生命诞生的怒吼。”

② 儿童期（1.5 ~ 3 岁）：自主与害羞（或怀疑）的冲突。

这一时期，儿童掌握了大量的技能，如爬、走、说话等。更重要的是他们学会了怎样坚持或放弃，也就是说儿童开始“有意志”地决定做什么或不做什么。这时候父母与子女的冲突很激烈，也就是第一个反抗期的出现，一方面父母必须承担起控制儿童行为使之符合社会规范的任务，即养成良好的习惯，如训练儿童大小便，使他们对肮脏的随地大小便感到羞耻，训练他们按时吃饭、节约粮食等；另一方面儿童开始了自主感，他们坚持自己的进食、排泄方式，所以训练良好的习惯不是一件容易的事。这时孩子会反复应用“我”“我们”“不”来反抗外界控制，而父母决不能听之任之、放任自流，这将不利于儿童的社会化。反之，若过分严厉，又会伤害儿童自主感和自我控制能力。如果父母对儿童的保护或惩罚不当，儿童就会产生怀疑，并感到害羞。因此，把握住“度”的问题，才有利于在儿童人格内部形成意志品质。埃里克森把意志定义为不顾不可避免的害羞和怀疑心理而坚定地自由选择或自我抑制的决心。

③ 学龄初期（3 ~ 6 岁）：主动对内疚的冲突。

在这一时期如果幼儿表现出的主动探究行为受到鼓励，幼儿就会形成主动性，这为他将来成为一个有责任感、有创造力的人奠定了基础。如果成人讥笑幼儿的独创行为和想象力，那么幼儿就会逐渐失去自信心，这使他们更倾向于生活在别人为他们安排好的狭窄圈子里，缺乏自己开创幸福生活的主动性。

当儿童的主动感超过内疚感时，他们就有了“目的”的品质。埃里克森把目的定义为一种正视和追求有价值目标的勇气，这种勇气不被幼儿想象的失利、罪疚感和惩罚的恐惧所限制。

④ 学龄期（6 ~ 12 岁）：勤奋对自卑的冲突。

这一阶段的儿童都应在学校接受教育。学校是训练儿童适应社会、掌握今后生活所必需的知识和技能的地方。如果他们能顺利地完成学习课程，他们就会获得勤奋感，这使他们在今后的独立生活和承担工作任务中充满信心。反之，就会产生自卑。另外，如果儿童养成了过分看重自己的工作的态度，而对其他方面木然处之，这种人的生活是可悲的。

当儿童的勤奋感大于自卑感时，他们就会获得有“能力”的品质。埃里克森认为，能力是不受儿童自卑感削弱的，完成任务所需要的是自由操作的熟练技能和智慧。

⑤ 青春期（12 ~ 18 岁）：自我同一性和角色混乱的冲突。

一方面青少年本能冲动的高涨会带来问题，另一方面青少年因面临新的社会要求和社会冲突而感到困扰和混乱。所以，青春期的主要任务是建立一个新的同一感或自己在别人眼中的形象，以及他在社会集体中所占的情感位置。这一阶段的危机是角色混乱。埃里克森把同一性危机理论用于解释青少年对社会不满和犯罪等社会问题上，他说：“如果一个儿童感到他所处于的环境剥夺了他在未来发展中获得自我同一性的种种可能性，他就将以令人吃惊的力量抵抗社会环境。”

随着自我同一性形成了“忠诚”的品质。埃里克森把忠诚定义为不顾价值系统的必然矛盾，而坚持自己确认的同一性的能力。

⑥ 成年早期（18 ~ 40 岁）：亲密对孤独的冲突。

只有具有牢固的自我同一性的青年人，才敢于冒与他人发生亲密关系的风险。因为与他人发生爱的关系，就是把自己的同一性与他人的同一性融合为一体。这里有自我牺牲或损失，只有这样才能在恋爱中建立真正亲密无间的关系，从而获得亲密感，否则将产生孤独感。

⑦ 成年期（40 ~ 65 岁）：生育对自我专注的冲突。

当一个人顺利地度过了自我同一性时期，以后的岁月中将过上幸福充实的生活，他将生儿育女，关心后代的繁殖和养育。埃里克森认为，生育感有生和育两层含义，一个人即使没生孩子，只要能关心孩子、教育指导孩子，也可以具有生育感。反之，没有生育感的人，其人格贫乏和停滞，是一个自我关注的人，他们只考虑自己的需要和利益，不关心他人（包括儿童）的需要和利益。

在这一时期，人们要承担社会工作，这是一个人对下一代的关心和创造力最旺盛的时期，人们将获得关心和创造力的品质。

⑧ 成熟期（65 岁以上）：自我调整对绝望感的冲突。

由于衰老过程，老人的体力、心力和健康每况愈下，对此他们必须做出相应的调整和适应，所以被称为自我调整对绝望感的心理冲突。

当老人们回顾过去时，可能怀着充实的感情与世告别，也可能怀着绝望走向死亡。自我调整是一种接受自我、承认现实的感受；一种超脱的智慧之感。如果一个人的自我调整大于绝望，他将获得智慧的品质，埃里克森把智慧定义为以超然的态度对待生活和死亡。

老年人对死亡的态度直接影响下一代儿童时期信任感的形成。因此，第 8 阶段和第 1 阶段首尾相连，构成一个循环或生命的周期。

埃里克森认为，在每一个心理社会发展阶段中，解决了核心问题之后所产生的人格特质，都包括了积极与消极两方面的品质，如果各个阶段都保持向积极品质发展，就算完成了这阶段的任务，逐渐实现了健全的人格，否则就会产生心理社会危机，出现情绪障碍，形成不健全的人格。

（3）弗洛伊德的自我意识的“冰山”

弗洛伊德认为人格由本我、自我、超我构成。

本我是人格中最原始最不容易把握的部分，是人内心的无意识部分，由一切与生俱来的本能冲动所组成。这些本能不懂得逻辑、道德和价值观，其活动只受快乐原则支配。

自我是现实化了的本能，是在现实的反复教训之下，从本我分化出来的一部分。这部分不再盲目地去追求满足，而是在现实原则的指导下，力争避免痛苦又能获得满足。

超我是道德化的自我，被认为是人格最后形成的，而且也是最文明的一部分。超我依据道德原则行事，主要作用是按照社会道德标准监督自我的行动，使之符合社会和文化的要求，图 4-4 所示为人格的结构及相互关系。

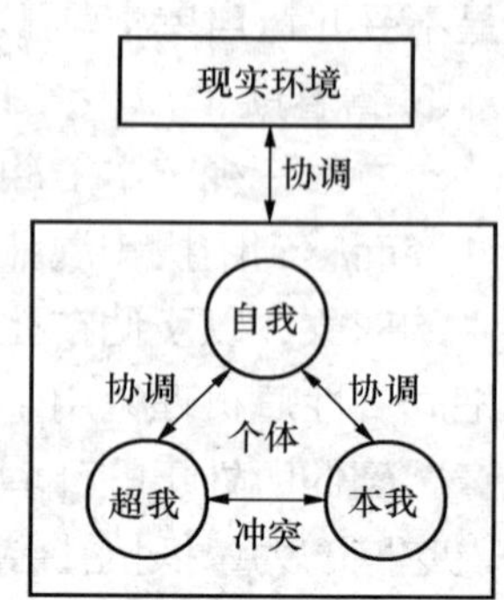

图 4-4 人格的结构及相互关系

弗洛伊德认为人格的这 3 种构成不是静止的，而是不断相互作用着。对健康的人而言，这 3 种作用必然是均衡协调的。本我是生存的必要原动力，超我负责监督和控制主体按照社会道德标准行事，自我调整冲动欲望，对外适应现实环境，对内调节心理平衡。这 3 种力量如不能保持动态的平衡，就会导致心理失常的产生。

对于本我和自我的关系，弗洛伊德有这样一个比喻：“本我是马，自我是马车夫。马是驱动力，马车夫给马指引方向。自我要驾驭本我，但本我可能不听话，二者就会僵持不下，直到一方屈服。”对此弗洛伊德有一句名言：“本我过去在哪里，自我即应在哪里。”自我又像一个受气包，处在“3 个暴君”——外部世界、超我和本我的夹缝里，努力调节三者之间相互冲突的要求。

弗洛伊德认为，只有 3 个“我”和睦相处，保持平衡，人才会健康发展。而三者吵架的时候，人有时会怀疑：“这一个我是不是我？”或者内心有不同的声音在对话：“做得？做不得？”或者内心因为欲望和道德的冲突而痛苦不堪，或者为自己某个突如其来的丑恶念头而惶恐。这种状况如果持续得久了，或者冲突得比较严重，就会导致神经症的产生。

人本主义理论强调个体社会性的需要，认为个体发展和社会适应的目的与动力是实现自我的潜能——自我实现。社会适应的主要机制是个体充分发挥自己的潜能，主动地解决情境中面临的问题，调整自己认知或者改变环境使之适合自我的需要。

精神分析学派认为个体在遇到新情境时，一般有 3 种基本的适应方式。

① 问题解决，改变环境使之适合个体自身的需要。

② 接受情境，包括个体改变自己的态度、价值观，接受和遵从新情境的社会规范和准则，主动地做出与社会相符的行为。

③ 心理防御，个体采用心理防御机制掩盖由新情境的要求和个体需要的矛盾产生的压力和焦虑的来源。

3. 自我接纳的修炼

自我接纳的程度对于个体对个人能力、成就、外貌、身体、人际关系、道德等方面的认知判断产生重要影响，自我接纳程度不同，个人喜爱或不喜爱自己的程度也各不相同。

（1）弱化“问题”，强化积极影响

世界上的任何人事物都有正反两面，当我们看到反面，不接纳一些“问题”，一味地想要去改变它的时候，往往是放大了人事物反面的“问题”所带来的负面影响，而忽视或者弱化了它的正面，如此，负面影响得到增加。但实际上，任何一个人、一个物、一件事，它的影响很大程度上取决于我们自己看问题的视角，自我负面情绪较多者更多关注的是事情的消极影响，反之，自我情绪积极者更多关注的是事情的正面影响。如果去关注负面影响，则会觉得想要去改变，甚至一定要改变，如果关注正面的影响，则会觉得它挺好的。自我接纳的一个方法，就是去发现“问题”的积极影响，发现的积极影响越多，对提升自我接纳的帮助越大。

（2）“正常化”问题

很多时候，我们之所以痛苦，是因为我们只生活在自己一个人的世界里，对他人不了解，以为只有自己一个人有“问题”，一个人不够好，其他人都生活得非常幸福。心理咨询中有一个常见的现象：当咨询师告诉来访者很多人有他这样的“问题”时，他的“问题”就减轻了很多。很多人的“问题”本身来源于他对自己某些行为、特征的不接纳，当他知道他的所谓“问题”很多人都有，甚至是一个普遍的现象之后，他的压力就会减轻很多。

（3）在特定文化背景中看“问题”

对群体水平范围的进一步放大，就是文化比较，很多在一个文化中非常正常、必要的行为、规范，在另一个文化中，可能完全没有人在乎。很多在一个文化中看似合理的行为，在另一个文化中却完全不可接受。文化比较未必能让一个人完全接纳自己的行为，但是可以提升个人对自己行为的“接受度”，不再那么认为自己的行为、想法不合理，一定想要去改变。世界上没有十全十美的人、事、物，我们需要做的是客观、全面地看见和看待不完美，承认和接纳自己是不完美的。不断地接纳不完美的自己，接受人生总有不如意、脆弱和遗憾的事情，这才是我们作为正常人的自然反应，才是每个人生而为人的一部分。

第二部分 悦纳自我与自信培养

要点一 认识自我

根据第欧根尼·拉尔修的记载，古希腊时期有人问思想家泰勒斯：“何事为最难？”他回答道：“认识你自己。”认识自我是古今中外亘古不变的心理命题。

美国心理学家乔瑟夫·勒夫和哈里·英格拉姆提出了关于自我认识的窗口理论，即乔哈里资讯窗理论，如图 4-5 所示。该理论认为人对自己的认识是一个不断探索的过程，每个人的内心都有 4 个区域。

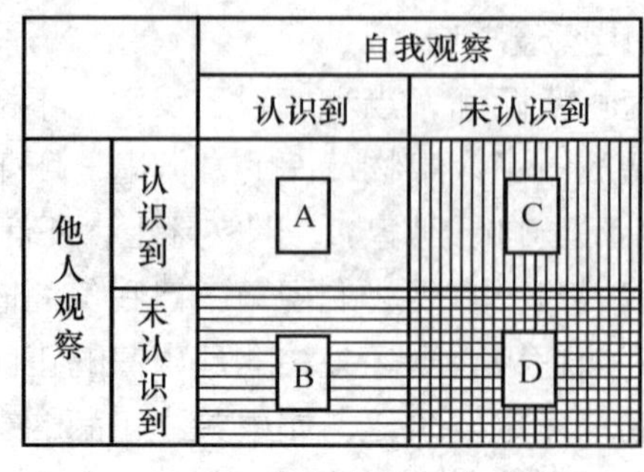

图 4-5 乔哈里资讯窗

（1）公开的自我（见图 4-5 中 A 区域）：也就是透明真实的自我，这部分自我不仅自己了解，别人也了解。

（2）秘密的自我（见图 4-5 中 B 区域）：自己了解、别人不了解的自我。

（3）盲目的自我（见图 4-5 中 C 区域）：别人了解但自己不了解的自我。

（4）未知的自我（见图 4-5 中 D 区域）：别人不了解、自己也不了解的自我，需要一些契机才可以将其激发出来。

每个人的自我都由这 4 个区域构成，但比例各不相同。而且，随着人的成长及生活经历的增加，自我的 4 个区域也在发生变化。当一个公开的自我区域扩大，其生活会变得更真实，无论与人交往还是独处，都会感到轻松愉快并充满活力；盲目的自我区域变小，人对自我的认识才会更清晰，在生活中更容易扬长避短，发挥自己的潜力。一个人在其成长过程中，通过自我开放促使公开的自我区域扩大；通过他人的反馈使部分秘密的自我区域、盲目的自我区域进入公开的自我区域；通过与他人分享秘密的自我以此认知未知的自我，通过他人的反馈减少盲目的自我。如此这般，人对自己的了解就会更多且更客观。

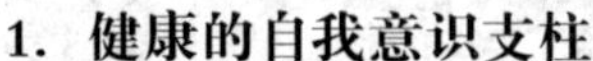

要点二　悦纳自我

1. 健康的自我意识支柱

健康的自我意识有以下 4 个支柱，如图 4-6 所示。

（1）支柱之一——安全感：觉得自己有自信，能控制自己与环境。

（2）支柱之二——价值感：知道自己有价值，被别人所需要。

（3）支柱之三——归属感：知道自己的归属，感到被接受。

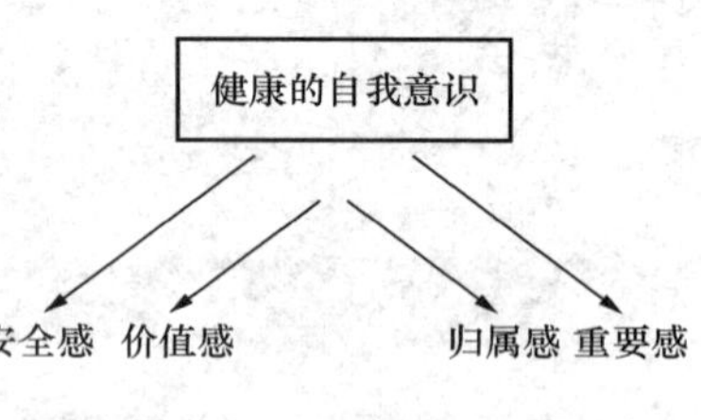

图 4-6 健康的自我意识

（4）支柱之四——重要感：感到自己有能力，有信心。

2. 如何悦纳自我

（1）客观认识自我

一个人能认识到自己的界限很重要，就是我是怎样的人，我适合做什么，我能做什么，我能做好哪些等。了解自己的局限，认识自己的不足，坦然面对自身的优缺点，客观看待自己做事的成败，理解自己的家庭出身、外貌、性格等，都要有比较客观真实的认识和评价，从而保持自己的独特性，不至于贬低自我或吹嘘自我。

扫一扫

悦纳自我的概念

（2）无条件接纳自我

我们要无条件地接受并宽容地对待自己的一切，包括优点和缺点、成功和失败。我们要对自己不抛弃、不放弃。试想一个人如果自己都不爱自己，又怎能期望别人来爱他呢？

扫一扫

提高自我效能感的三个方法

（3）相信“瑕不掩瑜”

古人云：“金无足赤，人无完人。”接纳自己的不完美和失败，是自信的表现，也是自我完善的起点。努力发现自己的“闪光点”，肯定自己的价值，对自己充满自信心和自豪感，是接纳自我的推动力。

（4）运用积极的自我暗示

为了避免自尊心受到伤害，不妨采用一些策略性的自我美化的暗示，如向下比较（比上不足，比下有余）、选择性遗忘（记住成功经历，忘记失败经历）、自我照顾归因（将成功归于自己的努力和能力，将失败归于自己的不努力和运气不佳）等。

要点三 培养自信

自信心是指个体相信自己能力的一种自我意识倾向，可以使人们最大限度地发挥聪明才智，激励自己不断奋进。每个人在学习、工作和生活中不可能总是一帆风顺的，只有确定目标、时刻有效调控自我、不断超越自我，才能充满自信，更坚定地向目标迈进。

1. 确定努力方向

大学生在追求理想、塑造自我的过程中，应根据社会需要和自己的特点确定努力的方向，将远大理想分解成符合实际的、经过努力可以实现的子目标，将长远目标与阶段目标结合起来，循序渐进，逐步加以实现；排除大而无当、好高骛远的想法，对切实可行的目标、力所能及的事情要认认真真去完成；把塑造自我、超越自我的意识贯彻到每一个具体的行动中，集中精力，从一点一滴的小事做起。

扫一扫

自负与自信的区别

2. 有效地控制自我

塑造自我、超越自我是一个需要不断实践的过程，有效地控制自我是塑造自我与超越自我的根本途径。自制力是指一个人自觉地调控和控制自己行为的品质，自我调控是自我意识在意志中的表现，是有明确目标的实际行动与环境相互作用的过程。自制力强的人能够理智地对待周边发生的事件，有意识地调控自己的思想和情绪，约束自己的行为，成为驾驭现实的主人。

3. 不断地超越自我

超越自我是人生的崇高境界。只有超越自我，才能找到人生的真正价值。每一次人生的关键时刻，每一次大大小小的抉择，其实都是一个能不能自我战胜、能不能自我超越的过程。

（1）建立适当的抱负水平

一些大学生往往不能正视自我，不愿降低自己的抱负水平，而生活中的一些挫折常常是由不切实际的成就欲望导致的。最为适当的抱负水平，应当是选择既能适度把握，又有适度冒险的目标。如果不考虑胜任的把握，一味冒险，就会经常遇到挫折，既白白耗费精力，又给心理带来消极影响；如果一味求稳，而不愿意承担一点风险，则可能错过许多发展机会，使自己总在原有水平上徘徊。另外，适当的抱负水平，还能避免大学生因盲目与他人攀比、竞争，而使自己终日生活在紧张状态中，心理承受过大的压力。

（2）小步子，大飞跃

古人云："不积跬步，无以至千里；不积小流，无以成江海。"我们可能无法一次就直接达到目标，但可以将目标分解为一天之内可以达到的一个个小目标，每达到一个目标后，就自我肯定一次。人的潜力是惊人的，每一位大学生都要相信自己的无穷潜力。

（3）注重陶冶性情，保持积极的情绪

健康和积极的情绪能使自己保持适当的紧张和敏感度，这样才能在遇到挫折后尽快恢复自信，勇往直前。

测评推荐

一、自我和谐量表

下面一共有35道题，请认真阅读，并判断其与你实际情况的符合程度，然后作出选择。

1. 我周围的人往往觉得我对自己的看法有些矛盾。（　　）

A. 完全不符合　B. 比较不符合　C. 不确定

D. 比较符合　E. 完全符合

2. 有时我会对自己在某方面的表现不满意。（　　）

A. 完全不符合　B. 比较不符合　C. 不确定

D. 比较符合　E. 完全符合

3. 每当遇到困难，我总是首先分析造成困难的原因。（　　）

A. 完全不符合　B. 比较不符合　C. 不确定

D. 比较符合　E. 完全符合

4. 我很难恰当地表达我对别人的情感反应。（　　）

A. 完全不符合　B. 比较不符合　C. 不确定

D. 比较符合　E. 完全符合

5. 我对很多事情都有自己的观点，但我并不要求别人也与我一样。（ ）

A. 完全不符合 B. 比较不符合 C. 不确定

D. 比较符合 E. 完全符合

6. 我一旦形成对事物的看法，就不会再改变。（ ）

A. 完全不符合 B. 比较不符合 C. 不确定

D. 比较符合 E. 完全符合

7. 我经常对自己的行为不满意。（ ）

A. 完全不符合 B. 比较不符合 C. 不确定

D. 比较符合 E. 完全符合

8. 尽管有时也要做一些不愿意做的事，但我基本上是按照自己的意愿办事的。（ ）

A. 完全不符合 B. 比较不符合 C. 不确定

D. 比较符合 E. 完全符合

9. 一件事好就是好，不好就是不好，没有什么可含糊的。（ ）

A. 完全不符合 B. 比较不符合 C. 不确定

D. 比较符合 E. 完全符合

10. 如果我在某件事上不顺利，我就往往会怀疑自己的能力。（ ）

A. 完全不符合 B. 比较不符合 C. 不确定

D. 比较符合 E. 完全符合

11. 我至少有几个知心朋友。（ ）

A. 完全不符合 B. 比较不符合 C. 不确定

D. 比较符合 E. 完全符合

12. 我觉得我所做的很多事情都是不该做的。（ ）

A. 完全不符合 B. 比较不符合 C. 不确定

D. 比较符合 E. 完全符合

13. 不论别人怎么说，我的观点绝不改变。（ ）

A. 完全不符合 B. 比较不符合 C. 不确定

D. 比较符合 E. 完全符合

14. 别人常常会误解我对他们的好意。（ ）

A. 完全不符合　B. 比较不符合　C. 不确定
D. 比较符合　E. 完全符合

15. 很多情况下我不得不对自己的能力表示怀疑。(　　)
A. 完全不符合　B. 比较不符合　C. 不确定
D. 比较符合　E. 完全符合

16. 我的朋友中有些是与我截然不同的人，但这并不影响我们的关系。(　　)
A. 完全不符合　B. 比较不符合　C. 不确定
D. 比较符合　E. 完全符合

17. 与朋友交往过多容易暴露自己的隐私。(　　)
A. 完全不符合　B. 比较不符合　C. 不确定
D. 比较符合　E. 完全符合

18. 我很了解自己对周围人的情感。(　　)
A. 完全不符合　B. 比较不符合　C. 不确定
D. 比较符合　E. 完全符合

19. 我觉得自己目前的处境与我的要求相距太远。(　　)
A. 完全不符合　B. 比较不符合　C. 不确定
D. 比较符合　E. 完全符合

20. 我很少去想自己所做的事是否正确。(　　)
A. 完全不符合　B. 比较不符合　C. 不确定
D. 比较符合　E. 完全符合

21. 我所遇到的很多问题都无法自己解决。(　　)
A. 完全不符合　B. 比较不符合　C. 不确定
D. 比较符合　E. 完全符合

22. 我很清楚自己是什么样的人。(　　)
A. 完全不符合　B. 比较不符合　C. 不确定
D. 比较符合　E. 完全符合

23. 我很能自如地表达我所要表达的意思。(　　)
A. 完全不符合　B. 比较不符合　C. 不确定
D. 比较符合　E. 完全符合

24. 如果有足够的证据，我也可以改变自己的观点。（　　）
A. 完全不符合　B. 比较不符合　C. 不确定
D. 比较符合　E. 完全符合

25. 我很少考虑自己是一个什么样的人。（　　）
A. 完全不符合　B. 比较不符合　C. 不确定
D. 比较符合　E. 完全符合

26. 把心里话告诉别人不仅得不到帮助，还可能招致麻烦。（　　）
A. 完全不符合　B. 比较不符合　C. 不确定
D. 比较符合　E. 完全符合

27. 在遇到问题时，我总觉得别人都离我很远。（　　）
A. 完全不符合　B. 比较不符合　C. 不确定
D. 比较符合　E. 完全符合

28. 我觉得很难发挥自己应有的水平。（　　）
A. 完全不符合　B. 比较不符合　C. 不确定
D. 比较符合　E. 完全符合

29. 我很担心自己的所作所为会引起别人的误解。（　　）
A. 完全不符合　B. 比较不符合　C. 不确定
D. 比较符合　E. 完全符合

30. 如果我发现自己在某些方面表现不佳，总希望尽快弥补。（　　）
A. 完全不符合　B. 比较不符合　C. 不确定
D. 比较符合　E. 完全符合

31. 每个人都在忙自己的事，很难与他们沟通。（　　）
A. 完全不符合　B. 比较不符合　C. 不确定
D. 比较符合　E. 完全符合

32. 我认为能力再强的人也可能遇上难题。（　　）
A. 完全不符合　B. 比较不符合　C. 不确定
D. 比较符合　E. 完全符合

33. 我经常感到自己是孤立无援的。（　　）
A. 完全不符合　B. 比较不符合　C. 不确定
D. 比较符合　E. 完全符合

34. 一旦遇到麻烦，无论怎样做都无济于事。（　　）

A. 完全不符合　　B. 比较不符合　　C. 不确定

D. 比较符合　　E. 完全符合

35. 我总能清楚地了解自己的感受。（　　）

A. 完全不符合　　B. 比较不符合　　C. 不确定

D. 比较符合　　E. 完全符合

评分标准

该量表包含 3 个分量表，3 个分量表包含的题目如下。

（1）“自我与经验的不和谐”分量表：1，4，7，10，12，14，15，17，19，21，23，27，28，29，31，33。

（2）“自我的灵活性”分量表：2，3，5，8，11，16，18，22，24，30，32，35。

（3）“自我的刻板性”分量表：6，9，13，20，25，26，34。

将“自我与经验的不和谐”“自我的刻板性”两个分量表做正向记分：选 A 得 1 分，选 B 得 2 分，选 C 得 3 分，选 D 得 4 分，选 E 得 5 分。将“自我的灵活性”分量表做反向计分：选 A 得 5 分，选 B 得 4 分，选 C 得 3 分，选 D 得 2 分，选 E 得 1 分。

将评分结果求和填入表 4–5。将 3 个分量表的得分相加，即得总分。

表 4–5　测评得分表

自我与经验的不和谐	自我的灵活性	自我的刻板性	自我和谐量表
得分：	得分：	得分：	总分：

结果解释

得分越高自我和谐度越低。低于 74 分为低分组，75 ~ 102 分为中间组，103 分以上为高分组。

二、自信水平测验量表

请仔细阅读下面 32 个问题，并在该题下面符合自己实际情况的数字上打“√”。

序号	问题	从不	偶尔	有时	经常	总是
		0	1	2	3	4
1	我希望别人能给我更多的帮助					
2	我感到社会不太需要我这种人					

续表

序号	问题	从不	偶尔	有时	经常	总是
		0	1	2	3	4
3	我对未来深感忧虑					
4	我觉得很多人不喜欢我					
5	我觉得与其他人相比，自己精力不足，积极性也不高					
6	我很想知道我的每个想法是否合适					
7	我总担心自己受人愚弄					
8	我觉得别人的相貌比我漂亮					
9	在陌生人面前讲话，我拘束得很					
10	交给我办的事都会出错					
11	我希望学会在他人面前谈笑自如					
12	我希望有更强的自信心					
13	我想知道怎么做才能赢得别人更多的好感					
14	我过分谦虚					
15	我过于自负					
16	我的想法与多数人不同					
17	我没有能诉说心事的朋友					
18	人们对我的希望过大					
19	我觉得我的成就没有引起人们足够的兴趣					
20	我觉得自己已陷入窘境					
21	我觉得大多数人不理解我					
22	我没有安全感					
23	我常有不必要的担心					
24	当我走进满是人的房间里，会觉得很不自然					
25	我觉得有人在背后议论我					
26	我感到身心不能放松					
27	我觉得别人做任何事情都要比我容易					
28	我害怕有什么不幸的事会降落到我头上					
29	我很在意别人会用什么方式对待我					
30	我希望自己善于交际					
31	只有我确信自己完全正确，才敢当众发言					
32	我想知道别人对我有什么期望					

评分标准

把每道题中你打“√”的数字相加，所得结果就是该测验的总分。根据总分和你的年龄，查看下表，找出自己的自信水平等级。

14 ~ 16 岁	17 ~ 21 岁	22 ~ 30 岁	自信水平
0 ~ 8 分	0 ~ 20 分	0 ~ 20 分	非常强
9 ~ 17 分	21 ~ 36 分	21 ~ 25 分	强
18 ~ 33 分	37 ~ 44 分	26 ~ 40 分	中偏强
34 ~ 54 分	45 ~ 69 分	41 ~ 59 分	中偏弱
55 ~ 128 分	70 ~ 128 分	60 ~ 128 分	弱

结果解释

非常强：你既不自疑，也不自卑，自信心不成问题，常给人以很好的印象。

强：你很少有自疑或自卑，自信水平良好，常给他人留下不错的印象。

中偏强：你的自信水平在常态范围之内，但是有增强的发展趋势。

中偏弱：你的自信水平在常态范围之内，但是有减弱的发展趋势。你有自疑的倾向，常担心会给他人留下不好的印象。

弱：你严重缺乏自信心，总是担心自己会给他人留下不好的印象。你希望能更自信、老练地处理生活中的问题。

第五章 大学生人际交往

真实案例

“砰”的一声，门被人用力推开，已是晚上 11 点了，谁这么晚才回宿舍，马上就要熄灯了。一定又是小雨，这也不是第一次了。大家都准备就寝了，小雨却开始清理书桌。一阵嘈杂过后，她又开始洗澡。15 分钟后，她打开自己的应急灯开始洗衣服，“咦？你们谁动了我晾的衣服？”大家都没有作声，小雨拿起晾衣竿把自己昨晚晾晒在阳台上的衣服和裤子取下来，丢到盆里，打开水龙头，哗啦哗啦地冲洗个不停。又过了半小时，她开始和家人语音聊天，大声讲着家乡话，怒气冲冲地抱怨自己怎么住在这样的宿舍，同学不仅不理自己，还乱动自己的东西……

这是发生在校园宿舍的真实案例，如果小雨是你的室友，你会怎样对待她呢？

这是在大学生宿舍发生的真实情景。同学们刚来学校住宿舍时，因为作息时间和生活习惯不同，免不了发生冲突，有的同学可能选择沉默不语但内心焦躁，有的同学忍不住发火但事后又有些后悔，还有的同学不闻不问假装没听到或者经常不回宿舍，时间久了，大家心里有了芥蒂，刚来学校时的新鲜劲儿过了，觉得室友不如家人，自己运气不佳，出现孤独感和寂寞感，甚至影响自己的学习和生活。那么我们怎么解决呢？本章我们将与大家探讨如何与他人和谐相处。

活动体验

活动一　团队报数

（1）全部同学簇拥老师站立，彼此的距离尽量缩短，造成“拥挤”的效果为佳。

（2）团队任务：全部同学参加，从 1 开始报数，每人一次只能报一个数字；如果出现错报、漏报、重报和报数不连续的情况，则从头开始报数。时间大约 5 分钟。

（3）分组讨论并分享：这样一个学前儿童就能独立完成的任务，为什么一群 20 岁左右的成年人却无法顺利完成？如何做到团队成员之间的有效沟通？请将讨论结果写在下面。

无法顺利完成的原因：____
____
____
____
____。

团队成员间进行有效沟通的方法：____
____
____
____
____。

活动二　倾听大比拼

（1）相邻的同学两两组合完成本次活动。用“剪刀、石头、布”的方式决定赢的一方为讲述人，输的一方为倾听者。

（2）讲述人说出任何想要说的话，包括自己的想法和情感，可以与倾听者讨论经历的困难或问题。讲述人需在 30 秒内完成第一次表述。之后，倾听者可以发问，与讲述人对话，也可以不发问。如果有提问和回答环节，请控制在 2 分钟以内。讲述完成后，倾听者尽可能准确地总结刚才听到的内容，包括讲述人的情感。

（3）讲述人评价倾听者的倾听行为和效果，如倾听者总结的准确程度（包括内容和情感），可以采用百分制打分的方式，并说明为什么给这个分数。

（4）讲述人说一说自己与倾听者说话的过程中心情怎样，以及有什么感受。

（5）更换角色，重复练习。

（6）活动分析。本次活动重在训练人际交往中的一项重要技能——倾听。在倾听他人说话的过程中，倾听者总是会有意无意地做出一些反应，这些反应直接影响交谈的时间和效果。因此，想一想，当你讲述的时候，对方哪些表现让你更乐意继续讲下去，哪些表现会让你不想继续交谈了，填写在下面的方框中。

好的倾听：	不好的倾听：

活动三 牵手

（1）活动规则如下。

① 老师在每个队内部将全体组员再分成 2 个小组，如果出现单数的情况，则从其他队中找人补齐；每一个小组的成员站成一横排，彼此间隔开。

② 老师宣布将要进行一个“角色扮演”的任务，前排的队员扮演盲人（戴上眼罩）；后排的队员扮演“哑人”（全程不能讲话）；任务要求每一个哑人牵一个盲人的手，在老师的带领下到外面行走一段路程，最后回到出发的场地。角色互换，再进行一次体验。

（2）注意事项如下。

① 该项目具有一定风险性，出发之前请反复提醒“哑人”务必照顾好“盲人”的安全，将他安全地带回场地。

② 老师在全程严密注意队员的安全，建议将全体队员排成一队前进，以确保安全，同时还可以保证每个组合走过的路线基本一致。

③ 路线选择以丰富为好，包括平地、楼梯、树丛、草地等，以增加体验的丰富性。

（3）学生讨论及老师点评。

（4）全部任务完成后，老师组织学生发言，分享项目中的感受和体会。

活动四 审视宿舍关系

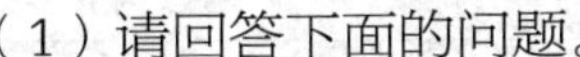

（1）请回答下面的问题。

① 你和你舍友是根据怎样的原则分到同一宿舍的？

② 若可以重新调整宿舍，你会重新选择新的舍友与你同住吗？

③ 每间宿舍都会有一名宿舍长，那么，你们是如何推选宿舍长的？

④ 你认为当一名宿舍长，最重要的条件是什么？

⑤ 假如你是宿舍长，你会采取怎样的方式增进舍友之间的感情？

⑥ 当舍友之间发生矛盾冲突，若你是宿舍长，你会如何处理？

⑦ 宿舍的清洁卫生是怎样解决的？

⑧ 宿舍可曾为某成员庆祝过生日？或全体宿舍成员一起过节日？若有，是以什么样的方式进行的？

⑨ 如果学校或学院举办一个活动，参加的条件之一是全体宿舍都参与，那么你们的宿舍是如何决定参不参加这个活动的？

⑩ 在宿舍成员中，可有分帮结派的情况？若有，是以什么样的方式解决的？你会扮演什么角色？

⑪ 若你们宿舍制订了管理制度，那么它涉及哪些方面？

⑫ 宿舍成员之间是否经常聊天？一般的话题涉及哪些方面？

⑬ 若宿舍成员中有你不喜欢的类型，你会如何与其相处？

你的观点：____

____

____

____

____。

（2）宿舍问题我来说。

① 问题 1：作息问题。

你的宿舍有没有成员的作息时间有矛盾的，比如有的同学夜里玩游戏、语音聊天、打电话等；有的同学每天早上起来很早，影响大家早上的睡眠。你有没有协调的办法？

____

____

____

____

____。

与舍友协商制订一份宿舍作息时间制度表。

____

____

____

____

____。

② 问题 2：卫生问题。

你的宿舍有没有卫生问题？比如有的同学乱扔东西，从来不叠被子，床上又脏又乱，袜子穿完也不洗，上厕所甚至忘记冲水，从不打扫宿舍卫生。遇到这样的舍友，你该如何调节与其相处的方式？

____

____

____

____

____。

宿舍的卫生需要大家共同尽义务，请你制作一份值日表（见表 5–1），并写出如果不履行规定应受到怎样的小处罚。

表 5–1　值日表

周一	周二	周三	周四	周五	周六	周日

如果不履行规定应受到的小处罚：______________________________

____

____

______________________________。

③ 问题 3：相处问题。

有的同学无论舍友是否愿意，都要拉着舍友一起锻炼、上课、吃饭、看电影等，过于亲密的交往使舍友失去了自己的时间和空间，狭隘的人际交往会让舍友对此人的“友好”烦恼不堪。过多地占用别人时间的行为在心理学上称为“成人依恋”。还有的同学什么事都独来独往，万事不求人，很难与他人建立亲密关系。如果你的宿舍有这两种类型的人，你会怎样处理与他们的关系？

____

____

____

____

______________________________。

活动五 审视家庭关系

从呱呱坠地到迈入大学校门，父母给予我们太多的爱与付出。当我们羽翼日渐丰满的时候，父母已青春不再，两鬓斑白。在进入大学以后，你与父母的关系有了怎样的变化？你有没有想到为父母做些什么呢？

1. 父母的影子

父母给了我们生命，我们和父母一脉相承，和父母具有千丝万缕的联系，除了长相，我们身上还有很多父母留下的印记，你觉察到了吗？

我父亲的特点（包括身材、长相、智力、脾气、性格、兴趣爱好、特长、生活习惯等）：

____

____

______________________________。

我母亲的特点（包括身材、长相、智力、脾气、性格、兴趣爱好、特长、生活习惯等）：

____

____

______________________________。

我与父母相似的特点（包括身材、长相、智力、脾气、性格、兴趣爱好、特长、生活习惯等）：

____

____

______________________________。

讨论并分享你的感受。

父母给了我们很多东西，也许有你喜欢的，也有你不喜欢的，有你能够进行修正的，也有你无法改变的。你是如何看待这些影响的？你将如何对待父母留给自己的印记？这些又是值得思考的问题。

2. 我想对您说

也许你不愿意将心中的事与父母分享，也许你与父母之间有着难言的隔阂。今天就让我们敞开心扉，将真正想对父母说的话写下来，也许你会发现，说一句“我爱你”不是难事。

爸爸，我想对您说：____

____

____

____

____

____。

妈妈，我想对您说：____

____

____

____

____

____

____。

活动六　审视师生关系

1. 师恩似海深

从幼儿园到大学，我们一直处在老师的关怀、教育与引导下，认知世界，探索未来。师生关系伴随着我们的成长。老师不仅仅是我们知识的导师，更是我们人生的航标，相信你一定遇到过给自己重大帮助、重要启发的老师，请说说自己心中难忘的师生情。

____

____

____

____

____

____。

2. 海阔凭鱼跃

在你的心目中，大学老师和学生的关系像什么？请给出尽可能多的比方并说明理由。

老师像____。

老师像____。

老师像____。

3．润物细无声

（1）你最喜欢哪种风格的老师？（　　）

A．治学严谨，教风端正

B．风趣幽默，激发兴趣

C．博学多才，能说会道

D．联系实际，紧跟时事

E．因材施教，勇于创新

F．亲和力强，有责任心

G．其他

（2）请将你认为大学老师应该具有的基本品质写下来。

____。

（3）你最希望老师在你的大学生涯中扮演一种怎样的角色？（　　）

A．教授者：传授知识的良师

B．启发者：启发学生思考问题，并形成自己的思维方式

C．顾问：提供建议，帮助学生解决问题

D．倾听者：乐意倾听学生的烦恼，做学生的益友

E．其他

（4）你更期望在课外时间以哪种方式与老师交流？（　　）

A．召开师生座谈会

B．发送电子邮件

C．在老师接待日面对面交流

D．在实践活动中相互学习

E．其他

（5）你希望老师与学生在课堂上以哪种方式互动？（　　）

A．老师鼓励学生提问，且提供有意义的答案

B．学生在老师的指导下自主学习或以小组方式学习

C．讨论或论辩

D．师生换位

E．其他

4．讨论并分享感受

____。

知识解析

第一部分 人际关系与人际交往

要点一 什么是人际交往

人际交往是指个体通过一定的语言、文字或肢体动作、表情等表达手段将某种信息传递给其他个体的过程。人际交往有以下两个主要特征。

1. 信息交流

凡是交往必须有人们之间的信息交流，如知识、经验的交流，需要、欲望、态度、情绪的交流。

2. 交往双方在心理上的接触和相互作用

交往的双方都是活动的主体，通过交往实现双方在观念、思想、兴趣、心境、情感、性格特征等方面的相互交流、相互影响。

要点二 什么是人际关系

人际关系指人们在人际交往过程中结成的心理关系、心理上的距离。交往双方在个性、态度、情感等方面的融洽或不融洽、相互吸引或相互排斥，必然会导致双方人际关系的亲密或疏远。人际关系包括 3 种成分：认识成分（指相互认识、相互了解）、动作成分（指交往动作）和情感成分（指积极情绪或消极情绪、爱或恨、满意或不满意）。其中情感成分是核心成分。人际关系反映了交往双方需要的满足程度。若交往双方能互相满足对方的需要， 就容易结成亲密的人际关系；反之，则容易造成人际排斥。人际关系是通过人际交往形成的。

要点三 大学生人际交往的类型

大学生在校 4 年，生活在集体环境中，其人际交往是复杂多样的。根据大学生的人际交往对象，其人际交往的类型可分为与父母的交往、与同学的交往、与老师的交往、社团交往和网络交往。

1. 与父母的交往

大多数大学生会有意识地、积极地调整心态以适应新的环境。他们能体谅父母对自己的关心、思念之情，因此，会通过视频、电话，及时、主动地向父母汇报自己的学习、生活等情况，和父母加强思想感情的交流。

2. 与同学的交往

同学关系是大学生人际交往的基本关系，同学是大学生人际交往的主要对象。大学生之间的交往既普遍，又微妙复杂，特别是同一宿舍的同学关系。一方面，大家年龄相仿，经历相似，共同生活在一个集体中，学习相同的专业，沟通和交往容易；另一方面，大学生来自不同的地域，有不同的家庭背景，兴趣爱好、生活习惯、个性气质都存在差异，再加上空间距离小，大学生对人际交往的期待较高，一旦得不到满足，就容易发生矛盾冲突，或者采取消极退避的态度。

3. 与老师的交往

老师是学生人际交往的重要对象，相较于中学阶段较严肃的师生关系，大学里师生之间的交往相对轻松、活泼。根据与学生的关系，大学老师可以分为两类：第一类是大学生接触较多的辅导员、班主任，他们与学生的关系平等，会像朋友一样与学生交流思想、促膝谈心；第二类是任课老师和实验、论文等指导老师，他们面对不同班级的学生，教授对象数量多，流动性大，和学生交流的时间短，多在其授课时间与学生接触，切磋学问、探讨问题。随着大学生自主意识的增强，他们会对老师的授课质量提出更高的希望和要求。师生关系直接影响着大学生在学校的学习与健康成长。老师不仅仅是知识的传授者，更是大学生人格模仿的重要对象。

4. 社会交往

扫一扫

人际沟通分析理论

大学阶段对大学生的人际沟通能力提出了更高的要求。随着就业压力日益增大，大学生要想在激烈的竞争中脱颖而出，找到理想的工作，较强的社会交往能力是必不可少的条件。扩大社会交往范围的方式多种多样，如加入学生社团、参加社会公益活动、开展勤工助学等。通过各种社会实践活动，大学生既可以增加对社会的了解，也可以扩大社会交往范围，还能提高自己独立谋生的本领。

5. 网络交往

网络拓展了人类交往的空间，网络交往已成为一种重要的新型人际交往方式。人们通过电子邮件、QQ、微博、微信等方式在网络中聊天、交友。同学之间、师生之间、朋友之间、舍友之间、个人与班级以及与学校之间等错综复杂的网际交往，构成了大学生人际交往的网络系统。

要点四 人际交往的基本原则

大学生都希望拥有丰富的人际交往经验和友善、温暖的人际关系。要想获得良好的人际关系，并能在一个温暖、和谐的集体中生活和学习，就需要了解并遵循人际交往的基本原则。

1. 平等的原则

平等是人际交往最基本的原则，尤其对大学生而言。他们的年龄、经历、文化水平等大体相似，不论来自城市还是农村，也不论家庭出身如何，都无尊卑贵贱之别，所以大学生之间的人际交往应该是平等的。无论何时何地、无论年级高低，大学生都要自觉做到平等待人，绝不能自视特殊、居高临下、傲视他人，否则就会脱离集体，造成心理上的孤独感。调查表明：那些优越感很强，喜欢显示个人特长或家庭背景的大学生多数人缘关系较差，即使能力很强，也无法发挥，因为不坚持人际交往平等原则的人，是不会被他人所欢迎和接纳的。

2. 尊重的原则

每个人都有自己的人格尊严，并期望得到他人的尊重。生活实践告诉人们，只有尊重他人的人，才能获得他人的尊重。所以大学生必须学会尊重他人，包括尊重他人的人格、权利和劳动成果。俄国作家屠格涅夫有一天走在街上，一个年迈体弱的乞丐向他伸出发抖的双手，作家找遍所有的衣袋，分文没有，感到惶恐不安，只好上前握住老乞丐那双比较脏的手，深情地说道："对不起，兄弟，我什么也没有，兄弟！"哪知，作家这一声"兄弟"，立刻使老乞丐为之动容，他泪眼模糊地说："哪儿的话，我已经很感谢了，这也是恩惠啊！"这个故事说明，无论什么人，无论地位高低，渴求得到尊重的心情是一样的。所以大学生在人际交往中一定要学会尊重别人。

3. 真诚的原则

真诚通常被认为是人际交往中最重要的原则。大学生在交往中，一定要恪守诚信的原则，坚持做到真诚坦率、表里一致、言行一致。

4. 理解原则

相互理解是人际沟通、促进交往的条件。就人际交往而言，大学生不仅要细心了解他人的处境、心理、特性、好恶、需求等，还要根据彼此的情况，主动调整或约束自己的行为，尽量给他人以关心、帮助和方便，多为他人着想，处处体恤别人，"己所不欲，勿施于人"，只有处处理解和关心他人，他人才会善意待你。

5. 宽容的原则

人际交往中难免会遇到一些不愉快的人和事，要学会宽容，学会克制和忍耐。大学生在人际交往中，心胸一定要宽广，气量要大，遇事要权衡利弊，切不可斤斤计较、苛求他人、固执己见，要尽量团结那些与自己有歧见的人，营造宽松的交际环境。

6. 谦逊原则

谦逊是一种美德。谦虚好学者，人们总是乐于与之交往；反之，狂妄自负、目无他人者，人们往往避而远之。在人际交往中，大学生一定要有豁达的胸怀，谦虚谨慎，戒骄戒躁，虚心学习他人之长，切勿狂妄自大、傲视他人，更不能不懂装懂、知错不改。

要点五 人际交往常见的心理效应

人际交往不仅培养大学生的社会适应能力，而且是大学生培养思维的广阔性和创造性的重要方式。要增强人际交往意识，就必须了解人际交往的心理效应。

1. 首因效应

首因效应也就是人们初次见面时产生的印象，称第一印象。第一印象对人的认知具有强烈的影响。人们初次相遇，总是首先观察对方的衣着、相貌、举止及其他可察觉到的动作反应，然后根据观察到的印象对对方做出一个初步的评价。虽然第一印象是在很短的时间内根据有限的、表面的观察资料得出的，但由于其新异性和双方鲜明的情绪色彩，所以能在人的脑海中留下深刻的、不易磨灭的烙印。如果某人初次见面时给人留下了良好的第一印象，这种印象就会左右人们以后对他的认识，使人们总是以肯定的眼光看待他，即使后来他发生了很大的变化，人们也很难改变这种印象；反之亦然。这就是第一印象的定势作用。

一位心理学家曾做过这样一个实验，他让两个学生都做对 30 道题中的一半，但是让学生 A 做对的题目尽量出现在前 15 题，而让学生 B 做对的题目尽量出现在后 15 道题，然后让一些被试者对两个学生进行评价：两人相比较，谁更聪明一些？结果发现，多数被试者认为学生 A 更聪明，这就是首因效应。

2. 近因效应

与首因效应相反，近因效应是指新获得的信息对个体影响的作用比以往获得的信息要大。在人际交往的过程中，我们对他人最新的认识占了主体地位，掩盖了以往形成的对他人的评价。现实生活中，人际交往中近因效应的影响非常普遍。比如说，尽管某人以前表现一直很好（比如一直很照顾你），最近只不过偶尔没考虑周到（比如没有帮你从食堂带饭回来），或者某人以前一向表现不怎么好（比如不管别人是否休息都进行网络直播），最近偶尔做了件好事（比如提醒宿舍其他成员你不舒服，洗漱动静小声一点），你就会改变对他的态度。

上面提到的首因效应具有“先入为主”的性质，但这并不是不可改变的。什么情形下首因效应的作用会削减，近因效应的作用会增强呢？答案是如果两次获得的信息中间时间较长，首因效应的作用则可能让位于近因效应，人受近因效应的影响会增强。同时，在人与人交往的初期，即在生疏的阶段，首因效应的影响更重要些；而在交往的后期，就是在彼此已经相当熟悉的时期，近因效应的影响就越来越重要。

在认知他人时，我们需要注意避免“一叶障目”。评价和了解一个人，不能仅仅关注他近期或当下做了什么、说了什么，还需要跳出当下，移开眼前的“树叶”，看看他原先做了什么，从而尽量减少偏见和不当的回应。应用到我们自身同他人的互动上，也需要注意近因效应的影响，即使出现激烈冲突，也尽量在怒责、大吵之后给予解释、安慰，控制近因的破坏性作用。

3. 晕轮效应

晕轮效应又叫成见效应，指在人际交往中，对某人的某一种特性特别欣赏或厌恶，从而影响了对他的其他品质的认识和评价。晕轮效应的产生是由于在人际交往中掌握有关对方的信息资料不足的情况下做出总体判断的结果。例如，一个人对某人产生了良好印象后，便以偏概全，认为这个人一切都很好，好像被一个积极的光环笼罩着，从而也把他人好的品质赋予他；反之亦然。晕轮效应往往会影响人们的相互交往。如在一个集体里，当一个人对某人印象好时，就觉得他处处顺眼，甚至连他的缺点、错误也觉得可爱；当一个人对某人印象不好时，就觉得他处处不对，对其优点、成绩也视而不见。这种心理状态必然会影响人际关系的融洽与和谐。

心理学家哈罗德·凯利曾做过一个实验。他告诉一个班的大学生有一位讲师要来为他们上课，要求他们听课结束后对该讲师做出评价。他简要地介绍了这位讲师的情况，然后把班里的学生分为两组，对一组学生说这位讲师是“相当温和的人”，对另一组学生说这位讲师是“相当冷淡的人”。当这位讲师上课结束后，凯利要求学生们在一组“态度量表”上评价这位讲师。虽然全班学生在同一时间听同一个人的课，但每一位学生的评价却明显地受到原先暗示的影响。听说该讲师“相当温和”的学生更倾向于把他看成一个不拘小节、和蔼可亲、受欢迎的人；而听说该讲师“冷淡”的学生则相反。并且第一组学生中有 56% 的人在课堂讨论中积极与该讲师接触，第二组学生中只有 32% 的人投入班级讨论。在人际交往初期，人们往往会利用少量的资料信息对他人做出广泛的结论，出现晕轮效应。

4. 定势效应

定势效应是指在人的头脑中存在某些固定化认识，影响着对他人的认知和评价。首因效应是指第一次接触中形成的印象，而定势效应则是指头脑中已有的某些观念。其中有的是个体自己形成的，有的则是社会上长期流传和沿袭下来的习惯看法、观念在头脑中的蓄存。人们在交往中不仅会对个人形成印象，而且对群体也会形成印象，并且这种对群体的印象还会影响到对群体中个人的认知，因此也叫社会刻板印象，即人们对社会上某一类人所形成的概括而固定的看法。例如，如果一个人从事某个职业，人们就认为他一定具有这个职业的特性。一般来说，定势效应的产生是以过去有限的经验为基础的，源于对人的群体归类。例如，在人们的传统观念里，女性总是柔弱的，男性总是强壮的；知识分子书生气十足，工人粗犷豪放，会计师都精打细算，教授必然学究气十足；方下巴是坚强意志的标志，宽大的前额则是智慧的象征。这些都是对人抱有成见的刻板印象。

定势效应在人际交往中有利有弊。一方面，它会导致在认识他人的过程中存在某种程度的简化，有助于人们对他人做概括的了解；另一方面，倘若在非本质方面做出概括而忽视了人的个别差异，就会形成偏见，做出错误的判断。

大学生在人际交往中必须克服心理偏见，要辩证地、发展地、全面地、历史地观察和了解一个人，提高对人、对事认识的广度和深度，从而提高交往的水平。

苏联社会心理学家包达列夫曾做过一个实验，揭示了定势效应在人际印象中的作用。他向两组大学生出示了同一个人的照片。在出示前，他向第一组大学生说照片上的人是个十恶不赦的大坏蛋；而向另一组大学生说照片上的人是一位大科学家，然后分别让两组学生对照片上的人进行描述。结果，第一组学生说：“深陷的双眼表明内心阴险仇恨，突出的下巴表明这个人会沿着罪恶之路走到底”。第二组学生说：“深陷的双目表明思想深邃，突出的下巴表明坚毅睿智”。一张照片两种评述，可见定势效应对人们认知的作用和影响。

5. 投射效应

投射效应是指在人际交往中，认知者形成对别人的印象时总是假设他人与自己有相同的倾向、特征，亦即“由己推人”。投射效应在大学生人际交往中的表现形式是多种多样的。如有的大学生对别人有成见，总以为别人对他怀有敌意，甚至觉得对方的一举一动都带有挑衅味道；有的大学生喜欢在背后议论别人，总以为别人时常在背后议论自己；惯于讲假话的人常常不相信别人的话；有的大学生自己对某件事感兴趣，以为他人也感兴趣，在一起聊天时，口若悬河，滔滔不绝，完全不顾及他人感受；有的大学生在传递信息时，以为只要自己知道别人也就知道，随意打折扣，斩头去尾、三言两语，往往造成误解，甚至误事；有的大学生用自己的主观愿望或主观想象去投射他人，如有的男生或女生内心喜欢一个异性，希望对方也喜欢上自己，进而把对方的一个眼神、一个笑脸、一个友好的表示甚至一句玩笑都看成对自己示爱等。

投射效应的实质就在于从主观出发简单地去认知他人，自我与非我不分、主观与客观不分、认知的主体与认知的对象不分，结果导致认知的主观性、任意性。因此，在认知过程中应注意客观性，力求从实际出发，深入考察，摒弃主观臆断、妄想猜测，尽量减少人际交往中的误会和矛盾。

我国古代有一个丢斧子的故事，说某人丢了斧子，无端怀疑是邻居的孩子偷的。从这个假想的目标出发，他观察邻居儿子的言行举止、神情仪态，无一不像偷斧子的样子，思考的结果进一步巩固和强化了原先的假想目标，最终断定偷斧子的人非邻居的儿子莫属。可是，等找到斧子以后，再看看邻居的儿子，觉得一点也不像偷斧子的人。

第二部分　正式团体与非正式团体

要点一　大学生正式团体与个人发展

1. 大学生正式团体的界定和内涵

大学生正式团体是指按照一定的规则，为完成某一共同的目标，正式组织起来的大学生集合体，如班级、学生会等。大学生正式团体有以下 4 个特征。

（1）明确的团队目标

正式团体是为实现组织目标而建立起来的，其基本职能是完成组织任务。目标越是明确可操作，越是能分工合作。

（2）严密的组织结构

正式团体的成员有明确的编制，其领导者有正式的职务头衔，由组织赋予明确的职权与职责。

（3）严格的规章制度

正式团体是按组织的章程建立起来的，成员必须严格遵守这些规章制度，否则会被组织惩罚或开除。

（4）对成员有较强的约束力

正式团体为共同目标而建立、按照组织的规程行事，每个成员会自觉或不自觉地被约束。

2. 大学生正式团体的分类

基于大学生正式团体的内涵与特征，大学生正式团体可分为以下 3 类。

（1）宿舍

宿舍是大学生组织结构的基层细胞。现阶段，一个宿舍一般同住 4 ~ 6 人，形成一个正式的小团体。这些文化层次相当、性格各异的学生朝夕相处，相互适应和冲突，必然会形成独特的宿舍氛围和人际关系特点。这些又将直接影响每个大学生的学习、生活甚至人格的形成。

（2）班级

大学校园的班级团体，有以学习为主的共同活动；有同学之间的成员关系；有长达三四年的持续交往；有学生共知的班级规范；有长期形成的班级文化和氛围。班集体中的成员如同生长在同一块田地中的秧苗，扎根泥土，汲取养分，沐浴阳光，相互影响，牵连着长大。学校教育各方面的普及性操作主要落在了班级层面。班级真实而直接地影响着学生专业的学习效果以及身心的健康发展。

（3）学生会

凡在校的学生均可成为学生会、研究生会会员。学生会的直接管理组织是“学生会委员会”，高等学校一般设学校和院系两级常务委员会对学生会进行分级管理。“学生会委员会”是学校联系学生的桥梁和纽带，在学校管理中起着不可小觑的作用。

3. 大学生正式团体对学生个人发展的影响

（1）正式团体是大学生心理社会化发展的主平台。按照埃里克森的人的心理发展 8 阶段理论，大学生正好处于青春期晚期和成年早期。因此，大学生有两个心理发展任务：一是要进一步正确认识自己，明确自己承担的角色等，从而真正完成自我同一性；二是要在家人之外寻求情感归属，包括友谊、爱情等，从而建立亲密关系。这些任务的完成，都离不开团体平台和人际互动。宿舍、班级和学生会正好为大学生提供了全方位的具有主流价值观导向的团体和人际交往平台。

（2）正式团体是大学生训练自我管理能力的主渠道。正式团体通过组织制度、组织干部、组织活动引导每个学生实施自我教育与管理。例如，每个大学生从入校开始，就被编入相关的宿舍和班级，按照学校的规章制度，在辅导员和班主任的指导下，自主开展课程学习、参与班级事务、进行宿舍文化建设等。入校基本适应之后，便会有各级学生会的委员会成员换届选举，学生可以根据自己的能力和特长积极参与竞选，并在各级团委的领导下独立自主地开展工作。

（3）正式团体是大学生提升专业素养的主阵地。正式团体具有规范的规章制度，配有专职指导老师，拥有一定的活动场地和基本工作条件，能够为学生的习惯养成、能力培养、素质拓展提供条件。以学生会为例，高校学生会一般在主席团以下设数个职能部门，其中学习部和实践部就是直接与学生的专业学习相关的。各部门定期开展活动，在丰富大学生文化生活的同时，锻炼了学生的组织能力、交际能力、语言表达能力等，极大地提升了大学生以专业素养为核心的综合素质。

要点二　大学生非正式团体与个人成长

1. 大学生非正式团体的界定

大学生会在日常的学习生活中自然而然地走到一起，形成有别于学生会、班级和团委等正式团体的非正式团体。非正式团体不是个人的简单结合，而是在人与人之间相互作用的基础上结合起来的共同体。周晓红教授曾从群体构成的原则和方式的视角，阐释了非正式群体的产生："非正式群体是人们在交往中自发地组织起来的。人们在交往过程中，由于有共同的兴趣、共同的观点、共同的情感、共同的目标等而自愿结合在一起，就自然形成了非正式群体。"

因此，大学生非正式团体可以这样界定：大学生非正式团体是大学生在共同的学习生活过程中因兴趣爱好、性格、习俗、生活方式、价值观念、人生信仰、地域等共性产生情感共鸣，从而组织在一起的，没有成文规则及明确的管理方式，成员活动具有较强随意性的学生群体。

2. 大学生非正式团体的特征

与高校学生会和班级等正式团体相比，大学生非正式团体具有以下特征。

（1）团体形成的自发性

大学生非正式团体内部没有系统成文的制度，没有上级组织或机关的干预，不需要领导批准。它是一定时期内一些大学生因为某种共同的信念和观点，或类似的生活经历，或相同的志趣爱好而相互接触和认识，自发组成的。可见，自发自愿是大学生非正式团体组成的前提，其结构松散，成员流动性大。

（2）行动导向的随意性

大学生非正式团体多数缺乏明确的行动纲领和长远计划，也缺乏明确的工作任务和措施，往往是成员彼此之间根据掌握的某种信息临时行动。有时候在非正式的交流沟通中就决定了行动方向，这种行动必然带有很强的随意性和主观性。

（3）心理相容的内聚性

大学生非正式团体多是以情感为纽带自发建立起来的，成员之间表现出爱好一致、情感相投、相互信赖等心理相容的交往特点，成员之间具有很强的凝聚力。与此同时，会对外部威胁因素表现出高度团结、一致对外的排他性。

（4）群体利益的极化性

大学生非正式团体的成员都十分重视和维护所在群体的利益，并努力争取利益的更大化，表现出强烈的群体意识，容易出现群体极化现象。与此同时，个体在群体压力或群体意识影响下会被去个性化，做出个人单独活动时不会出现的行为。

符合上述特征的团体在大学校园中比比皆是，有文学艺术类社团，如文学社、书画社等；有社会公益性社团，如心理健康协会、职业规划与发展协会等；有体育运动类社团，如体育舞蹈队、棋缘社、轮滑社等；有专业实践型社团，如计算机协会、机械模型社等。

3. 大学生如何借助非正式团体自我成长

近些年，国内外多项研究发现，参与社团对学生建立和明晰目标、生涯规划、生活方式管理、文化参与等方面有明显提升作用。若将学生参与社团的程度由浅至深进一步划分为普通参与、社团领导、社团创建者，则可以发现，学生参与程度越深，对上述各方面的提升越明显。可见，大学生要想真正利用高校社团这个平台获得个人成长，关键是要能够深度地参与到社团的各项活动中去。为此，大学生需要从以下 3 个方面努力。

（1）自我反省参与社团的动机

大学生参与社团受内部驱动和外部驱动两类因素的影响。内部驱动主要表现为兴趣、对自由的追求及能力的锻炼等。其中，兴趣是大学生参与社团最为持久的动力源泉。外部驱动则是为了获取社团的某种福利，如实习证明、实践证明等。受内部驱动的学生有更充足和持久的动力，能够长期参与社团活动。受外部驱动的学生一旦获得了社团提供的福利，其继续参与社团活动的动机往往就大幅下降，他们或不再积极参与社团活动，或直接退出社团。

（2）规划好自己在社团的发展

按照参与深度的不同，可将社团成员大致分为普通成员、干事和管理层 3 个层次。其中，管理层包括社长（或部长）、副社长（或副部长），干事的主要责任是完成社长（或部长）布置的任务。在这 3 个层次中，普通成员对社团的参与是浅层的，往往不成系统，流动性极大，不少成员在体验了第一次社团活动之后，便因为种种原因不再参与，因此从社团获得自我成长的机会最少；而干事或管理层成员作为社团活动的组织者、策划者和执行者，会在交际、组织、规划、管理等方面得到更充分的锻炼，能获得较大的自我成长。

（3）协调好专业学习与社团活动的时间

毋庸置疑，大学生的主业是专业学习，必须达到相关标准。同时大学生又是即将走向社会的成年人，理应利用高校提供的各种锻炼机会，努力提升自己的交往能力、策划能力、组织管理能力等，一个心仪的社团就是最好的平台。因此，为了自己的全面成长，必须协调好专业学习与社团活动的时间，坚持不懈地两手抓。

要点三 人际冲突的化解与个人成长

1. 人际冲突的定义及其存在的必然性

（1）人际冲突的定义

所谓人际冲突，泛指人与人之间的冲突。它是指人与人在相互交往和互动的过程中，因为种种原因产生意见分歧、争论、对抗，使彼此关系出现不同程度的紧张状态，并为双方所感觉到的一种现象。一旦冲突发生，在言语和非言语交流上会有所体现。人际冲突的核心要素是交流。交流和冲突是通过以下方式联系起来的。

① 交流行为导致冲突。

② 交流行为反映冲突。

③ 交流行为为管理冲突提供积极或破坏性的处理方式。

（2）人际冲突存在的必然性

冲突时时发生，是生活的常态——学习中、恋人间、家庭里都会产生冲突。即使在最有活力、最亲密的关系之中，也会有冲突发生。世界上每一个人都有自己独特的基因、独特的成长环境，这决定了他们在面对问题时都会有或多或少独特的需求与看法，人们在看法和行为上的差异是一种绝对的现象。当这种差异被认可并被很好地理解时，冲突也就不会产生；但当这种差异不被认可，并可能带来互动中的误解时，彼此之间就会产生撞击与冲突。人际关系中存在冲突是正常的，即使在健康的人际关系模式中也并非没有冲突。通常，人们认为和谐应是生活的标准，一旦产生冲突，就是不好的现象。但如果人们能够意识到冲突是难以避免的，那么冲突发生时就不会互相指责或者试图逃避，就能心平气和地想办法解决。

2. 人际冲突对团体的影响

（1）人际冲突对团体的消极影响

一提到冲突，你会联想到哪些词语呢？可以看看你所联想到的词语的属性，判定一下积极词汇和消极词汇各自所占的比例。

我们的文化中会有一些老生常谈的有关冲突的教育，父母可能对孩子说："如果说的话不中听，就不要说。""和为贵，忍为高。""要避免跟别人起冲突。""要听话！"……这些教导折射出了对"冲突"的消极态度，表明人们认为冲突是不正常和无益的。以下这些看法，反映了人们对待冲突的消极态度。

① 冲突就像战争

关于冲突最主要的隐喻即是暴力战争。如果把冲突看作战争，那么战争双方所为的就是消灭对方或者打击对方的战斗力，以增强己方优势。战争的目的和结果必然是伤害、仇恨，以及争吵的不断重复。将冲突看成战争的这个隐喻影响了人们对冲突的整个看法，制约了人们看到冲突中双方存在共同利益与诉求并进行合作的可能性。

② 性格病态导致冲突发生

人们常用"病态"来描述冲突，并把那些正在经历冲突的人视为"神经质""不友好""抱怨连天""偏执""极度自我中心"或"依赖他人"等。这些描述表明人的行为和性格常被混为一谈。当然，人们可能会由于情感失调而有一些病态的表现，甚至有时还会因为情况过于严重而无法自我调整，无力与他人合作而产生冲突。但是就冲突过程本身而言，冲突不应该被视为病态的表现。

③ 冲突不应该愈演愈烈

当冲突发生时，许多人会像救火队员一样试图去扑灭它，害怕冲突升级带来不可预知的恶劣后果。其实，有时冲突升级（不是失去控制的冲突升级，而是将情感强烈地释放出来）是不可避免的，如果遭到抑制反而会破坏关系（憎恨、沉默对峙、绝望无助、擅自离开）。所以，有时解决冲突最有效的方法可能是让冲突凸显出来，让人们意识到冲突及其严重性并着手去解决。

正是人们对待冲突具有消极负面的态度，才会选择去避免冲突或者回避冲突。很多时候，我们越是害怕与人发生冲突，冲突就越多，越是逃避问题，问题就越来找自己。

（2）人际冲突对团体的积极影响

在情感层面，我们大多数人更关注冲突的消极面，而不是其他的可能性。然而，冲突也有它存在的益处。

学者发现，爱情只有在直面纠纷的时候才会长久。在《爱与冲突》一书中，社会学家吉布森·温特写道："今天的大多数家庭需要多一点的真实冲突，少一点情感的压抑……合适的时间和机会可以留给冲突。没有人会从敌对情绪中获益……没有冲突，也不会有关系上的亲密……爱与冲突密不可分。"

人类关系学的学者们，比如，哈佛大学的埃里克森总是抱怨自己没有办法建立亲密关系，因为自己"没有能力陷入冲突和有益的争斗中"；斯坦利库伯·史密斯的研究表明，家庭中某些类型的意见分歧对子女的健康非常重要，他发现，提倡开放的、表达不一致意见和观点的家庭，其子女都具有一种良好的品质——高度的自尊。

我们应该明白冲突是在所难免的，如果能够有效地去处理冲突，反而能够促进亲密关系的建立并激发个人的成长。

第三部分 如何提升人际交往能力

要点一 大学生人际交往中的常见问题

1. 不愿与人交往

不愿与人交往是指自我封闭，生活在自己的小世界，对外界的事物不适应或不感兴趣，不愿与他人交流内心的想法。这主要是由于大学生存在以下心理。

（1）自傲心理

自傲心理与自卑心理相反，有自傲心理的人在交往中往往过高地估计自己，总觉得自己优于别人，自以为是、盛气凌人，甚至不愿与人为伍。

（2）自恋心理

自恋心理主要是指内心的心理体验，表现为过分地自我关心、自我欣赏，总抱怨别人不重视自己、不欣赏自己。

（3）封闭心理

封闭心理表现为把自己的真情实感和欲望掩盖起来，过分地自我克制，使交往无法深入。

（4）孤僻心理

孤僻心理表现为行为怪癖、偏执，为人孤独，不愿与人交往，几乎没有什么知心朋友和人际往来，却时常抱怨自己生活在人际情感的沙漠中。

2．不敢与人交往

不敢与人交往是指心里愿意与人交往，但因为过分关注自己交往时的表现，而在行动上表现出退缩的心理。这主要是由于大学生存在以下心理表现。

（1）害羞心理

害羞心理表现为在交往过程中，过于羞涩拘束，神情不自然，往往不能准确、充分地表达自己的思想感情，成为人际交往中的被动者。

（2）敏感心理

敏感心理表现为在交往过程中，自我牵连倾向太重，对他人的言行过分敏感、多疑，往往陷入痛苦和焦虑之中。

（3）自卑心理

自卑心理表现为在交往过程中对自己缺乏正确的认知，缺乏自信，总觉得自己的不足之处太多，优势太少，失去交往的勇气和信心。

扫一扫

怎样调适人际交往的问题

（4）恐惧心理

恐惧心理表现为在交往过程中，特别是在大庭广众之下，不由自主地感到紧张、担心和害怕，以至于面红耳赤、手足无措、语无伦次。

3．不懂与人交往

一些大学生既有与人交往的愿望，又敢于与人交往，他们带着良好的期望，但却不懂得与人交往的正确方法，结果往往事与愿违。问题产生的主要原因是大学生可能存在以下心理。

（1）急迫心理

急迫心理表现为在人际交往过程中不注重交往原则，有急功近利的心理。

（2）自我中心主义

自我中心主义表现为在人际交往过程中过分关注自我，在交往中过多地考虑自己的需求，过分注重自己在人际交往中的地位，忽视了他人的存在和需求，难以理解他人。

（3）退缩心理

退缩心理表现为当人际交往中出现问题时不懂得如何解决问题，表现得无所适从，退回到不敢甚至不愿与人交往的状态。

要点二　4 种人际交往的心理模式

美国心理学家爱利克·伯奈依据自己和他人所采取的基本生活态度提出人际交往的 4 种心理模式。

扫一扫

人际交往中的心理学效应

（1）我不好—你好：表现为自卑，甚至是社交恐惧，根源于童年的无助感，这种态度如果没有随年龄的增长而改变，长大后就容易放弃自我或顺从他人。这些人喜欢以百倍的努力去赢得他人的赞赏。

（2）我不好—你也不好：不喜欢自己也不喜欢别人，看不起自己也看不起别人，常放弃自我，陷入绝境，极端孤独和退缩。

（3）我好—你不好：以自我为中心，自以为是，总认为自己是对的，而别人是错的，把人际交往中失败的责任推到他人身上，常固执己见、唯我独尊。

（4）我好—你也好：相信他人，能够接受自己和他人，并努力去改变他们能改变的事物，善于发现自己和他人的优缺点，从而使自己保持一种积极、乐观、进取的心理状态，是一种成熟、健康的人际交往的心理模式。

要点三　宿舍人际关系的一般性 

宿舍关系从本质上说属于人际关系的一种，符合人际交往的一般原则。

宿舍人际关系是大学生人际关系中一个最基本的环节。由于距离接近，彼此的优缺点尽露无遗，因此，不少同学说最难相处的是同宿舍的同学。

同一宿舍的同学分别来自不同的地域、不同的家庭，他们在许多方面都存在差异。首先是思想观念、价值标准的不同。有的人看重能力，有的人看重品行；有的人追求学业上的成就，有的人追求人际关系的和谐。这样，在遇到实际问题时因观点不同就有可能会发生冲突，大家都想证明自己的观点并坚持自己的立场。

其次，能够跨进大学校门的同学中学时期在学习、生活方面都较出色，现聚集在一个宿舍，可能会由于害怕落后而有一种紧张感，心理压力较重。

另外，生活方式、习惯的不同也是导致宿舍关系紧张的一个因素，如南北方差异。对每个人来讲，生活习惯也是千差万别。面对这种客观的差异，如何处理好同宿舍同学之间的关系，是每一位大学生必须面对的问题。本章开始案例中的同学小雨正是因为与大家作息时间不同，回宿舍晚、洗漱声音大，没有太顾及别人的感受，同学可能发表了自己的不满，她感到被大家孤立，误解不断，情绪从压抑到爆发。

宿舍不仅是睡觉的地方，也是大学生学会与同学和睦相处的重要课堂。它是大学生的一个家，因为在这个家中，可以没有课堂的约束，可以和别人放松地交流、沟通，可以按自己的兴趣、爱好充分地表现自己、发展自己，可以获得像家庭一般的安宁与温馨。

要点四　大学生人际交往能力的培养 

1. 学会倾听，提高理解他人的能力

倾听是我们认识世界的重要途径，是理解他人的最佳方式。说话是表达自我、宣泄内心的一个途径，而倾听是接受对方的过程。

倾听是一种了解他人的方式，更是一种与人交往的智慧。卡耐基告诉人们如何成为一个谈话高手，那就是学会倾听，鼓励他人多谈他自己的事。他举例说，有一次他在纽约参加一场晚宴，遇到了一位优秀的植物学家。他从未跟植物学家谈过话，于是凝神静听，听其介绍外来植物和创造新品种的许多实验。午夜晚宴后，那位植物学家向主人极力恭维卡耐基，说他是“最能鼓舞人”的人，是个“最有趣的谈

扫一扫

人际交往的技巧

话高手”。其实卡耐基整晚没说几句话，他只是非常注意地听。由此可见倾听也是说话的一种方式。在生活中，一些人没有耐心听他人讲话，而是更喜欢阐述自己的观点。这类人往往想通过短、平、快的方式，以雄辩的口才显示自己的能力，但这样做的结果，表面上看好像达到了目的，事实上却得不到别人的认同，无法建立真正的友谊，达到心灵的沟通。事业上取得成就的杰出人物往往都是善于倾听他人意见的。那些善于倾听他人意见的人总是朋友众多，因为人们总是喜欢与尊重他人、平易近人的人交往。

扫一扫

良好人际关系发展的阶段

2．学会表达，增加他人理解自己的可能性

“良言一句三冬暖，恶语伤人六月寒。”如果语言艺术运用得当，就能吸引对方，从内容到形式适应对方的心理需要、知识经验、双方关系及交往场合，使交往更加容易。

在人际交往过程中，大学生要认清自己和他人的需要，需要借助沟通的技巧，化解不同的观点，建立共识。当共识产生后，人格的魅力自然就会展现。良好的沟通能力与人际关系的培养，并非全是与生俱来的，这需要我们有自信的态度。自信是建立在对自身和对方条件客观认识的基础上的，这其中包含“体谅对方”与“表达自我”两方面。所谓体谅对方，是指设身处地为别人着想，并且体会对方的感受与需要。由于我们的了解与尊重，对方也会相对体谅你的立场与好意，因而做出积极、合适的回应。表达自我则是指遵循人际交往的基本原则，科学真诚地表达自己的观点和情感，赢得他人的理解和支持。

3．重视非言语沟通的能力

英国心理学家阿盖依尔等人曾做过一个实验，当语言信号和非言语信号所代表的意义不一致时，人们相信的是非言语信号所代表的意义，而且非言语交际对交际的影响是语言的 43 倍。美国传播学家艾伯特·梅拉比安曾提出一个公式：信息的全部表达 = 7% 语调 +38% 声音 +55% 肢体语言。也就是说，在许多时候，你的声音、你的肢体语言要比你具体说什么话更能影响他人。非言语沟通是指包括仪表、服饰、动作、神情、目光、发型、肌肤、体态、音质、音色等以非言语信号作为沟通媒介进行的信息传递。下面着重介绍非言语沟通中的 4 个方面：面部表情、服饰仪表、身体姿势、空间距离。

（1）面部表情

对沟通双方来说，表情是传情达意和相互理解的一种必不可少的重要方式。目光接触是人际间最能传神的非言语交往。

（2）服饰仪表

仪表包括服装、头发、饰品和色彩等。艺术家索菲亚·罗兰说：“你的衣服往往表明你属于哪一类型，它代表你的个性，一个与你会面的人往往不自觉地根据你的衣着来判断你的为人。”有人通过实验证明，穿着打扮不同的人，寻求路人的帮助时，那些仪表堂堂、有吸引力的人要比那些不修边幅的人更有可能获得帮助。仪表还对人的心理状况有很明显的影响作用。以服装为例，蓝色的衣服能使人心理平静，有效地削弱烦乱的情绪；红色的衣服能煽动人的热烈情绪。

（3）身体姿势

达·芬奇曾说过：“精神应该通过姿势和四肢的运动来表现”。姿势语是指通过身体的姿势、动作来表达情感、传递信息的体态语，主要包括坐姿、站姿和行姿 3 种。

（4）空间距离

美国社会心理学家霍尔曾经针对人与人之间的物理距离做过调查研究，他发现存在 4 种类型的人际距离。第一种距离——公众距离，范围是 360 ~ 760 厘米，它属于人际交往中的正式距离。处于该距离的人，可以容易地采取躲避或防卫行为。它多出现在陌生人之间或正式场合。第二种距离——社交距离，较近的社交距离是 120 ~ 210 厘米，多出现在非正式的个人交往中，如谈判和商业接待；较远的社交距离为 120 ~ 360 厘米，一般多出现在正式的公务性接触中。第三种距离——个人距离，范围是 44 ~ 120 厘米，这个距离通常是与朋友交谈或日常同事间接触的空间距离。第四种距离——亲密距离，在 0 ~ 44 厘米的范围内，这种空间距离只出现在关系特殊的人之间，如父母与子女、夫妻、恋人。对关系亲密的人来说，这个距离可以感受到对方的气味和体温等信息。

人缘型的大学生最受欢迎

大学同学之间，交往比较频繁的有班级内的同学交往、社团内的同学交往、宿舍成员间的交往。根据心理学家黄希庭的研究，大学生班级的非正式人际关系类型可分为人缘型、首领型、嫌弃型、孤独型和孤立型 5 种。其中人缘型的大学生最受欢迎，其具有的个性品质如表 5-2 所示。

表 5-2 人缘型大学生的个性品质

次序	个性品质
1	尊重他人、关心他人，对人一视同仁，富有同情心
2	热心参与班集体活动，对工作非常负责任
3	持重、有耐心
4	热情、开朗，待人真诚
5	聪颖，爱独立思考，成绩优良，乐于助人
6	独立、自信，谦逊
7	有多方面的兴趣和爱好
8	有较高的审美眼光和幽默感
9	温文尔雅、端庄大方

测评推荐

人际关系综合诊断量表

下面是一份人际关系综合诊断量表，共28个问题，请同学们根据自己的实际情况如实作答（填“是”或“否”）。

1. 关于自己的烦恼有口难言。（ ）
2. 和生人见面感觉不自然。（ ）
3. 过分地羡慕和嫉妒别人。（ ）
4. 与异性交往太少。（ ）
5. 对连续不断的会谈感到困难。（ ）
6. 在社交场合感到紧张。（ ）
7. 时常伤害他人。（ ）
8. 与异性来往感到不自然。（ ）
9. 与一大群朋友在一起，却常感到孤寂或失落。（ ）
10. 极易受窘。（ ）
11. 与他人不能和睦相处。（ ）
12. 不知道与异性相处如何适可而止。（ ）
13. 当熟悉的人对自己倾诉他的平生遭遇以求同情时，自己常感到不自在。（ ）
14. 担心别人对自己有什么坏影响。（ ）
15. 总是尽力使别人赏识自己。（ ）
16. 暗自思慕异性。（ ）
17. 时常回避表达自己的感受。（ ）
18. 对自己的仪表（容貌）缺乏信心。（ ）
19. 讨厌某人或被某人讨厌。（ ）
20. 瞧不起异性。（ ）
21. 不能专心地倾听。（ ）
22. 自己的烦恼无人可申诉。（ ）
23. 受别人排斥与冷漠对待。（ ）
24. 被异性瞧不起。（ ）
25. 不能广泛地听取各种意见、看法。（ ）
26. 自己常因受伤害而暗自伤心。（ ）

27. 常被别人谈论、愚弄。（　　）

28. 与异性交往中，不知如何更好地相处。（　　）

评分标准

回答“是”得“1”分，回答“否”不得分，将所得分数相加。

结果解释

（1）0 ~ 8 分：说明你在与朋友的相处上困扰较少。你善于交谈，性格比较开朗、主动，关心别人，你对周围的朋友都比较友好，愿意和他们在一起，他们也都喜欢你，你们相处得不错。而且，你能够从与朋友相处中得到乐趣。你的生活是比较充实而且丰富多彩的，你与异性朋友也相处得比较好。一句话，你不存在或较少存在交友方面的困扰，你善于与朋友相处，人缘很好，收获了许多的好感与赞同。

（2）9 ~ 14 分：说明你与朋友相处存在一定程度的困扰。你的人缘很一般，换句话说，你和朋友的关系并不牢固，时好时坏，经常处在一种起伏波动之中。

（3）15 ~ 28 分：说明你在与朋友的相处上困扰较严重。分数超过 20 分，则表明你的人际关系困扰程度很严重，而且在心理上可能出现较为明显的障碍。

第六章 大学生的学习心理与生涯规划

真实案例

阚某某，女，19岁，大学一年级，独生女，无重大躯体疾病史，家族两系三代无精神疾病史。她的父亲是一名小学校长，母亲在一所高中担任班主任。她的家教严格，父母对其要求很高，很舍得在她身上投资，从小到大她上过很多培训班和辅导班。同时，父母也对她寄予了很大的期望。她性格内向，学习刻苦，成绩一直不错，顺利考入大学。她平时做事按部就班，中规中矩，追求完美。

进入大学之后，她发现大学的学习和高中很不一样，授课老师上课速度很快，也很少布置作业，因此很不适应，常常不知现在的学习该如何下手，以致考试成绩不理想，出现了焦虑、注意力不集中、入睡困难、食欲下降等症状。

活动体验

活动一 记忆数字

（1）用“是”或“否”回答下列问题。

① 你是否在干某件事的同时，能听到周围的人在谈论什么？

② 你的朋友和熟人是否经常捉弄你？

③ 你是否经常由于粗心大意而失算？

④ 当你穿过马路时是否仔细观察四周？

⑤ 你是否在马路上捡到过钥匙或钱之类的东西？

⑥ 你是否能回忆起两天前看过的电影的细节？

⑦ 当有人不让你继续读书、看电视或做其他事情的时候，你是否生气？

⑧ 你在家里是否能很快找到需要的东西？

⑨ 在马路上突然有人喊叫，你是否会哆嗦一下？

⑩ 在商场购物，你是否在收款台旁检查找回的零钱？

⑪ 你是否有过这样的事：把一人当成另一人？

⑫ 你是否因专心谈话而坐过了站？

⑬ 你是否能在大城市里，不靠别人帮助，找到仅去过一次的地方，例如博物馆、剧院、办公楼或超市？

⑭ 你早晨是否很容易就醒过来？

⑮ 你是否能流畅地说出你亲人的生日？

（2）答案如下。

参考答案为“是”的题目：1，2，4，5，6，8，10，13，14，15。

参考答案为“否”的题目：3，7，9，11，12。

以上题目答对一题得 1 分，如果得 11 分或更多分，则说明你是个非常仔细的人。你的记忆力和注意力让人羡慕——并非人人如此。当然，不排除你是经过努力才有如此好结果的。

（3）记忆力差可以采取以下方法来调节。

① 记忆时注意集中。

② 将记忆材料系统化，在理解的基础上记忆。

③ 适当过度学习。

④ 经常回忆，及时复习。

⑤ 注意劳逸结合，科学用脑。

⑥ 灵活运用多种记忆术。

你的记忆力能打多少分？____________________。

活动二　成就事件撰写

（1）请写下生活中令你有成就感的具体事件，不少于 3 件，然后对其进行分析，看看你在其中使用了哪些技能？

这些成就事件不一定是工作或学习上的，也可以是课外活动或家庭生活中发生的，自己做过的自认为比较成功或感觉不错的事情，只要符合以下标准就可以。

成就事件的标准如下。

① 你喜欢做这件事时体验到的感受。

② 你为完成它所带来的结果感到自豪，如果同时还获得了他人的认可和表扬则更好，不过这并不重要。

撰写成就事件的要素如下。

① 你想达到的目标。

② 事件中面临的障碍、限制、困难。

③ 你的具体行动步骤，你是如何一步步克服困难达成目标的。

④ 对结果描述，取得了什么成就。

⑤ 对结果的量化评估。

（2）请和两三个同学一起逐一进行分析讨论在事件中你使用了哪些技能，最后看看在这些事件中是否有重复出现的技能，它们就是你喜爱施展也擅长的技能。将这些技能按优先次序加以排列。

举例：制作 PPT 并在课堂上演示讲解课程内容。

这学期，我参加了院职业发展协会并在宣传部担任干事，筹备职业生涯规划大赛时要求用 PPT 进行作品演示讲解。在此之前，我没有学过如何制作 PPT。我请一个师兄教我 PowerPoint 软件的基本使用方法，我又在计算机机房练习了一下，并向机房的管理人员请教了几个问题。写好了我要讲的内容后，我上网搜索了相关的资料和图片，然后制作了 10 分钟的辅助讲演 PPT。由于我制作的 PPT 图片精美且文字与内容搭配适宜，我的演示获得了老师和同学们的一致好评。

学习用 PPT 制作课件所涉及的技能如下。

① 功能性能力：PPT 的制作方法。

② 可迁移的能力：快速学习，善于利用人际资源，寻求帮助，清晰的沟通，搜索信息，图片文字的处理、编辑和组织。

③ 适应性能力：面对新情况表现出很强的适应能力，敢于迎接挑战，积极主动，耐心，关注细节、克服压力。

请写下你的 3 个成就事件。

____

____

____

____

____

____

____

____。

活动三　学习因素自查

根据自己的实际情况填写表 6-1 并进行总结。

表 6-1　学习因素自评表

学习因素	序号	自评项目	评价等级			
			优	良	中	差
适应大学学习生活	1	学习				
	2	生活				
	3	人际关系				

续表

学习因素	序号	自评项目	评价等级			
			优	良	中	差
实现 3 个转变	1	学习目标				
	2	学习心态				
	3	学习方法				
建立学习观状况	1	学习能力超前观				
	2	自主学习观				
	3	个性化学习观				
	4	研究性学习观				
	5	终身学习观				
听课学习情况	1	课前预习				
	2	课后复习				
	3	记听课笔记				
	4	独立完成作业				
	5	归纳已学知识（点→线→网）				
	6	主动找老师答疑				
学习能力自我识别	1	形象思维能力				
	2	逻辑思维能力				
	3	辩证思维能力				
	4	分析能力				
	5	综合能力				
	6	表达能力				
	7	自控能力				
	8	自学能力				

以上 5 个因素中，对你而言，哪些情况较好，哪些情况较不好？

____

____

____

____

____。

活动四　注意力测试

（1）查看图 6-1 中的数字，找到尽量多的顺序数字。

（2）这个小测验是测试你在集中注意力时的记忆程度。如果你在 30 ~ 40 秒内就找到了 15 个顺序数字，那你在集中注意力时的记忆程度属于“优等”，大约只有 5% 的人有这样的能力；如果你用了 40 ~ 90 秒，则属于“一般”；如果你在 2 ~ 3 分钟内才找到，说明你可能注意力不易集中。

12 33 40 97 94 57 22 19 49 60
27 98 79 8 70 13 61 6 80 99
5 41 95 14 76 81 59 48 93 28
20 96 34 62 50 3 68 16 78 39
86 7 42 11 82 85 38 87 24 47
63 32 77 51 71 21 52 4 9 69
35 58 18 43 26 75 30 67 46 88
17 46 53 1 72 15 54 10 37 23
83 73 84 90 44 89 66 91 74 92
23 36 55 65 31 0 45 29 56 2

图 6-1　注意力测试

你的注意力足够集中？如果不够集中，为什么？

____

____

____

____

____。

活动五　时间管理四象限课堂实践

（1）用 10 ~ 15 分钟的时间，就今天（或明天）一天的时间，按照图 6-2 所示的时间管理四象限方法加以划分，填写在图 6-3 中。

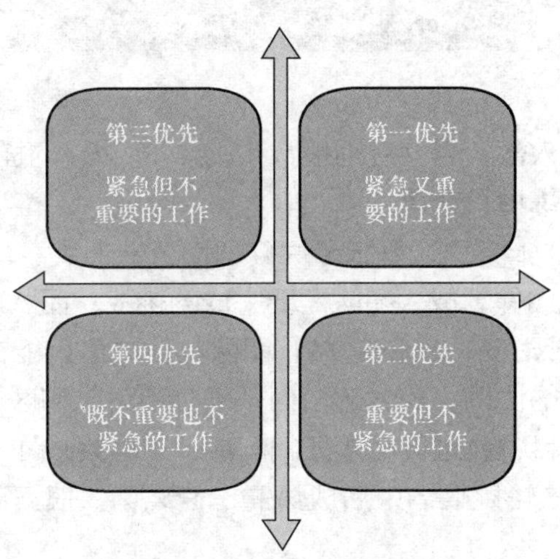

图 6-2　时间管理四象限

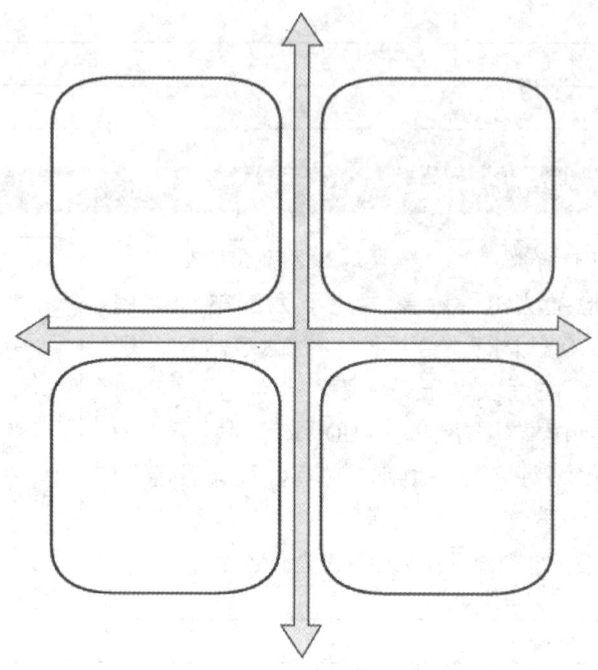

图 6-3 你的时间管理四象限

（2）与班上同学进行分享。你的感想是什么？应如何分配时间？

____。

活动六 极速 60 秒

1. 分组

报数分组。根据班级人数，男女分别报数 1、2、3、4，同样数字的学生分在一组。

2. 极速 60 秒拓展训练项目介绍

在固定的区域内有 30 张卡片，每张卡片分别代表一个数字，30 张卡片分别代表 1 ~ 30，卡片的形式由数字或图像组成。团队需要完成的挑战：团队成员需派一名代表到区域内收集卡片，收集必须按照 1 ~ 30 的顺序，团队其他成员只能在卡片固定区域的边缘对收集卡片的人进行语言上的协助，身体的任何一部分不可以和区域内的人或卡片接触，如违反规则，则在相应的项目中会进行有效惩罚，活动总共挑战 4 ~ 5 轮，每一轮最长挑战时间不得超过 60 秒，每一轮挑战结束后成员需迅速离场。根据活动现场人数分为两组或者更多组进行竞争挑战。

3. 活动的意义

（1）培养团队成员主动沟通的意识，体验有效的沟通渠道和沟通方法。

（2）沟通是什么？讲解单向传播与互相反馈的区别，明确沟通前提是换位思考。

（3）执行力是将信息或想法付诸实践并且需要得到良好的成果回报，明确团队的执行力是什么。

（4）面对困难的突破与挑战精神，学会分析事情以决定行动方向。

（5）明确自己在团队中的位置与重要性，以及本位工作的完成情况对团队的协助意义。

（6）培养学员科学系统的思维方式，增强全局观念，学会资源整合的重要性。

（7）在极少的时间下快速做好任务分配和资源整合。

请对自己和本组在此项活动中的表现做出点评。

____

____

____

____。

知识解析

第一部分 影响学习的心理要素

要点一 大学生学习的特点

在进入大学之后，无论是学习内容还是学习方式，都发生了很大的变化。大学生的学习特点主要有以下 4 个方面。

1. 大学学习的自主性

自主性是指在学习过程中，大学生主观能动作用的增强，改变了中学时代学生对老师的依从观念，完成从被动学习向主动学习的逐步转化。

无论在学习内容、学习时间还是学习方式上，大学学习都更强调个体在学习活动中承担的角色。中、小学时期的学习，以老师组织教学为主，而大学学习是以老师为主导、学生为主体进行的。因此，大学生的学习应带有一定的创造性，即学生不仅要懂得举一反三，还要能提出自己的独到见解，灵活应用所学的知识。

2. 大学学习的多元性

大学生学习的途径很多，课堂教学虽然仍是主要的学习途径，但已不像中学那样几乎是唯一的途径。除课堂教学以外，大学生可以通过多种渠道开展多方面的学习。例如，参加专题性讨论、社会调查、参观考察、查阅文献资料等，丰富多彩的教学和教辅活动为拓宽大学生的知识面提供了良好的条件。

3. 大学学习的专业性

大学是专业教育阶段。大学生的学习是在基本确定专业方向以后进行的，因此，其学习的职业定向性比较明确，即大学生的学习是为将来走上工作岗位并适应社会需要所进行的学习活动。

入校前后的一段时间内，大学生根据自己的兴趣、爱好及特长选择一定的专业。各专业之间在教学安排、课程设置、教学内容及培养目标上存在较大差异。大学生一旦选定了专业，确定了主攻方向，就必须对该专业的知识进行深入的了解和掌握，以满足学校培养专门人才目标的需要。当然，专业性不等于单一性，不等于大学生的学习必须拘泥于某一学科或专业，那样也无法达到很好的效果。因为学科之间是有联系的，是相互渗透的。因此，大学生必须在侧重学习本专业知识的同时，广泛涉猎各学科领域，才能扩大自己的知识面，实现“一专多能”，更好地满足社会对人才的需求。

4. 大学学习的探索性

大学的学习具有研究和探索的性质。大学的课堂教学已从阐述既定结论，逐步转变为介绍各学派理论的争论、最新学术动态等。学生的学习和思维慢慢从死记硬背、正确再现教学内容逐渐向汇集众家之长、确立个人见解的方向转变，其中高年级学生学习活动的探索性特点更为突出。

要点二 学习风格

学习风格是指人们在学习时所具有的或偏爱的方式，换句话说，就是学习者在研究和解决其学习任务时，所表现出来的具有个人特色的方式。

每个人在学习时总有一些个人的偏好和习惯，比如有的大学生喜欢自己独立学习，有的大学生喜欢小组学习方式；有的大学生早晨记忆力较好，有的大学生晚上记忆力较好。不同的学习者对不同的感官通道也有偏爱，或者有某些知觉优势。视觉型学习者喜欢通过图片、图表和实验演示来学习，听觉型学习者喜欢通过收听讲授、讨论来学习，动觉型学习者喜欢通过动手操作来学习等。

学习风格由赛伦首先提出。学习风格对于学习者的学习质量、学习效率有很大的影响。不同的国家，由于地域文化、教育制度的不同，学习风格大相径庭；即使是相同的地域及教育制度，不同的学习者也会有不同的学习风格。 学习风格的认知要素实质上是个体的认知风格在学习中的体现。所谓认知风格，也称认知方式，是指个体偏爱的信息加工方式，表现在个体对外界信息的感知、注意、思维、记忆和解决问题的方式上。

要点三 学习动机

学习动机就是激励学生进行学习活动的心理因素。它是直接推动学生进行学习的一种内部动力。学习动机是由学习行为激活和唤起的。学习动机强弱的标志主要是活动水平和指向性。

学生的学习动机，是由社会和教育所提示的要求转化为学生的需要时产生的。这种转化的过程，就是通过一定的舆论和教育手段，使外界的正确要求转化为学生的内部需要，形成学生自觉的求知欲和求成感，产生对学习内容的间接兴趣或直接兴趣。即将他的好奇心以及在社会生活中所获得的求胜心、个人兴趣等发动起来，形成学习积极性，这种积极性是和学习动机直接关联的，是学习动机的外部表现。

对学生的学习动机进行正确的鉴定与分类，是有效地培养与激发学生的学习动机，提高他们学习积极性的基础。但是，学生的学习动机内容和表现形式是复杂多样的。而且，在同一学生身上，往往存在多种动机。因此，了解学生的学习动机就不能只根据谈话或一些书面材料确定，需要采取多种形式和途径，特别要根据学生的学习态度、对学习任务的认识以及学习积极性、克服困难的情况等来判断。

要点四 学习的注意和感知状态

1. 学习的注意状态

根据个体产生和保持注意时有无目的及努力程度的不同，注意可分为无意注意、有意注意和有意后注意三种。

（1）无意注意

无意注意也称不随意注意，是指个体事先没有预定的目的，也不需要努力保持的注意。能否引起无意注意取决于刺激物的特点和个体自身的状态。

（2）有意注意

有意注意也称随意注意，它是指个体有预定目的，需要努力保持的注意。引起有意注意方法有以下几种：加深对活动目的、任务的理解，培养间接兴趣，合理地组织活动，坚强地与干扰做斗争，依从过去的经验。

（3）有意后注意

有意后注意也称随意后注意，是指个体有自觉的目的，但不需要努力保持的注意，故也称为随意后注意。有意后注意是注意的一种特殊形式。从特征上讲，它同时具有无意注意和有意注意的某些特征。无意后注意通常是由有意注意转化而成的。例如，个体在刚开始做一件事的时候，往往需要一定的努力才能把自己的注意保持在这件事上，但是在对事情发生了兴趣以后，就不再需要努力保持注意了，而这种注意仍是自觉的和有目的的。

2. 学生对教材的感知

学生学习知识，一般是从对教材的感知开始的。对教材的感知，就是通过各种感觉和知觉——观察有关事物、听取言语说明、阅读文字符号等，以获得丰富的感性知识的学习过程。从信息论的观点看，就是作用于感官的一切外在事物（包括语言、文字等）都是一个信息发射装置，而人的各种感官是信息的接收装置，不同的感官接收不同的信息，通过感知摄取知识，就是让各种信息进入学生的头脑，以获得大量的信息。

感性知识虽然只是对事物的外部特征的认识，但对学生掌握知识来说是很重要的基础。因为学生主要是学习书本知识，这些知识是前人实践经验的总结和概括，并且以词和概念的形式表现出来。学生只有在感性材料的基础上，经过自己大脑的加工才能掌握。如果缺乏感性知识，学生只能从字面上学到一些片面的知识，用巴甫洛夫的观点来说，第二信号系统必须建立在第一信号系统的基础上。所以在教学活动中正确地组织学生的感知，通过各种直观教学丰富学生的感性知识，对于提高教学质量是非常重要的。

要点五　学习中的疲劳和焦虑 

1. 疲劳

疲劳是人们连续学习或工作以后效率下降的一种现象，分生理的疲劳与心理的疲劳。心理疲劳并不是单纯由身体能量的消耗引起的，而是生理疲劳的主观感受，或是由于心理原因所致。比如没有兴趣或者情绪不佳，都会引起心理上对学习的厌倦或懈怠，表现为注意力涣散，感知、思维迟缓，反应迟钝，甚至情绪低下、忧虑等。

学习既是生理活动，也是心理活动，因此，它既受生理疲劳的影响，又受心理疲劳的影响。在许多情况下，又往往以后者较为显著。研究表明，凡是需要紧张注意、积极思维、加强记忆的学习活动都容易产生疲劳。实验研究表明，疲劳与学习效率成反向关系，即人越疲劳，学习效率越低。

预防学习疲劳的一些措施：防止过重负担，保证充足的休息和睡眠；建立与执行符合卫生要求的作息制度；培养学习动机与学习兴趣，改进学习方法；积极参加体育锻炼，适当注意休息和营养。

2. 焦虑

焦虑是指一个人的动机性行为遇到实际的或臆想的挫折而产生的消极不安的情绪体验状态。学习中的焦虑与学习的成功与失败、学习评定的体验紧密相关。焦虑是一种类似于担忧的反应，是对当前或预计到对自尊心有潜在威胁的任何情境有一种担忧的反应倾向。

高度的焦虑只有同高度的能力相结合才能促进学习；而高度焦虑同低能力或一般能力相结合则会抑制学习。因此，对大多数学生来说，适宜的是中等焦虑。

高度焦虑对于学生生疏或者需要随机应变的比较复杂的学习，具有抑制作用，因为面对这种情境，学生会产生过分恐慌的反应，固定的反应心向，以及慌乱的累积影响，造成一种丧失战斗力的威胁力量。有研究表明，高度焦虑之所以抑制问题的解决，主要由于它破坏了短时记忆过程。

高焦虑的人不如低焦虑的人那么有好奇心，那么需要新事物，他们表现得比较呆板。

3. 心理高原现象

高原现象是人到达一定海拔高度后，身体为适应因海拔高度而造成的气压差、含氧量少、空气干燥等的变化，而产生的自然生理反应。心理上一样有高原现象。学生在学习过程中，其学习成绩并不总是会直线上升。有时候到达一定的高度后会出现停滞甚至倒退的现象。这就是教育心理学里的“高原现象”。处于这一阶段的学生通常是成绩处于中上等的学生。他们在这个时期容易出现精神萎靡不振、食欲不振、失眠、听课效果差等现象。这个时期一旦管控不好就容易让学生失去进取的信心，甚至让原来的努力全部付诸东流。

形成这一现象的原因可能是学习动力不足、知识结构有局限性或者运用能力不够等。

学生在解决了大多数相对容易解决的知识点之后，剩下的都是对自己来说有一定难度的知识点，学习起来非常吃力，理解起来有困难，难以触类旁通。

解决这一问题的办法主要有以下5点。

（1）正确认识自己，找出原因。正如同跑马拉松运动员一样，学生要充分认识自己，持续给自己提振信心，增强自身意志力和耐挫力，以良好的心态克服学习“高原现象”。

（2）打牢基础。前期学习阶段有一些知识点掌握得不够牢固，其影响在前期表现得不明显，但到了较难的知识点上，基础不牢就容易地动山摇了。所以要抓紧时机做好梳理，不要问题成堆，有计划地清理欠债。

（3）集中精力。疲劳战通常来说并不是战胜敌人的最佳战术，合理地调配时间、调整精力，上课时保证听课质量，积极思维，及时解决问题，比持续疲劳作战的效果要好得多。

（4）更新方法。前期有效的方法在新的知识点、新的学习阶段不一定还能有效。学习方法要及时更新。

（5）适当放松。当自己觉得疲劳的时候，可以选择适当放松自己，例如参加一些有益的体育活动、听音乐等，转移一下注意力。

要点六　大学生的自我意识与社会心理因素对学习的影响

1. 大学生的自我意识

简单地讲，自我意识是对自己的外在（如形象、身体状况）和内在（能力、潜力、兴趣、需要与动机、道德品质和行为方式、性格与气质等）的自我评估或衡量。换句话说，是个人对自己生理和心理各方面的认识和评价，是涉及自己的认识。

大学生的自我意识对其日常行为影响较深。大学生中的“白日梦”现象及自大狂、自暴自弃均与不良自我意识有关，大学生对社会和学校生活的很多适应问题也由此产生。例如，一些在中学阶段作为家长的“掌上明珠”、老师的宠儿的大学生，在家备受照顾，在校因其成绩优秀而受到呵护，他们是大家的焦点，一向以自我为中心。结果他们一旦升入大学或进入社会，脱离特殊环境，便会发现自我意识与外界对自己的态度之间存在反差，大呼“世态炎凉，人情冷暖”。其实，社会从来如此，没有实质变化，问题出在过去曲解的自我导致难以合群和适应现实。

由此可见，学校和家庭应重视学生正确自我意识的形成和培养。要十分审慎地处理教育问题；脱离学生和社会实际的教育教学活动及其管理，“宽严皆误”。师长尤其要尽量客观地、恰如其分地评价学生，防止他们形成曲解的自我意识。

2. 社会心理因素对学习的影响

人毕竟具有社会性。学生的学习当然要受政治、经济、文化、社区和家庭环境的影响。上述因素对学习行为的影响可以通过老师行为得到调控，因为它们最后都要通过课堂和学校内的人际关系加以表现。人们从不同的角度对这些因素对学习过程和结果的影响加以研究。这里，着重分析父母对子女学习的影响。家庭为儿童早期生长与发育的主要物理、生理、心理与社会环境。布鲁姆、皮亚杰和布鲁纳等心理学家都对家庭对儿童成长的影响做过专门研究。父母为家庭的枢纽，是家庭对儿童的重大影响得以发挥的关键。

要点七　学习者的个别差异

除以上各要点提到的学习动机、注意和感知状况、自我意识等学生个人因素之外，学生的其他个别差异，如身体条件、性别、智力、潜力、学习方法、个性和学习准备状况对学习的影响都很大。虽然不能过分夸大学生个别差异，以免忽视共同教育需要的可能性，但上述差异的确经常是导致学习过程和结果差异的原因。

因材施教就是承认差别，设法在一对一的基础上对学生施行帮助，着眼于具体的学生，着眼于学生个体。

第二部分　大学生时间管理

要点一　时间管理方法

1. 计划管理

关于计划，有日计划、周计划、月计划、季度计划、年度计划。时间管理的重点是待办单、日计划、周计划、月计划。

待办单：将你每日要做的一些工作事先列出一份清单，排出优先次序，确认完成时间，以突出工作重点。要避免遗忘，避免半途而废，尽可能做到今日事今日毕。

待办单主要包括的内容：非日常工作、特殊事项、行动计划中的工作、昨日未完成的事项等。

待办单的使用注意：每天在固定时间制订待办单（一上班就做），只制订一张待办单，完成一项工作划掉一项，待办单要为应付紧急情况留出时间，最关键的一项，每天坚持。

每年年末做出下一年度工作规划；每季季末做出下一季工作规划；每月月末做出下月工作计划；每周周末做出下周工作计划

2. 时间管理的四象限法则

管理学家科维提出了一个时间管理的理论，把工作按照重要和紧急两个不同的程度进行划分，基本上可以分为 4 个“象限”：第一象限是“重要又紧急的事情”，第二象限是“重要但不紧急的事情”，第三象限是“不重要但紧急的事情”，第四象限是“不重要又不紧急的事情”。按照很多人的想法，肯定是做第一象限的事，因为它同时满足重要和紧急两个条件，这个没错，当这样的事情摆在我们眼前的时候，当然要去做。但是现在考虑的是另外一个问题，你的大部分时间用在了哪个象限里面，如果此时答案还是第一象限肯定就不对了，一个人如果大部分的时间都在做重要而又紧急的事情，那他应该有一定的地位，而且他很忙碌、很敬业、很勤奋、很重要，但是做事的效率却很低下。为什么会这样呢，因为他把大部分的时间都用在了所谓紧急的事情上面，但是这样的事情是无穷无尽的，永远也没有个完结，长此以往肯定会把一个人拖垮，不管他有多大的能耐。

最应该做的事情是第二象限的事情，重要但是不紧急，这样的事情往往容易被人忽略，被那些紧急的事情占掉时间，一旦长期忽略，总有一天他会变成重要又紧急的事情，到了那个时间就不得不去做了。其实越早处理重要又不紧急的事情，就越能够避免发生更多忙乱的情况，在还不紧急的情况下去处理重要的事情，往往可以更加从容，有更好的选择，结果也往往会更好。

3. 有效的时间管理

美国管理学者彼得·德鲁克认为，有效的时间管理主要是记录自己的时间，以认清时间耗在什么地方；管理自己的时间，设法减少非生产性工作的时间；集中自己的时间，由零星而集中，成为连续性的时间段。

4. 时间 ABC 分类法

将自己的工作按轻重缓急分为 A（紧急、重要）、B（次要）、C（一般）3 类，安排各项工作优先顺序，粗略估计各项工作时间和占用百分比；在工作中记载实际耗用时间；每日将计划时间与耗用时间对比，分析时间运用效率；重新调整自己的时间安排，更有效地工作。

5. 考虑不确定性

在时间管理的过程中，还需应对意外的不确定性事件，因为计划没有变化快，需为意外事件留时间。有 3 个预防此类事件发生的方法。第一是为每件计划都留有多余的预备时间。第二是努力使自己在不留余地又饱受干扰的情况下，完成预计的工作。这并非不可能，事实上，工作快的人通常比慢吞吞的人做事精确些。第三是另准备一套应变计划。迫使自己在规定时间内完成工作，对你自己的能力有了信心，你已仔细分析过将要做的事了，然后把它们分解成若干单元，这是正确迅速完成它们的必要步骤。

考虑到不确定性，在不忙的时候，把一般的必然要做的工作先尽快解决。

在工作中要很好地完成工作就必须善于利用自己的工作时间。工作是无限的，时间却是有限的。时间是最宝贵的财富。没有时间，计划再好，目标再高，能力再强，也是空的。时间是如此宝贵，但它又是最有伸缩性的，它可以一瞬即逝，也可以发挥最大的效力，时间就是潜在的资本。充分合理地利用每个可利用的时间，压缩时间的流程，使时间价值最大化。

6. GTD

GTD 是 Getting Things Done（完成每一件事）的缩写。

GTD 的具体做法可以分成收集、整理、组织、回顾与行动 5 个步骤。

（1）收集

收集就是将自己能够想到的所有的未尽事宜统统罗列出来，放入收件箱中，这个收件箱既可以是用来放置各种实物的实际的文件夹或者篮子，也可以是用来记录各种事项的纸张或掌上电脑。收集的关键在于把一切赶出你的大脑，记录下所有的工作。

（2）整理

将未尽事宜放入收件箱之后，就需要定期或不定期地进行整理，清空收件箱。将这些未尽事宜按是否可以付诸行动进行区分整理，对于不能付诸行动的内容，可以进一步分为参考资料、日后可能需要处理以及垃圾分类，而对可行动的内容再考虑是否可在 2 分钟内完成，如果可以则立即行动完成它，如果不行则对下一步行动进行组织。

（3）组织

组织是 GTD 中的核心步骤，组织主要分成对参考资料的组织与对下一步行动的组织。对参考资料的组织主要是一个文档管理系统，而对下一步行动的组织一般可分为下一步行动清单、等待清单和未来 / 某天清单。

等待清单主要是记录那些委派他人去做的工作；未来 / 某天清单记录延迟处理且没有具体的完成日期的未来计划、电子邮件等；下一步行动清单是具体的下一步工作，如果一个项目涉及多步骤的工作，那么需要将其细化成具体的工作。

GTD 对下一步行动清单的处理与一般的 to-do list 最大的不同在于，它做了进一步的细化，比如按照地点（如图书馆、宿舍、家里）分别记录只有在这些地方才可以执行的行动，而当你到达这些地点后也就能够一目了然地知道应该做哪些工作。

（4）回顾

回顾也是 GTD 中的一个重要步骤，一般需要每周进行回顾与检查，通过回顾及检查你的所有清单并进行更新，可以确保 GTD 系统的运作，而且在回顾的同时可能还需要进行未来一周的计划工作。

（5）行动

现在可以按照每份清单开始行动了，在具体行动中可能需要根据所处的环境、时间的多少、精力情况及重要性来选择清单，然后根据清单上的事项来行动。

要点二　大学学业规划

1984 年，在东京国际马拉松邀请赛中，名不见经传的日本选手山田本一出人意料地夺得了世界冠军。当记者问他凭什么取得如此惊人的成绩时，他说了这么一句话：“凭智慧战胜对手”。当时许多人都认为这个偶然跑到前面的矮个子选手是在故弄玄虚。马拉松赛是体力和耐力的运动，只要身体素质好又有耐性就有望夺冠，爆发力和速度都还在其次，说用智慧取胜确实有点勉强。两年后，意大利国际马拉松邀请赛在意大利北部城市米兰举行，山田本一代表日本参加比赛。这一次，他又获得了世界冠军。记者又请他谈经验。山田本一性情木讷不善言谈，回答的仍是上次那句话：“用智慧战胜对手”。这回记者在报纸上没再挖苦他，但对他所谓的智慧迷惑不解。10 年后，这个谜终于被解开了，他在他的自传中是这么说的：“每次比赛之前，我都要乘车把比赛的线路仔细地看一遍，并把沿途比较醒目的标志画下来，比如第一个标志是银行，第二个标志是一棵大树，第三个标志是一座红房子……这样一直画到赛程的终点。比赛开始后，我就以百米的速度奋力地向第一个目标冲去，等到达第一个目标后，我又以同样的速度向第二个目标冲去。40 多千米的赛程，就被我分解成这么几个小目标轻松地跑完了。起初，我并不懂这样的道理，我把我的目标定在 40 多千米外终点线上的那面旗帜上，结果我跑到十几千米时就疲惫不堪了，我被前面那段遥远的路程给吓倒了。”

西方有句谚语：“罗马不是一天建成的”。做好自我探索和职业规划后，那么你就应该早点为将来的职业做好准备，特别是做好阶段目标分解和行动实施方案。大学生涯是人一生中最为关键的阶段。从入学的第一天起，为了在学习中享受到最大的快乐，大学生就应当对大学 4 年的学习有一个正确的认识和规划。

1．大一探索期

大一这一年，要树立怎样上大学、如何利用大学的观念，这是思维方式层面的问题，是第一位的，会影响日后的大学生活。打好基础，英语、计算机、专业基础课程，基础知识很简单也很枯燥，但万丈高楼平地起。

从职业规划发展的角度来讲，大学一年级应了解自己的兴趣、性格、职业技能和职业倾向，为确定职业目标奠定基础。如果自己尚不明确，可以利用相关测评工具帮助自己进行自我认知。

2．大二定向期

大学二年级处于大学职业生涯中的定向期。这一阶段，大学生的角色转换已顺利完成，对大学生活也已经基本适应。经历了一年的大学生活之后，大学生对自己有了一个较为全面客观的了解。在大学二年级中，大学生对社会环境、社会需求、所学专业、职业方向等方面会有较为详尽的了解。这时大学生需要结合对自我和环境的了解情况，根据社会对未来职业发展的要求，确定自己未来职业的发展方向，围绕未来职业发展方向建立合理科学的知识结构，培养相应的能力。

能力往往是从实践活动中得来的，理论知识储备之后，就需要大量参与相关的社会实践，以检验自己、塑造自己和找到下一步要弥补的差距。

3．大三提升期

大学三年级是大学生涯规划的分化期，这一时期的重点是确立未来职业目标，完善提高各项实践能力，提升自我职业素养。

同学们可以通过生涯人物访谈、实习等方式深入了解职业。从行业、专业出发，就会发现与之对应的职业，职业确定后岗位就会凸现，然后了解职业资格证书，根据岗位需求去考取相应的证书。

4．大四冲刺期

对很多大四学生来说，大四的关键词就是实习与求职。因为毕业之后要进入职场，所以大学生开始尝试了解职场，看看工作之后都是什么样的，都要具备什么样的素质。求职，就要确定求职目标，此时，大学生要根据以往 3 年的努力，根据所确定的行业、职业和个人倾向性确定一些毕业后求职的单位，然后逐个单位进行调查、分析，最后确定几个非常想去的单位。

在了解职场和企业的过程中，会发现自己从一个学生到职员之间的巨大差距，这样素质提升就要提上日程了，在大四上学期最好拿出一段时间去补充提升职业素质，这样为日后的求职做好准备。再根据以前的准备，针对企业、岗位撰写简历，然后投递，为入职迈出第一步。

要点三 时间管理的基本程序

时间管理的基本程序如下。

1. 评估

评估包括评估时间利用情况、浪费时间的情况以及个人的最佳工作时间。

2. 计划

（1）制订具体工作目标。

（2）选择有效利用时间的方法与策略。

（3）列出时间安排表。

3. 实施时间计划的注意事项

（1）集中精力。

（2）学会“一次性处理”或“即时处理”。

（3）关注他人时间。

（4）有效控制干扰。

（5）提高沟通技巧。

（6）处理好书面工作。

4. 评价

评价时间安排是否合理有效、活动主次是否分明、有无时间浪费情况。

第三部分 我的生涯我做主

要点一 什么是职业

职业一词，不同于工作，它更多的是指一种事业。因此，职业问题不是简单的工作问题。就职业一词的本意而论，它至少包括两个方面的含义：首先，职业体现了专业的分工，没有高度的专业分工，也就不会有现代意义上的职业观念，职业化意味着要专门从事某项事务；其次，它体现了一种精神追求，职业发展的过程也是个人价值不断实现的过程，职业要求个人对它有较高的忠诚度。

要点二 什么是生涯

“生涯”的英文是“career”，该词在英语中常被用来指代马上驰骋，暗含有未知、冒险精神等。而在汉语当中，生涯一词原指生命的边际、限度，现在一般意指从事某种活动或职业的生活，指赖以维持生活的产业、财物。

要点三　什么是职业生涯规划

从时间的角度来说，“职业生涯规划”最早起源于美国。1908 年，有“职业指导之父”之称的帕森斯针对大量年轻人失业的情况成立了波士顿职业局，首次提出职业指导的概念。这也成了职业指导开始系统化的标志。20 世纪五六十年代，美国职业规划大师舒伯提出了生涯发展阶段理论，为了综合阐述生涯发展阶段与角色彼此间的相互影响而描绘出了“生涯规划彩虹图”（见图 6-4），使生涯规划变得更加立体化。

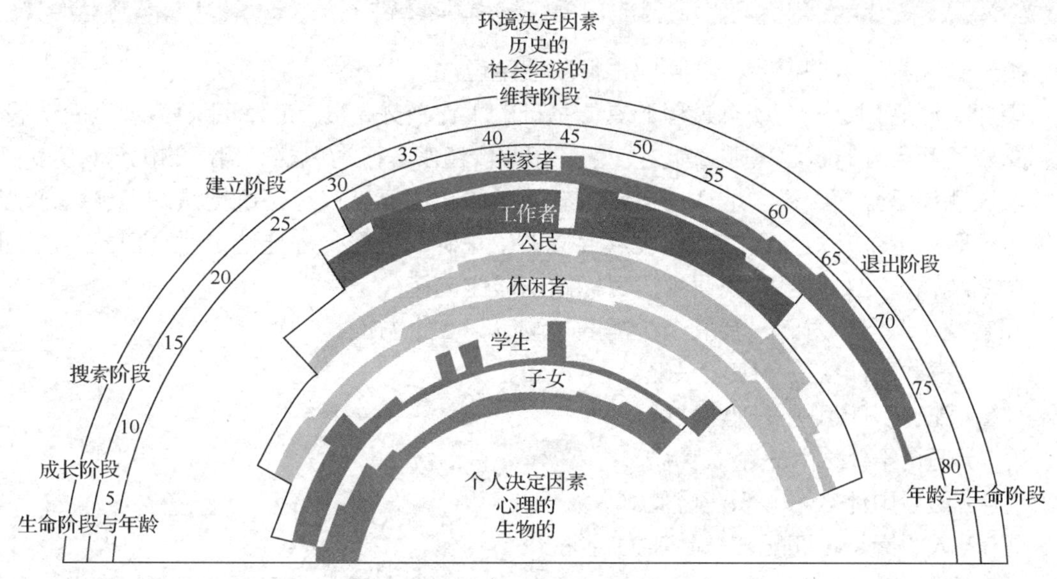

图 6-4　生涯规划彩虹图

美国从 20 世纪 70 年代即开始推行从幼儿园到大学全覆盖的生涯规划教育。从概念来说，职业生涯规划是指客观认知自己的能力、兴趣、个性和价值观，发展完整而适当的职业自我观念，个人发展与组织发展相结合，在对个人和内部环境因素进行分析的基础上，深入了解各种职业的需求趋势以及关键成功因素，确定自己的事业发展目标，并选择实现这一事业目标的职业或岗位，编制相应的工作、教育和培训行动计划，确定基本措施，高效行动，灵活调整，有效提升职业发展所需的执行、决策和应变技能，使自己的事业得到顺利发展，并获取最大限度的事业成功。

职业生涯规划既包括个人对自己进行的个体生涯规划，又包括企业对员工进行的职业规划管理体系。职业生涯规划可以使个人在职业起步阶段成功就业，在职业发展阶段走出困惑，实现自己的职业目标。

要点四　为什么要进行职业生涯规划

如果把一个人的职业生涯比作一次旅行，那么出发之前最好先设定旅游线路，这样既不会错过梦想已久的地方，也不会历经千辛万苦却来到并不喜欢的景点。

做好个人的职业生涯发展规划后，在职业发展的道路上，会有很多因素影响个人的职业发展，其中最重要的应当是自身对职业的选择。如何降低职业上最大的风险也是个人职业规划需要考虑的问题。如甘于现状、不思进取这样的问题是要靠更新知识结构、转换思维模式来解决的。因此，彭玉冰博士强调，个人对职业的选择可以直接导致自己的职业生涯发展道路发生根本性的改变。

每个人的职业生涯规划，每个人的过去、现在和未来，大家都必须积极面对，无从回避。

要点五　职业生涯规划实战指南 

第一步：客观认识自我，准确地进行职业定位。

职业生涯规划是一个动态过程，其最基础的工作首先是要知己，即要客观全面认清自我，充分了解自己的职业兴趣、能力结构、职业价值观、行为风格、自己的优势与劣势等，人才素质测评是全面、科学地认识自我的有效手段和工具。只有正确地认识自己，才能准确地进行职业定位并对自己的职业发展目标做出正确的选择，才能选定适合自己发展的职业生涯路线，才能对自己的职业生涯目标做出最佳选择。

在客观认识自我方面，我们至少需要了解以下 5 个方面。

（1）喜欢干什么——职业兴趣。

（2）能够干什么——职业技能。

（3）适合干什么——个人特质。

（4）最看重什么——职业价值观。

（5）人、岗是否匹配——胜任力特征。

正确自我认识越来越受到各界的关注，哈佛大学的入学申请要求必须剖析自己的优缺点，列举个人兴趣爱好，还要列出 3 项成就并做说明，从中可见一斑。

第二步：评估职业机会，知己知彼。

每一个人都处在一定的社会环境之中，离开了这个环境，便无法生存与成长。只有对这些环境因素充分了解，才能做到在复杂的环境中避害趋利，使你的职业生涯规划具有实际意义。

除了要正确客观地认识自我，还必须了解各种职业机会，尤其是一些热门行业、热门职位对人才素质与能力的要求。深入地了解这些行业与职位的需求状况，结合自身特点评估外部就业机会，才能选择可以终生从事的理想职业。

第三步：择优选择职业目标和路径。

职业生涯规划的核心是制订自己的职业目标和选择职业发展路径，通过前面两个步骤，我们对自己的优势和劣势有了清晰的判断，对外部环境和各行各业的发展趋势与人才素质要求有了客观的了解，在此基础上制订符合实际的短期目标、中期目标与长期目标。

职业目标的选择正确与否，直接关系到人生事业的成功与失败。据统计，在选错职业目标的人当中，超过 80% 的人在事业上是失败者。正如人们所说的“女怕嫁错郎，男怕入错行”。由此可见，职业目标选择对人生事业发展非常重要。正确的职业选择至少应考虑以下几点：兴趣与职业的匹配、性格与职业的匹配、特长与职业的匹配、价值观与职业的匹配、内外环境与职业相适应。

职业目标确定后，向哪一条路线发展，此时要做出选择。是向行政管理路线发展，还是向专业技术路线发展，又或是先走技术路线，以后再转向行政主管路线？在具体的岗位方面也需要做出选择：行政管理？市场营销？技术研发？服务支持？……发展路线不同，对职业发展的要求也不相同。因此，在职业生涯规划中，必须做出最适合自己的抉择，以便使自己的学习、工作以及各种行动措施沿着自己的职业生涯路线或预定的方向前进。

第四步：终生学习，高效行动。

在确定了职业生涯目标后，行动便成了关键的环节。没有达成目标的行动，目标就难以实现，也就谈不上事业的成功。这里所指的行动，是指落实目标的具体措施，主要包括工作、训练、教育、轮岗等方面的措施。例如，为达成职业目标，在工作方面，你计划采取什么措施来提高你的工作效率？在业务素质方面，你计划学习哪些知识，掌握哪些技能，以提高你的业务能力？在潜能开发方面，采取什么措施开发你的潜能？等等。这些都要有具体的计划与明确的措施，并且这些计划要特别具体，以便于定时检查。

彼得·圣吉在《第五项修炼——学习型组织的艺术与实践》一书中说，企业未来唯一持久的竞争优势是比竞争对手学习得更快和更好，个人也是一样。我们现在的时代是终身学习的时代，要取得事业上的成功，重要的是要不断更新知识、提升能力，才能保持自己的职业竞争力，逐步达到自己设定的职业目标。

第五步：与时俱进，灵活调整。

影响职业生涯规划与发展的因素诸多。有的变化因素是可以预测的，而有的变化因素难以预测。在此状况下，要使职业生涯规划行之有效，就须不断地对职业生涯规划进行评估与调整。调整的内容包括职业的重新选择；职业生涯路线的选择；人生目标的修正；实施措施与计划的变更等。

职业发展过程中理想与现实的脱节几乎人人都会碰上，对职业人来说，有些是致命的，有些却能通往另一条路。发生这种情况时，最不可取的态度是急于求成，消极对待当前工作，正确的做法是稳定中求发展。

当然，事在人为，再出色的职业生涯规划也取代不了个人的主观努力。职业生涯规划的目的是建立目标、树立信心，职业生涯规划只是走向成功的必要手段，能否成功则主要取决于个人的努力。

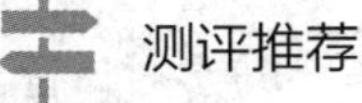

一、学习动机自我测试量表

该量表主要帮助你了解自己在学习兴趣、学习动机、学习目标上是否存在困扰。请你实事求是地回答。

	是	否
1. 如果别人不督促你，你极少主动学习。	(　)	(　)
2. 你一读书就觉得疲劳和厌烦。	(　)	(　)
3. 当你读书时，需要很长时间才能提起精神。	(　)	(　)
4. 除了老师指定的作业外，你不想再多看书。	(　)	(　)
5. 学习上如有不懂的，你不会设法弄懂它。	(　)	(　)
6. 你希望自己不用花太多的时间在成绩上就能超过别人。	(　)	(　)
7. 你迫切希望自己在短时间内就能大幅度提高学习成绩。	(　)	(　)
8. 你常常为短时间内没能提高成绩而烦恼不已。	(　)	(　)
9. 为了及时完成某项作业，你宁愿废寝忘食、通宵达旦。	(　)	(　)
10. 为了把功课学好，你放弃了许多感兴趣的活动。	(　)	(　)
11. 你觉得读书没意思，想尽早找工作。	(　)	(　)
12. 你常认为课本上的基础知识没什么好学的，只有看高深的理论，读大部头作品才有意义。	(　)	(　)
13. 你只在喜欢的科目上花费精力，对不喜欢的科目则放任不管。	(　)	(　)
14. 你花在课外读物上的时间比花在教材上的时间要多得多。	(　)	(　)
15. 你把自己的时间平均分配在各科上。	(　)	(　)
16. 你给自己定下的学习目标，多数因做不到而放弃。	(　)	(　)
17. 你几乎毫不费力就实现了你的学习目标。	(　)	(　)
18. 你总是同时为实现几个学习目标忙得焦头烂额。	(　)	(　)

19. 为了对付每天的学习任务，你已经感到力不从心。

( ) ( )

20. 为了实现一个大的目标，你不再给自己制定循序渐进的小目标。

( ) ( )

评分标准

上述 20 个题目分为 4 组：1 ~ 5 题用于测查你的学习动机是否太弱，6 ~ 10 题用于测查你的学习动机是否太强，11 ~ 15 题用于测查你的学习兴趣是否存在困扰，16 ~ 20 题用于测查你在学习目标上是否存在困扰。每个题目的答案若肯定记 1 分，若否定记 0 分。

结果解释

假如你在某组中的得分在 3 分以上，则可认为你在该问题上存在一些困惑，需要提高自己的学习欲望，调整学习状态，改善学习方法。

二、考试焦虑度的自我测试

你考试时感到焦虑吗？如果有，是什么程度？请自我测试一下。

下面有 33 道题，每道题都有 4 个备选答案：A—很符合自己的情况，B—比较符合自己的情况，C—较不符合自己的情况，D—很不符合自己的情况。请根据自己的实际情况，选出相应答案，每题只能选择一个答案。

1. 在重要的考试前几天，我就坐立不安了。( )
2. 临近考试时，我又拉肚子了。( )
3. 一想到考试即将来临，我身体就会发僵。( )
4. 在考试前，我总感到苦恼。( )
5. 在考试前，我会感到烦躁，脾气变坏。( )
6. 在紧张的复习期间，我常会想："这次考试要是考不好该怎么办？"( )
7. 越临近考试，我的注意力越难集中。( )
8. 一想到马上就要考试了，参加任何文娱活动我都感到没劲。( )
9. 在考试前，我总预感到这次考试考不好。( )
10. 在考试前，我常做关于考试的梦。( )
11. 到了考试那天，我就不安起来。( )

12. 当听到开始考试的铃声响了，我的心马上紧张起来。（ ）

13. 遇到重要的考试，我的脑子就变得比平时迟钝。（ ）

14. 看到考试题目越多、越难，我越感到不安。（ ）

15. 在考试中，我的手会变得冰凉。（ ）

16. 在考试时，我感到十分紧张。（ ）

17. 一遇到很难的考试，我就担心自己考不及格。（ ）

18. 在紧张的考试中，我却会想些与考试无关的事情，注意力集中不起来。（ ）

19. 在考试时，我会紧张得连平时记得滚瓜烂熟的知识一点也回忆不起来。（ ）

20. 在考试中，我会沉浸在空想之中，一时忘了自己是在考试。（ ）

21. 在考试中，我想上厕所的次数比平时多。（ ）

22. 在考试时，即使不热，我也会浑身出汗。（ ）

23. 在考试时，我紧张得手发僵，写字不流畅。（ ）

24. 在考试时，我经常会看错题目。（ ）

25. 在进行重要的考试时，我的头就会痛起来。（ ）

26. 发现剩下的时间来不及做完全部考题，我就急得手足无措、浑身大汗。（ ）

27. 如果我没考好，家长或老师会严厉地指责我。（ ）

28. 在考试后，我发现自己懂得的题没有答对时，就十分生自己的气。（ ）

29. 有几次在重要的考试之后，我腹泻了。（ ）

30. 我对考试十分厌烦。（ ）

31. 只要考试不记成绩，我就会喜欢进行考试。（ ）

32. 考试不应当在像现在这样的紧张状态下进行。（ ）

33. 不进行考试，我能学到更多的知识。（ ）

评分标准

按照A、B、C、D分别记3、2、1、0分的规则计算，算出你的总分。参照表6-2，可以知道你的考试焦虑水平。

表 6-2

总分	焦虑水平
0 ~ 24 分	镇定
25 ~ 49 分	轻度焦虑
50 ~ 74 分	中度焦虑
75 ~ 99 分	重度焦虑

结果解释

（1）如果你的焦虑水平处于“镇定”水平，说明你是以轻松的态度来对待考试的。若你的分数特别低，说明你对考试采取了不在乎的态度。

（2）如果你的焦虑水平处于“轻度焦虑”水平，说明你面对考试比较激动，已经产生了焦虑的感觉。不过不必担心，这是正常现象。因为低水平的焦虑有助于大脑的兴奋和高效率地工作，也有助于考试成绩的提高。只要把焦虑感控制在低水平和很短时间之内，是不会影响人的心理健康的。

（3）如果你的焦虑水平处于“中度焦虑”水平，说明你面临考试时，心情过于激动，焦虑感过高。以这样紧张的心境去参加考试，势必难以发挥你的实际水平。并且你的神经系统功能可能有些紊乱，复习时注意力分散，到了考试期间便处于惶惶不安之中，对你的身心健康已经有所损害。你应当设法降低自己的考试焦虑水平，防止神经功能进一步恶化，以免形成慢性的神经性焦虑症。

（4）如果你的焦虑水平处于“重度焦虑”水平，你可能已经患上了“考试焦虑症”。这是一种神经性焦虑症。你对考试的害怕和担心已经形成了恶性的条件反射，每当考试来临时就会不由自主地产生莫名其妙的恐惧感。即使是一些十分容易、你完全有把握考好的考试，你也会因为焦虑感无法控制而失败。建议你尽早采取措施加以改善。

第七章 大学生情绪管理与压力应对

真实案例

张某，女，23 岁，大四学生，父母为农民，家庭贫困。张某成绩较好，个性内向，与同学关系尚可。父母对其要求严格，把所有希望放在她身上，希望她通过读书来改变自己及整个家庭的命运。由于家庭贫困，每次开学前到处向亲戚借钱凑学费使她备受煎熬。周围的同学对她其实很友善，但她就是感到自卑、压抑，有时想到父母为自己花去积蓄并借钱供她读书，心里就很酸楚，想通过取得好的成绩报答父母。但她却从未考取过年级第一名，于是觉得自己比不上优秀的同学，也不愿参加集体活动，情绪越来越低落。

同学们，你们是怎么看待的呢？这个同学因为家庭贫困产生了一定的自卑心理，周围的同学对她很友善，她却觉得低人一等，希望通过学习成绩来证明自己，一定要考第一名报答父母，一旦达不到期望就悲观失望，自我贬低，甚至不愿意与人相处。这类同学需要调整认知，减少消极情绪，努力转化为积极情绪，从而促进行为改变。

活动体验

活动一　变脸表情包

1. 活动准备

写有喜、怒、哀、惧等字样的卡片，手机或相机一部。

2. 活动步骤

（1）每一位同学上台抽签（喜、怒、哀、惧 4 种基本情绪），表演对应的情绪。

（2）安排一人，用手机或相机拍下变脸表情包。

（3）评选最生动的变脸表情包，获得小奖励。

3. 活动体验

人们不同的表情和其他一些表现往往对应不同的情绪，你对于这一点有什么看法呢？

____

____

____

____。

活动二 心有千千结

1. 活动准备

分小组开展，每组不超过 8 人为佳。

2. 活动步骤

（1）相互牵手，记住自己左右手所牵的成员。

（2）松开双手，成员在圈内自由走动。

（3）老师叫停后，成员找到自己之前左手所牵的同学的右手和右手所牵的同学的左手，牵手后形成一个复杂的队形。

（4）小组成员共同努力恢复到最初的圆环队形。

3. 注意事项

要求在活动过程中不能松手，切记安全。活动结束后要分享感受。

4. 活动体验

谈谈感想，如谁的贡献最大、谁最有力量、“结”没有解开的感受。可以引导到对于“心结”、对于情绪的感受。

____

____

____。

活动三 “生化危机”

1. 活动步骤

（1）活动开始前，全班同学围成一圈，并且闭上眼睛，老师在由学生组成的圈外走几圈。然后拍一下某个学生的后背，确定“愤怒情绪源”，注意尽量不要让第三者知道这个情绪源是谁。

（2）学生们睁开眼睛，各自散开，假设现在是一个聚会，大家可以在屋里任意交谈，并尽可能多和其他人交流。

（3）情绪源的任务就是通过非言语动作将愤怒的情绪传递给屋内的其他 3 个人，而任何一个获得这种信息的人都要将自己当作已经受到愤怒情绪感染的人，一旦被感染，他的任务就是向另外 3 个人传达愤怒的情绪。

（4）5 分钟以后，全班同学都坐下来，让情绪源站起来，接着是那 3 个被他传染的，再然后是被那 3 个人传染的，直到所有被传染的人都站了起来，你会惊奇情绪传染的可怕性。

2. 活动体验

情绪往往是具有很强传染性的，你怎么看待情绪的传递呢？

活动四 风中劲草

1. 活动准备

分小组开展活动，每组不超过 8 人为佳。

2. 活动步骤

（1）8 名学生围成一个向心圆，双掌向前推，“草”（一位学生）则站在圆中央，做“草”的学员要双手抱在胸前，并拢双脚，闭上眼睛，身体绷直向后倒下去。

（2）倒下之前，“草”要问：“我要倒下去了，你们准备好了没有？”当全体学生回答“准备好了”时，“草”可以选择任何方向倒下去。“草”倒向哪个方向，站在那个方向的学生就要在“草”即将倒在自己身上时，伸出双手把“草”轻轻推向另一个任意方向，注意用力不要太猛。

（3）“草”倒的整个过程中不能移动脚或双脚分开，就像一个“不倒翁”的样子。

（4）每个人都体验一次“草”。

3. 注意事项

提醒学生本活动的风险，过程中避免喧哗打闹。

4. 活动体验

在活动中，你作为一棵“草”，有什么体验？如果把“风”比作外界的压力，你又如何应对呢？

活动五 情绪诊疗所

1. 活动准备

分小组开展活动，每组不超过 8 人为佳。每组准备白纸、中性笔。

2. 活动步骤

（1）以小组为单位，每组给自己的诊所起个好听的名字。

（2）小组成员分工要明确，要有“情绪诊所所长”“心理医生”“诊所发言人”“诊所小秘书（即执笔人）”和“心理小参谋”等。

（3）每组针对下述病症自选两个，由“心理医生”提出治疗方案，“诊所小秘书”做好记录，“诊所发言人”进行发言，“心理小参谋”可以补充发言。

病人1：“考试成绩公布了，我没达到预期的目标，回家又要挨骂了，其实我平时也努力呀，真烦！”

病人2：“今天老师说我作业马虎，没按要求完成，需要重做，又要熬夜补作业了，哼。”

病人3：“瞧，我们天天都是这样，作业似乎总做不完，生活真的太没趣了。”

病人4：“我有恐惧症，一见到老师我就躲，一到考试我就慌。”

（4）各小组准备好记录和发言。比一比哪个“情绪诊疗所”的方法好、办法多。

3. 活动体验

你们的治疗方案是什么呢？

____

____

____

____。

你如何看待情绪的缓解和引导？

____

____

____

____。

活动六　“演员”的诞生

1. 活动准备

分小组开展，每组不超过8人为佳。

2. 活动步骤

全班同学分成多组，每组在15分钟内排练一场心理剧，要求如下。

（1）主题：与情绪相关。

（2）剧本时长：5分钟以上。

（3）要求：风格不限，鼓励原创，倡导积极向上。

3. 活动体验

你们组的剧本内容大致是什么呢？

____

____

____

____

____。

通过表演你的感受是什么呢？

____

____

____

____

____。

知识解析

第一部分 情绪与情感

要点一 情绪与情感概述

情绪与情感是人们心理活动的一个重要方面，产生于认识和活动的过程中，并影响认识和活动的进行。概括地说，情绪与情感是人对客观事物是否满足自身需要而产生的态度体验。当代心理学家将情绪界定为一种躯体和精神上的复杂的变化模式，包括生理唤醒、感觉、认知过程及行为反应。

人们在进行认识活动的过程中，总要和客观事物发生联系，并对它们产生不同的态度，这种态度以带有独特色彩的体验表现出来。例如，考试取得好成绩使人感到轻松，遭人打骂会感到愤怒，失去亲人则令人痛苦，处境危急使人感到焦虑。这些喜、怒、悲、惧等情绪，都是带有独特色彩的态度体验，是由人对事物的不同态度而决定的。

客观事物是否符合和满足人们的需要可以极大地影响人们对它的态度。能够满足人的需要或符合人的愿望的事物，将引起积极的体验，如愉快、喜悦、满意、爱慕等；反之，则使人产生否定的态度，如不愉快、愤怒、憎恨、恐惧、悲哀等。然而，即使是同一件事物，由于不同人的需求不一样，引起的内心体验也不同。例如，同是一轮圆月，情侣看到它时，体会到愉悦、爱慕的美好情感，而游子却被勾起不尽的思乡愁绪。此外，一件事物也可以令人产生诸如百感交集、悲喜交加等复杂甚至矛盾的情感和情绪体验。

要点二 情绪与情感的关系 

情绪与情感是主体对客观世界的一种特殊的反映形式。一般来说，可以把区别于认识活动并与人的特定需要相联系的感情性反应统称为感情。所以，无论情绪或情感，均指同一过程和同一现象。不同的场合使用情绪、情感，指的是同一过程、同一现象所侧重的不同方面。

1. 情绪

情绪代表感情性反应的过程。无论动物或人类，感情性反应的发生都是大脑的活动过程或个体特定反应模式的发生过程。从这个意义上说，情绪概念既可用于人类，也可用于动物。

2. 情感

情感经常被用来描述具有稳定而深刻的社会含义的高级感情。它所代表的感情内容，诸如对集体的荣誉感、对事业的热爱、对美的欣赏，不是指其语义内涵，而是指对这些事物的社会意义在感情上的体验。

情绪包含情感，受已形成情感的制约，是情感的外在表现。情感是在情绪的基础上产生的，进而发展为情绪的深层核心，它通过情绪得以实现。新的情绪蓄积又促成情感的衍变，二者相互依存、相互制约、相互发展。心理学对感情性反应的研究，侧重其发生、发展的过程和规律，因此较多使用情绪这一概念。

情绪与情感同属于感情性心理活动的范畴，是同一过程的两个方面。情感是对感情性过程的体验和感受，情绪是这一体验和感受状态的活动过程。从情感和情绪所具有的品性看，情绪一般不稳定，波动较大；而情感则较为稳定，能持续较长时间，甚至可以伴随和影响人的一生。

要点三 情绪的分类

1. 基本情绪

基本情绪，是人和动物共有的，不学而会的，又叫原始情绪，有文化共通性。

情绪本身十分复杂，要对其进行准确分类是很困难的，长期以来说法不一。我国古代有喜、怒、忧、思、悲、恐、惊的七情说。现代心理学一般将情绪分为基本情绪和继发性情绪。

美国心理学家普拉切克提出了 8 种基本情绪：悲痛、恐惧、惊奇、接受、狂喜、狂怒、警惕、憎恨。还有心理学家提出了 9 种类别。虽然类别很多，但一般认为有 4 种基本情绪，即快乐、愤怒、恐惧和悲哀。

（1）快乐是指一个人盼望和追求的目的达到后产生的情绪体验。由于需要得到满足，愿望得以实现，心理的急迫感和紧张感解除，快乐随之而生。快乐有强度的差异，从愉快、兴奋到狂喜，这种差异和所追求的目的对自身的意义以及实现的难易程度有关。

（2）愤怒是指所追求的目的受到阻碍，愿望无法实现时产生的情绪体验。愤怒时紧张感增加，有时不能自我控制，甚至出现攻击行为。愤怒也有程度上的区别，一般的愿望无法实现时，只会感到不快或生气，但当遇到不合理的阻碍或恶意的破坏时，愤怒会急剧爆发。这种情绪对人的身心的伤害也是明显的。

（3）恐惧是企图摆脱和逃避某种危险情景而又无力应对时产生的情绪体验。所以，恐惧的产生不仅仅由于危险情景的存在，还与个人排除危险的能力和应对危险的手段有关。一个初次出海的人遇到惊涛骇浪或者鲨鱼袭击会感到恐惧无比，而一个经验丰富的水手对此可能已经司空见惯，泰然自若。婴儿身上的恐惧情绪表现较晚，可能与其对恐惧情景的认知较晚有关。

（4）悲哀是指心爱的事物失去时，或理想和愿望破灭时产生的情绪体验。悲哀的程度取决于失去的事物对自己的重要性和价值。悲哀时带来的紧张的释放，会导致哭泣。当然，悲哀并不总是消极的，它有时能够转化为前进的动力。

人类这些最基本的情绪与动物的情绪表现有本质的不同。因为即使是人的生理性需要，也打上了社会的烙印，人们不再茹毛饮血，满足吃、喝、住、穿的需要也会考虑适当的方式和现有的社会条件。

其他情绪都是在 4 种基本情绪的基础上混合派生出来的。一个人只有拥有了复杂的情绪，他才是鲜活的。正是因为复杂多变的情绪，才诞生了复杂且多彩的人类生活。

2. 继发性情绪

与基本情绪相对应，继发性情绪是人类在进化过程中经过认知与处理所形成的次级情绪，是对基本情绪所产生的反应，主要是为了调节基本情绪。个体 3 岁以后的情绪反应被赋予很多社会意义，会影响个体的持续认知。

要点四 情绪的基本状态

基本的情绪状态包括心境、激情和应激 3 种。

扫一扫

情绪的功能

（1）心境是具有渲染性、持久、微弱而又具有持续作用的情绪状态。愉快或不愉快的心境一旦出现，就成为人们心理活动的背景，从而产生积极的或消极的影响。

（2）激情是短时间的、强烈爆发的情绪状态，通常由一个人生活中的重大事件、对立意向的冲突、过度的抑制或兴奋等所引起。

（3）应激是指由出乎意料的，对人产生威胁的紧张情况所引起的情绪体验。

要点五 情绪的相关理论

1. 詹姆斯—兰格理论

有些人认为情绪激发行动，我们哭泣是因为难过，逃跑是因为害怕。詹姆士—兰格理论则给出相反的解读：刺激引发自主神经系统的活动，产生生理状态上的改变，生理上的反应导致了情绪。一些实验支持了这一理论，例如人为操纵受试者的表情，受试者可以感受到相应的情绪。这些实验也被应用在治疗中，例如大笑疗法、舞蹈疗法。

詹姆斯根据情绪发生时引起的植物性神经系统的活动和由此产生的一系列机体变化，提出情绪就是对身体变化的知觉。兰格认为，情绪是内脏活动的结果；他特别强调情绪与血管变化的关系：血管运动的混乱、血管宽度的改变以及各个器官中血液量的变化，乃是激情的真正的最初原因。

2. 坎农—巴德情绪理论

坎农—巴德学说认为情绪的中枢不在外周神经系统，而在中枢神经系统的丘脑，并且强调大脑对丘脑抑制的解除，使植物性神经活跃起来，加强身体生理的反应，而产生情绪。

外界刺激引起感觉器官的神经冲动，传至丘脑，再由丘脑同时向大脑和植物性神经系统发出神经冲动，从而在大脑产生情绪的主观体验，而由植物性神经系统产生个体的生理变化。

该理论认为，激发情绪的刺激由丘脑进行加工，同时把信息输送到大脑和机体的其他部位，到达大脑皮层的信息产生情绪体验，而到达内脏和骨骼肌肉的信息激活生理反应，因此，身体变化与情绪体验同时发生。

3．沙赫特的情绪三因素理论

20 世纪 60 年代初，美国心理学家沙赫特和辛格提出，对特定的情绪来说，有 3 个因素是必不可少的：第一，个体必须体验到高度的生理唤醒，如心率加快、手出汗、胃收缩、呼吸急促等；第二，个体必须对生理状态的变化进行认知性的唤醒；第三，相应的环境因素。

实验证明，人对生理反应的认知和了解决定了最后的情绪体验。这个结论并不否定生理变化和环境因素对情绪产生的作用。事实上，情绪状态是由认知过程（期望）生理状态和环境因素在大脑皮层中整合的结果。环境中的刺激因素，通过感受器向大脑皮层输入外界信息；生理因素通过内部器官、骨骼肌的活动，向大脑输入生理状态变化的信息；认知过程是对过去经验的回忆和对当前情境的评估。来自这 3 个方面的信息经过大脑皮层的整合作用，才产生了某种情绪体验。

4．理查德·拉扎勒斯的认知——评价理论

美国心理学家理查德·拉扎勒斯提出“认知—交互作用”的应激模式，成为该领域非常有影响的理论。在这一模式中较准确的一种应激定义把应激描述为“既不是环境刺激，也不是个人的性格，更不仅是一种反应，而是在需求与不以疯狂或死亡为代价的处理需求的能力之间的关系”。换句话说，应激只有在环境需求超过了个人处理需求能力的时候才存在。

如果某人应对能力很强，应激便不会产生，即使旁人可能把这种需求看成了应对的极限。反过来讲，如果某人应对能力很弱，应激就会产生，即使在旁人看来这种需求会轻易解决。

5．情绪智力概念

扫一扫

情商包含的五个方面

梅耶和萨洛维认为，人类适应、应对生活既依赖情绪能力也依赖理性能力。人类兼具理性生物和情绪性生物两种特性。他们认为，情绪智力（情商）是社会智力的一部分，包括审视自我和他人情感、情绪的能力，以及辨别情绪并运用情绪信息引导思维和行为的能力。这个概念是相对模糊的，他们认为这一概念还包含某些人格因素。这对后人建构情绪智力理论产生了一定的隐患。2000 年，他们又细化了这一概念，区分了情绪智力和人格变量。萨洛维和梅耶认为，应把情绪智力更严格地定义为一种能力：情绪智力表示的是一种认识情绪意义和它们之间关系的能力、利用知识推理和解决问题的能力及使用情绪促进认知活动的能力，是横跨认知系统和情绪系统的操作，并通常是以整体的方式进行操作的。

第二部分 大学生情绪管理

情绪管理是指通过研究个体和群体对自身情绪和他人情绪的认识、协调、引导、互动和控制，充分挖掘和培植个体和群体的情绪智商、培养驾驭情绪的能力，从而确保个体和群体保持良好的情绪状态，并由此产生良好的管理效果。简单说，情绪管理就是善于掌握自我，善于调节情绪，对生活中的矛盾和事件引起的反应能适可而止地排解，能以乐观的态度、幽默的情趣及时地缓解紧张的心理状态。

要点一 学会驾驭自己的情绪

大学生可以通过对情绪的自我调控，克服不良的情绪，培养健康的情绪，保持良好的情绪状态。情绪的发生及表现与人的认知直接相关。一个人对周围的事物或自己的行为、思想做出什么样的评价，则可能导致相应的情绪反应。

学会情绪的自我调控还应该善于克制和宣泄情绪。在日常生活中，每个人都难免会遇到不良刺激而出现情绪反应，这就需要大学生对一些不良情绪加以克制，要善于制怒和适当忍让、回避，以避免不良情绪爆发。尤其是当有不良情绪时，大学生要用理智告诫和提醒自己，或者接受他人劝解，转移注意力。当然，克制情绪并不是无限度地压抑自己的情绪反应，需要进行有效的情绪宣泄和释放，疏导负性情绪。

大学生在提高自己修养的同时，还应注意培养幽默感。幽默本身就是一个人心态乐观的体现。幽默有助于个人适应新环境，它可以使窘迫、难堪的局面在笑语中消逝，可以使紧张的情绪变得轻松，可以使痛苦、烦恼、忧愁消失无踪。幽默感与人的生活态度密切相关，大学生应树立乐观的生活态度，用微笑迎接世界；幽默感还与人格的成熟水平有关，当代大学生人格正处于发展、完善、成熟的过程之中，可通过健全自己的人格来培养幽默感。学会情绪的自我调控，首先要从提高自己的修养入手，培养幽默感。只有具有良好修养的人，才懂得控制和调节情绪的意义，才能够有效地驾驭自己的情绪。

其次，要培养自己宽阔的胸怀、豁达的度量，面对现实，接受现实，正确地认识自己，多交朋友，对周围的人多一些理解与宽容。也可以通过音乐来调节自己的情绪，如听一些旋律优美、意境广阔、充满活力的音乐，以消除烦恼，保持愉快。

要点二 建立积极的自我意象

从情绪经历来看，情绪表现和体验常常与人对自己的看法相一致。很多人常常这样评价自己——“人家说我热情开朗”“我是个天生的乐天派”“我这个人老是容易发脾气”“我总是担心害怕”等。因此，想要调节、改变自己的情绪活动，必须建立积极的自我意象。建立积极的自我意象可从以下两点入手。

扫一扫

积极心理学幸福生活的五要素

1．把注意力集中于成功的经历

把注意力集中于成功的经历，是建立积极自我意象的一个重要方法。把注意力集中于成功的经历，从中悟出道理，并养成记住成功而不囿于失败的习惯，是建立积极的自我意象的重要途径。积极的自我意象意味着对自己的积极评价，而积极评价来源于成功的经历。过去的情绪活动有过多少失意和失误并不重要，重要的是汲取并强化那些成功和积极的情绪经验。这样，就可以把自己的情绪活动导入良性循环的轨道上来。

2．从想象和装扮入手

英国喜剧演员斯图尔特，年轻时有羞怯的毛病，与人谈话支支吾吾，极为胆怯，甚至不敢向行人问路。为此，斯图尔特吃尽了苦头。后来他终于找到了办法：同陌生人谈话时，自己就装扮成另一个人，用与这个人物身份一致的语调说话。这使他受益匪浅，难为情、拘谨、羞怯的问题都不再出现。而且，朋友们很快注意到，他模仿别人模仿得特别像，并能制造出令人愉悦的滑稽效果。从此，斯图尔特开始登上舞台，走上成功之路。斯图尔特的实践验证了心理学中的一条重要原理：扮演某一角色会帮助人们体验到他所希望体验的情绪。当一个人扮演成一位自己希望成为的人物时，就会有意无意地用相应的标准来要求自己，并按照相应的行为方式行事。

扫一扫

塞利格曼的积极心理品质

自我意象就是关于“我是什么样的人”的自我心像，是人们给自己画的一幅心理肖像，尽管这一肖像在大多数人的意识中是模糊的，但它对人们心理活动的调控却是明显的。一个人把自己看成什么样的人，就会按什么人的方式行事；对自己有什么评价，就会不断地寻找各种事实来证实这种评价。人的所作所为、所感所想，常常是与其自我心像相一致的。

扫一扫

培养积极情绪的五种方法

要点三　给不良情绪找个出口

1．提供一个正常的宣泄通道

不良情绪要进行宣泄，不要无限度地压抑自己的情绪反应，要疏导负性情绪。愤怒时，可以进行体育锻炼，或练习书法；悲伤时，可以找知心朋友倾诉，或大哭一场。高声歌唱、打枕头等都是情绪宣泄的通道，必要时还可以寻求心理咨询人员的帮助。

2．用行动带动情绪

实实在在地做些事情可以让人从自己或他人那里获得正面的反馈，改变心情的不佳状态。

“行为可以改变感受”，这是心理学家的发现。研究表明，一些忧郁者有非常低的活动力，而且他们比非忧郁者更少从事令人愉悦的活动。当忧郁者懂得将更多令人开心的活动带入自己的生活时，他们的心情会变得更好。

3．反向心理调节

面对困境，人们常常情绪沮丧。怎么从不良情绪中摆脱出来呢？一种方法是，从相反的方向思考问题。心理学上把这种运用心理调节的过程称为反向心理调节法。当我们遇到困难、挫折、逆境、厄运的时候，运用反向心理调节法，有助于自己从困难中奋起、从逆境中解脱。

4. 转移注意力

转移注意力就是从主观上努力把注意力从消极或不良的情绪状态转移到其他事物上去。能对情绪产生强烈刺激的事情，通常与自己的切身利益有很大的关系，要将其快速遗忘常常是很困难的。因此，消极的躲避于事无补，更有效的办法是进行积极的转移。科学研究表明，在发生情绪反应时，大脑中心有一个较强的兴奋灶，此时如果另外建立一个或几个新的兴奋灶，便可抵消或冲淡原来的中心优势。当情绪不好时，可通过转移注意力来平静自己的情绪，如外出散步、读本轻松的书、看场电影等。总之，自己的心思要有所寄托，不要处于精神空虚、心理空旷的状态。这样，由不愉快的事情引起的不良情绪体验，就会在不知不觉中烟消云散。

要点四　情绪管理相关的几种疗法

1. 理性情绪疗法

理性情绪疗法又称合理情绪疗法，是由美国心理学家阿尔伯特·艾利斯于 20 世纪 50 年代创立的。理性情绪疗法是认知疗法的一种，因其采用了行为治疗的一些方法，故又被称为认知行为疗法。

理性情绪疗法的理论认为，人们的情绪是由人的思维、人的信念所引起的，而不合理的信念往往使人们陷入情绪障碍之中。不合理信念的特征：绝对化的要求、过分概括化、糟糕至极。因此，理性情绪疗法就是要以理性治疗非理性，帮助求助者以合理的思维方式代替不合理的思维方式，以合理的信念代替不合理的信念，从而最大限度地减少不合理的信念给情绪带来的不良影响，以改变认知为主的治疗方式，来帮助求助者减少或消除他们已有的情绪障碍。

理性情绪疗法的治疗过程一般分为以下 4 个阶段。

（1）心理诊断

这是治疗的最初阶段，首先治疗者要与病人建立良好的工作关系，帮助病人建立自信心；其次摸清病人所关心的各种问题，将这些问题根据所属性质和病人对它们所产生的情绪反应分类，从其最迫切希望解决的问题入手。

（2）领悟

这一阶段主要帮助病人认识到自己不适当的情绪和行为表现或症状是什么，产生这些症状的原因是自己造成的，要寻找产生这些症状的思想或哲学根源，即找出他们的非理性信念。

（3）修通

这一阶段，治疗者主要采用辩论的方法动摇病人的非理性信念。用夸张或挑战式的发问要病人回答他有什么证据或理论对主观判断为不好的事件持与众不同的看法等。通过反复不断的辩论，病人理屈词穷，不能为其非理性信念自圆其说，这使他真正认识到，他的非理性信念是不现实的，不合乎逻辑的，也是没有根据的。病人开始分清什么是理性的信念，什么是非理性的信念，并用理性的信念取代非理性的信念。

这一阶段是此疗法最重要的阶段，治疗时还可采用其他认知和行为疗法。如布置病人做认知性的家庭作业或进行放松疗法以加强治疗效果。

（4）再教育

这是治疗的最后阶段，为了进一步帮助病人摆脱旧有思维方式和非理性信念，还要探索是否存在与本症状无关的其他非理性信念，并与之辩论，使病人学会与非理性信念进行辩论的方法，并逐渐养成用理性方式进行思维的习惯，从而建立新的情绪。

因为情绪是由人的思维、人的信念所引起的，所以阿尔伯特·艾利斯认为每个人都要对自己的情绪负责。他认为当人们陷入情绪障碍之中时，是他们自己使自己感到不快的，是他们自己选择了这样的情绪取向的。不过有一点要强调的是，合理情绪治疗并非一般性地反对人们具有负性的情绪。比如一件事失败了，感到懊恼、有受挫感是适当的情绪反应。而抑郁不止、一蹶不振则是不适当的情绪反应。

2. 正念疗法

正念疗法是对以正念为核心的各种心理疗法的统称，较为成熟的正念疗法包括正念减压疗法、正念认知疗法、辩证行为疗法和接纳与承诺疗法。

正念减压疗法的创始人乔·卡巴金将“正念”定义为“一种觉知力，是通过有目的地将注意力集中于当下，不加评判地觉知一个又一个瞬间所呈现的体验，而涌现出的一种觉知力”。简单来说，正念就是以特殊方法专注、自觉、开放、好奇、善意、不批判、欣赏当下，与当下培养一种亲密感。因此，“正念”的核心在于两点：一是将注意力集中于“现在”；二是对“现在”所呈现的所有观念不做评价，接受每个到来的时刻，无论是愉悦的或不愉悦的，好的或坏的，美的或丑的。以“正念”为理论基础的心理疗法均将“注意当下”与“不做评判”作为核心思想与主要方法。

有学者认为诸如抑郁、焦虑等负性情绪之所以出现与个体的思维方式有关。当个体遭遇负性生活事件之后，个体的思维停留在事件影响上，反复思考事件的前因后果以及给自己带来的麻烦，并随之伴随不良情绪——抑郁、痛苦、沮丧、焦虑等。当个体意识到自己的这些负性情绪时，就会想到自己不该有这种情绪，进而产生自责，然后是努力摆脱这种情绪，结果形成恶性循环，负性情绪越发严重。

正念疗法使训练者“面对”而不是“逃避”自己遇到的负性情绪，参加训练者要求以一种开放的、接受的态度来应对当前出现的想法与情绪。正念疗法训练个体将关注思维内容转向关注思维过程，因此，个体不必再费力去改变消极的思维内容，而转向自己当下的体验，虽然当下个体与负性思维并存，但个体不需要改变什么，只需集中注意力去觉察自己的身体与情绪状态，顺其自然，不做评判。这样，正念疗法就帮助个体打破造成不愉快的思维习惯，打破导致情绪恶化的循环锁链，从而阻止其发展成严重的情绪障碍。

3. 音乐疗法

音乐对人的情绪具有一定的暗示性，音乐治疗师运用一切音乐活动，包括听、唱、演奏、律动等各种手段，对人进行刺激和催眠，并由声音激发身体反应使人达到健康的目的。音乐疗法分为多种，如接受式、再创造式、即兴演奏式、创造式等。

4. 蝴蝶拍技术

这是在面临消极情绪时增加安全感和积极感受的行为疗法之一。蝴蝶拍的具体步骤如下。

（1）找个安静的地方站着或坐下来，放松自己的身体、留意自己的身体，体会大地对你双脚的支持。

（2）在心里默默地告诉自己，我现在是安全的。

（3）将双手交叉胸前，轻抱身体对侧的臂膀，左右手交替轻拍自己的臂膀，左右各拍一次为一轮。

（4）拍打的时候，可以想象一些自己做过的愉快事情、爱你的人、喜欢的地方等，并让身体体会到积极的感受。

（5）慢慢轻拍 4 ~ 6 轮，停下来，深呼吸一次，感受当下的体验和安全感。

（6）如果感觉是安全的，或者自己是喜欢的，就重复上面过程 2 ~ 3 次。

（7）如果有负面的体验，告诉自己：我现在只关注积极的东西，我现在是安全的，如果有效，就继续蝴蝶拍；如果负面体验不能赶走，就停止蝴蝶拍，再次体验一下大地对你双脚的支持，把自己带回来。透过这个简单的动作，可以提升我们的安全感，帮助身体与心理恢复和进入一种“稳定”状态。

第三部分 大学生的压力来源与应对方式

压力是指人的内心冲突和与其相伴随的强烈情绪体验。个体在面对一些自以为很难应对的情况时，所产生的心理和生理上的异常反应，是现代社会人们普遍的心理和情绪上的体验。每个人都不可能总是一帆风顺的，都会经历坎坷，伴随挫折。面对种种预期以外的状况，人们常常会感到焦虑不安，内心体验到巨大的压力。压力存在于社会生活的方方面面，每个人都经历过，如高考、生活环境变动等。承受变故带来的压力是生活中不可避免的，但过度的压力会带来紧张、焦虑、挫折等一系列负性情绪体验。久而久之，会破坏人的身心平衡，造成情绪困扰，损害身心健康。

要点一 大学生压力来源

大学生生活在现实社会的环境中，一方面，大学生的生活内容相对单一和稳定，因此也就导致了大学生心理挫折和压力具有一定类型化的特点；另一方面，社会生活的方方面面会通过家庭、朋友进行折射，影响到大学生的生活，如果无法正确应对则产生各种压力。大学生压力的产生来自以下 6 个方面。

1. 环境适应压力

大学新生面对的是新的生活环境，需要适应新的生活方式。一部分大学新生一时难以顺利地实现自身角色的转换和生活方式的调整，出现诸如饮食不习惯、集体生活不适应、难以接受理想中的大学和现实中的大学之间的反差等情况，于是感到孤独、烦恼、忧虑，以致采取旷课、逃学的方式，逃避新环境。另外，大学时期是学生从学校走向社会的关键时期，大学生与社会接触的机会越来越多，而社会环境与校园环境相比，充满竞争和风险，各种思想价值观念冲突碰撞，这也极大地增加了大学生的心理压力。

2. 日常生活压力

生活挫折一方面是生理因素产生的挫折，包括因自身生理素质、体力、外貌以及某些生理上的缺陷所带来的限制，而导致需要不能满足或目标不能实现的挫折；另一方面是指家庭发生重大变故或经济负担的压抑。有些大学生的父母为工薪阶层或家庭困难，学费和生活费的经济负担很重，他们不得不节衣缩食，利用余暇时间勤工助学，如果不能摆正心态，总担心自己被人瞧不起，时间一长就会产生自卑心理，易敏感、易自闭。

3. 人际交往压力

人的社会性决定了人的交往性。大学生进入大学后，人际交往的需要极为强烈，他们渴望融入新的社会关系网络，渴望通过人际交往去认识世界，获得友谊与支持。但是大学生一般来自全国各地，每个人在成长经历、行为习惯、价值观等各方面都存在差异，有时会难以相互适应、相互包容，彼此在交往中难免出现不协调的“音符”。有些大学生由于自我评价不恰当，或自命不凡或畏缩不前，无法与他人和谐相处。人际关系紧张，自然会产生心理挫折。有些大学生由于协调能力较差，缺乏生活经验，以致在交往中常出现猜疑等消极情绪，找不到知心朋友。有些大学生因性格内向、缺乏特长而在众人面前相形见绌，不敢与人交往，往往表现为闷闷不乐、消沉冷漠。

4. 学习压力

在目前的评价体系中，学习成绩是大学生自我认同、角色定位的重要方式之一，因此，学习压力大在大学生群体中比较常见。学生在学习和智力活动中会遭遇到很多种挫折，如老师讲课内容自己听不懂、记忆力衰退、考试成绩不理想等。一部分学生进入大学后，对大学的教学方式难以适应，他们一方面希望通过努力学习成绩能名列前茅，另一方面又难以稳定学习情绪、改进学习方法，不会合理支配时间，因此失去了学习兴趣和信心，焦虑不安，茫然不知所措，对学习产生厌烦和倦怠心理。

5. 情感压力

大学生正处于青年中、后期，生理发育日臻成熟，随着性意识的觉醒，他们开始关注两性之间的关系，渴望接触异性，向往美好爱情。大学生会在一段美好的爱情中获得满足感并得到成长，同时，爱情也是焦虑、紧张和沮丧的来源。在追求爱情的过程中，大学生或多或少会遇到波折，通常表现为单恋和失恋。这些学生往往认为失恋就是自己没有魅力、不被喜欢，于是变得情绪低落，完全否定自我，行为上极端化，自卑感强烈，不能集中注意力，无法学习，其痛苦深沉而剧烈，如果得不到合理的情绪疏导，极有可能造成不良后果，引发学习障碍、心理疾病等。

6. 就业压力

扫一扫

大学生压力的来源

顺利度过大学生活，择业求职是终点也是人生的另一个起点，大学生不可避免地要接受各种矛盾的冲击和考验。有些学生担心自己所学的专业冷门，怕将来选择工作的空间少甚至没有选择；有些学生因自卑感强，自信心不足，担心在就业时受到不公正的待遇；还有些学生担心将来走上工作岗位后不能适应社会的需要……特别是一些性格内向、不善交际的同学，面对纷繁复杂、竞争不断加剧的社会，担心将来难以胜任工作和处理各种职场关系。

要点二 挫折及挫折的主要来源

挫折是指人们在从事有目的的活动过程中，由于遇到难以克服的困难或干扰，导致个人愿望无法实现、个人需要无法满足而引起的消极情绪体验。在心理学中，挫折这一概念包括3个方面的含义：一是挫折情境，指需要不能获得满足的内外障碍或干扰等情境因素，这些都是客观因素，如考试不及格、比赛未获得所期望的名次、失恋等；二是挫折反应，即在对自己的需要不能满足时产生的情绪和行为的反应，这些属于主观体验，常见的有焦虑、紧张、愤怒或躲避等；三是挫折认知，即对挫折情境的知觉、认识和评价，这些是主观反应。

挫折来源是指使需要不能获得满足的各种障碍和干扰因素。大学生的挫折来源是多种多样的，归纳起来，可以分为两大类：一类是外部因素，另一类是内部因素。

1. 外部因素

构成挫折的外部因素，又叫环境因素，是指由于外界的事物或情况给人带来的阻碍和限制，使人的需要不能满足（动机受阻）而引起的挫折。外部因素包括社会环境和自然环境两个方面。

（1）社会环境

社会环境方面，主要指个体在社会生活中由人为因素的限制而引起的挫折，包括一切政治的、经济的、伦理道德的、种族的、家庭的因素，以及一切风俗、习惯的影响在内。由此造成的挫折情况比较复杂，对个人需要和动机所产生的阻碍作用，也比自然环境引起的挫折更多、更大、更普遍，影响也更深远。

（2）自然环境

自然环境方面包括各种非人为力量所造成的时空限制、自然灾害等因素，使人的行为无法达到目标而造成挫折。自然环境造成的挫折往往是人力所无法控制和避免的。人世间的生、老、病、死，以及无法预料的自然灾害和各种事故，如地震、洪水、车祸、火灾、亲人亡故等所招致的挫折，都属于自然环境因素。

2. 内部因素

构成挫折情境的内部因素，是指由于个人的生理、心理因素而带来的阻碍和限制，是挫折的来源。它包括个体生理条件的限制、动机冲突和能力与期望的矛盾等方面。

（1）个体生理条件的限制

个体生理条件的限制是指个体生理上的缺陷、疾病及容貌、身材等方面对达到目标所带来的限制。例如，高度近视者不能担任飞行员或其他需要良好视力的工作，色盲者难以从事医疗或美术工作等。在这种情形下，正确认识环境和认识自己，显得尤为重要。

（2）动机冲突

动机冲突是指同时产生的两个或两个以上的动机都是人们急需达到的，但由于某种条件的限制，不能二者同时兼得，必须得其一，舍其一。由二者的互相对立和排斥而产生的难以抉择的心理矛盾如果持续得太久、太激烈，或由于其中一个动机得到满足，而其他动机受到阻碍，就会造成挫折。

从人类的动机活动来看，动机冲突的情况非常复杂。从动机冲突的形式上分析，心理学家一般把动机冲突分成4类。

第一类：双趋冲突。所谓双趋冲突，是指个体在活动中同时兼顾两个并存的目标，以相同强度的两种动机同时追求而又不能同时得到满足时，被迫从两个目标中选择其一，这时的矛盾心理状态，称为双趋冲突。这其实就是一种“鱼与熊掌，不可兼得”的冲突心境。例如，一个人同时得到了去两所学校深造的机会，这两所学校对他有同等的吸引力，可是他只能选择其中的一所学校，于是造成抉择上的困难。

第二类：趋避冲突。个体对同一目标同时产生两种动机：一方面好而趋之；另一方面恶而避之。像这种对同一目标既“趋之”又“避之”的矛盾心理状态，称为趋避冲突。这种心理冲突，日常生活中发生得较多。例如，想参加某项考试或比赛，又害怕失败等。诸如此类，凡是同一事物对人同时具有同等强度的吸引力和排斥力，使人处于进退两难的境地，都能构成趋避冲突。

第三类：双避冲突。个体同时遇到两个威胁性目标都想躲避时，迫于形势必须接受其中一个才能避免另一个。这种从二者中必择其一而左右为难的矛盾心理状态，称为双避冲突。

第四类：双重趋避冲突。个体在活动中如果同时具有两个或两个以上的目标，而每一个目标又同时形成趋避冲突，这种矛盾心理状态就称为双重趋避冲突。例如，有的人感到住在城里，工作、生活、娱乐等比较方便，但空气污染严重，噪声恼人（趋避冲突）；住在郊外固然空气很好，环境清新，但工作、生活等很不方便（趋避冲突）。

（3）能力与期望的矛盾

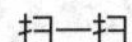

挫折防御机制分类

能力与期望的矛盾指的是个体期望太高但能力不及而招致的挫折。在现实生活中，一个人如果过于自信，过高地估计了自己的能力，就会对自己提出不切实际的要求，制订很高的甚至无法达到的目标或计划。一旦这些目标或计划终因能力不济，无法达到，而自己又不能清醒地认识到这一点，就会产生强烈的挫折感。

要点三　挫折对大学生成长的意义

1. 挫折促进大学生个人成长

如果个体常常处于安逸状态，便容易停滞不前。个体的成长往往来自于突破现有的极限。没有压力，生活将会停滞不前，也很难让人满意。人的成长过程是适应社会要求的过程，而要适应就要学会调整自己的动机、追求和行为。一个人出生时，根本不知道什么是对、什么是错，正是通过鼓励、制止、允许、反对、奖励、处罚、引导、劝说等才能使个人的举止与行为适应和得当，使人学会在不同环境、不同规范条件下调整行为。

2. 挫折使大学生在逆境中反思

大学生在掌握科学知识和先进技术的同时，还需要有一个辩证的挫折观，经常保持乐观的态度。挫折能够使我们变得聪明和成熟，从某种程度上说，正是失败本身造就了成功。大学生要学习悦纳自己，相信他人，要能容忍挫折，学会自我宽慰，要胸怀坦荡、情绪乐观、发奋图强、满怀信心。在挫折面前，大学生需要的是反思的态度、进取的精神和不屈的意志，同时也需要理智。大学生要经常反思挫折本身，反思引起挫折的原因，反思受挫以后的行为选择，反思挫折以后的应对措施。

3. 挫折使大学生成熟奋起

挫折可以加强以实现目标为目的的活动和计划的进行，即可以加强大学生学习活动的动机。大学生应该制订可以达到的目标，然后提高这个目标的标准，借以点燃实现目标的热情。挫折可以激发大学生的潜在能力，成为使之付诸行动的动机。

大学生的自我认知，存在比较自己和他人学习状况的一面，通过与他人的竞争体验，能够得到检验自身能力的机会。这样一来，大学生就能够更客观地观察自己、认识自己，获得自我批评的能力。面对竞争的失败与不成功，大学生不应气馁，而应该从中总结经验，寻找契机，探寻失败的原因，深刻检讨自己，找出克服困难之路。

扫一扫

挫折的三层含义

要点四　压力的管理方法

1. 保持自信乐观的态度

既然压力是不可避免的，那么就需要容忍压力，学会自我宽慰。英国作家萨克雷有句名言：“生活是一面镜子，你对它笑，它就对你笑；你对它哭，它也对你哭。”如果我们以欢乐的态度对待生活，生活就会对我们“微笑”，我们就会感受到生活的温暖和愉快；如果我们总是以一种痛苦、悲哀的情绪注视生活，那么生活的整个基调在我们心中也会变得灰暗了。

2. 认知上正确对待压力

在日常生活中，大学生常常觉得应对压力是一件困难的事情。其实困难在于自己的心态，如果从心里坚持拒绝面对和接受压力，那么压力将会给大学生带来更多的痛苦，这个心态比压力本身更可怕。大学生要有直面压力的勇气，真诚地对待压力，这样它也会反馈给你以力量，让你能在挫折中学会成长。

（1）压力是普遍存在的

压力是人生重要的组成部分。人的生活历程，有一帆风顺的时候，也会有崎岖坎坷的境遇，经受压力是人们现实生活中的正常现象，是不可避免的，所以大学生面对压力要有接纳的心态。

（2）对压力正确归因

真正引起适应困难的，主要不是那些压力、冲突本身，而是对压力的看法。遇到困难和压力，如果总是从客观上找原因，而不是积极地从主观上找原因，就往往会被压力吓倒；反之，如果对压力持有一种勇者姿态，寻求适合自己的意义感，那么在对压力的实际斗争中其实就有了一半的胜算。

（3）压力具有两重性

压力会激发人的生理极限反应，让人陷入负面情绪，可能会带来损失和痛苦，但也能刺激人的成就动机，在不确定中开拓自我，使人奋起、成熟，从中得到锻炼。过于平静、安逸、舒适的生活，使人得不到成长，而压力和磨难，却能使大学生受到磨炼和考验，变得更加成熟。所以，既要看到压力给人带来的心理压力与情绪困扰，又要看到它给人的成长带来的机遇和动力。

正如黑格尔所说："在人成长的道路上，如果你不懂得某个道理，生活就会安排一次挫折让你学习；如果你还不明白，生活就再安排一次，直到你明白为止。"

3．行动上接受挑战

有了目标时，只拥有勇气还不够，关键在于行动。如果没有行动，困境仍然是困境，更不会有进步。"千里之行，始于足下"，因此，要制订合理的行动方案，不断积累小步子，坚持行动是实现目标的唯一途径。

人都有惰性，在学习、生活中，尤其是在逆境中，只有强迫自己行动起来，才能逐渐走出困境，实现理想。

4．经营心理支持系统

扫一扫

复原力的三个基本特征

心理支持系统通常是指个人的"社会支持系统"，即个人在自己的社会关系网络中所能获得的、来自他人的物质和精神上的帮助与支援。一个完备的支持系统包括亲人、朋友、同学、同事、邻里、老师、上下级、合作伙伴等，当然，还应当包括由陌生人组成的各种社会服务机构。每一种系统都承担着不同功能：亲人给我们物质和精神上的帮助，朋友较多承担着情感支持，而同事及合作伙伴则与我们进行业务交流。

从表面上看，每个人的社会关系网络都差不多，无非是父母手足、同学同乡、朋友同事，但深入观察，每个人从中获得的支持却有很大的差异：有人在个人支持系统中与他人共享生活，充满幸福感，遇到困难时总能获得及时而又有力的帮助；而有些人则不然，他们虽然和别人一样也拥有客观存在的社会关系网络，却与其中的人相处得很糟糕，在陷入困境时，也迅速陷入孤立无援的状态。所以心理支持系统对你有什么用，要看你怎么去经营它、维护它。

大学生让自己的心理支持系统始终保持在良好的状态中，这对大学生的压力管理甚至人生发展都大有帮助。

要点五　逆境商数

逆境商数是指我们在面对逆境时的处理能力。根据美国心理学家保罗·史托兹博士的

研究，他将逆境商数划分为控制感、主动性、影响范围和持续时间 4 部分，分别从这 4 个维度衡量一个人的自我控制能力、心态的积极程度以及对环境、周围人群和自我情绪的把握能力。

根据保罗·史托兹的研究，一个人的逆境商数越高，越能以弹性面对逆境，积极乐观，接受困难的挑战，发挥创意找出解决方案，因此能不屈不挠，越挫越勇，最终表现卓越。相反，逆境商数低的人，则会感到沮丧、迷失，处处抱怨，逃避挑战，缺乏创意，往往半途而废、自暴自弃，终究一事无成。逆境商数不但与我们的工作表现息息相关，而且是一个人是否快乐的关键。

1. 逆境商数对于个人的重要性

面对逆境，高逆境商数的人从不会退缩，他们会将逆境转化为对自己有利的垫脚石，即便身处极端困境，仍然会努力拼搏，直到收获属于自己的成功；相反，低逆境商数的人则会在面对逆境时，丧失前进的动力和勇气，面对人生中的障碍，看不到尽头，从而令自己落后。

2. 从四大指标衡量逆境商数

对于逆境商数的衡量，可以让我们清楚地知道一个人的负压度与危机意识到底有多高。保罗·史托兹指出，想要全面地对逆境商数进行认知与衡量，就必须从以下 4 个方面进行考察。

（1）控制：当你遇到逆境时，你能够在多大程度上控制局面。保罗认为，人的控制能力来自个人的控制感，而衡量逆境商数控制感是高还是低，往往取决于面临重大挫折时人们具体的反应态度。高控制感的人可能在面临挫折的时候依然相信自己可以控制局面。当他人都认为自己已经无能为力的时候，高控制感的人却依然可以冷静地观察事物，并从中找出挽救的办法，尽一切力量让结局变得更好。

（2）归因：分析自己身处逆境的原因。逆境承受力低下的人，也就是逆境商数低的人，常常下意识地会将引发挫折的原因归咎于外界；另一方面，那些拥有高逆境商数的人却会主动承担责任，相信自己一定可以使局面得到改善。

（3）延伸：是否将挫折的恶果延伸至其他方面。高逆境商数的人往往会主动地将逆境所带来的恶果控制在一定范围内，而不会让它去影响自己的其他方面。例如，高逆境商数的人在工作中遇到挫折时，他不会因为工作上的失误而懊恼很久，甚至使这种抱怨情绪影响工作以外的正常生活。相反，低逆境商数的人遇事时很容易将这种不良情绪进一步延伸到自己生活的各个领域中去，以至于事事都感觉不顺利。

（4）耐力：个人在逆境中会持续多久。很多高逆境商数的人最明显的特征是，他们会将逆境看成暂时的，他们往往拥有战胜挫折的惊人耐力。在他们的眼中，一点点的小挫折并不算什么，他们坚信，通过坚持不懈的努力，个人一定会获得成功，因此，他们往往是乐观主义者。

3. 找到依靠的力量，选择可行的路径

更多的时候，我们需要在逆境中学会放下过去向前看，尝试让自己摆脱负面情绪。面对逆境，找到自我的力量，才能走出困境，如同破茧成蝶一般，唯有自己破壳才能展翅飞翔。在经营人际关系时，有些人会将自己丢在一边，其实，只有照顾好自己才能更好地经营人际关系。我们需要时刻照顾自己的灵魂，尊重、珍视自己，感受来自外界的正面信息，不断地学习，停止不恰当的批判与自我恐吓，保持正直，充分发挥自己的潜能，实现从逆境到顺境的逆转。

测评推荐

一、自我情绪掌控能力测试

每个人都有七情六欲，所以，会有各种各样情绪释放的方式，比如哭泣、喜悦、愤怒等。

一个人能否很好地控制情绪，被看作心理是否成熟的一个标准，因为敏感、随意释放的情绪，可能会让我们的人际关系、社会生活变得无序化、复杂化；而拥有稳定的情绪，则让我们更容易获得幸福感。

生活中，你能很好地控制自己的情绪吗？请完成下面的测试。

1. 上学的路上，你发现一只被遗弃的宠物狗，它似乎很饥饿，一直跟着你走，你会怎么选择呢？

给它买食物后，自己继续赶往学校——转到第2题。

因为着急去上学，只能不管它了——转到第3题。

没办法，带着它一起去学校吧——转到第4题。

2. 在学校里，假如你遇到同学刁难，而又倍感无助的时候，你会怎么做？

随他去，不理他——转到第5题。

忍不住哭泣——转到第4题。

和他争执一番——转到第3题。

3. 你的心情会随着阴天的到来而变得抑郁吗？

会的，受天气影响大——转到第4题。

基本不会，受天气影响很小——转到第5题。

要看具体情况——答案为D。

4. 当遇到一个很啰唆的人，他说的话你毫无兴趣时，你会怎么做？

告诉他，现在你有急事，不得不离开——答案为B。

耐着性子，等他把话说完——答案为A。

尝试着转换一下话题——转到第5题。

5. 你常常会说一些伤人的话吗？

经常会说——答案为D。

偶尔会说——答案为 A。

基本不会说——答案为 C。

结果解释

A. 自我掌控能力★★★★☆

在现实生活里，你是一个懂得隐忍的人，常常顾及别人的感受而刻意委屈自己，你能够很好地控制自己的情绪，但也会偶尔生闷气。有时候，不妨把你自己的真实想法告诉对方，或许，你就不会再压抑、委屈了。

B. 自我掌控能力★★☆☆☆

你是一个心直口快的人，无论内心是委屈，还是欢乐，抑或悲愤，都能通过你的面部呈现出来，你很难把控自己的情绪。

C. 自我掌控能力★★★★★

生活中的你，是一个心理比较成熟的人，能够很好地控制自己的情绪。面对一些困难或者别人的刁难时，你总能想出很好的应对方法，而且，你能够用客观的方式去面对，不会感情用事。

D. 自我掌控能力★★★☆☆

在大多数情况下，你是一个随心所欲的人，你会凭个人的喜好去判断一件事情，或者对待人际关系。当对方让你产生好感时，你会表现出非常充足的耐心，而对方让你产生不好的印象时，你的掌控能力就会变得薄弱许多，很难控制自己的情绪。

二、挫折承受能力自测

下面是一个关于挫折承受能力的测试，测试时间为 5 分钟。请根据自己的实际情况选择。

1. 当遇到令你焦虑的事情时，你会（　　）。

   A. 无法继续做事情

   B. 没有任何影响

   C. 介于以上二者之间

2. 当你遇到令人头疼的竞争对手时，你会（　　）。

   A. 想怎样就怎样，不控制自己的情绪

   B. 冷静面对，克制自己的情绪

   C. 介于以上二者之间

3. 当遇到失意的事情时，你会（　　）。

A. 放弃

B. 吸取这次教训，从头再来

C. 介于以上二者之间

4. 当你学业不顺利的时候，你会（　　）。

A. 一直担心，不能集中精力做别的事情

B. 仔细考虑问题所在，努力解决问题

C. 介于以上二者之间

5. 当你事情做得太多，感到疲劳时，你会（　　）。

A. 没有办法再思考

B. 坚持做完

C. 介于以上二者之间

6. 当你所处的环境和条件很差时，你会（　　）。

A. 因为条件很差而放弃

B. 克服困难，想办法改变现状

C. 介于以上二者之间

7. 当你处于人生的低谷时，你会（　　）。

A. 破罐破摔，听之任之

B. 积极奋斗

C. 介于以上三者之间

8. 当你遇到棘手的问题，难以解决时，你会（　　）。

A. 垂头丧气，心灰意冷

B. 尽自己的全力将它做好

C. 介于以上二者之间

9. 当你遇到自己难以解决或不想做的事时，你会（　　）。

A. 拒绝接受

B. 想办法做好

C. 介于以上二者之间

10. 当你遇到人生的重大挫折时，你会（　　）。

A. 彻底丧失信心

B. 再接再厉

C. 介于以上二者之间

评分标准

选A不计分，选B计2分，选C计1分。将各题分数相加，即为最后得分。

结果解释

0 ~ 9分：说明你不能承受挫折的打击，遇到一点挫折就不知所措，灰心无助。

10 ~ 16分：说明你对某些挫折打击有一定的承受能力，但是在遇到较大的挫折时，仍然会表现出脆弱。

17分以上：说明你是一个足够坚强的人，对于挫折打击有很强的承受能力。

建议得分在0 ~ 9分的人，多参加一些锻炼意志和承受能力的活动，如体育活动、各种比赛；多读一些励志的书籍，不断提高自己抗挫折的能力；交一些意志坚强、性格乐观的朋友，他们会在你遇到挫折的时候，给予你适当的建议和鼓励。如果问题严重，你可以找心理医生咨询，针对你个人的具体情况制订相应的改进方案。

建议得分结果在10 ~ 16分的人，在遇到挫折的时候，多想事情有利的方面，冷静分析情况后再做出决定，并要多向父母、老师、朋友等寻求支持和帮助。

第八章 大学生恋爱心理

真实案例

李丽是某大学大二女生，身材高挑、面容姣好、学习刻苦、成绩优异，刚入学时，身边有不少的追求者，但都被她一一拒绝。原来，为了不影响学业，入学前，她曾向父母做了保证，大学期间绝不谈恋爱。然而，随着时间的推移，李丽发现身边的女生都有了男朋友，李丽逐渐感到了孤独，尤其在节假日，整个宿舍往往就只有她一个人。于是，李丽改变了初衷，很快和一位追求她的男生建立了恋情，此后，李丽几乎所有的课外时间都在电影院、商业区度过，学业因此受到了一定影响。当别人问她以后的打算时，她说："我现在没想那么多，走一步算一步，大学时找个人陪着就好。"

你认为李丽是否真的在谈恋爱？爱情到底是什么呢？

活动体验

活动一　心目中的最佳主角

（1）全部同学分成男、女两组，每组发一张空白海报，两组成员头脑风暴，将自己心目中的最佳"男（女）主角"所应具备的特质及不喜欢的异性特质分别写在海报上，如表8-1所示。

表8-1　特质示例

最佳男主角	不喜欢的男性特质	最佳女主角	不喜欢的女性特质
开朗、坚强，多才多艺……	懒惰，没有责任感，心胸狭窄……	温柔、体贴，兴趣广泛……	心胸狭窄、善妒、易猜疑……

（2）两组成员就海报上所写的特质进行讨论，讨论其是否合理；同时，针对不喜欢的特质提出看法或疑问，探索两性差异（包括生理上、心理上、社会行为上），学习了解异性及尊重异性。

最佳“男（女）主角”所应具备的特质：____

____

____

____。

不受欢迎的异性特质：____

____

____

____。

活动二　两性拼盘

（1）将全班同学分成 4 组（男女混合），各派一位代表抽题，题目内容如下。

① 遇到心仪异性，如何与之接触、认识、展开邀约？

② 如果邀约被拒，如何调整心态重新开始？

③ 约会时应注意哪些事情？如何更了解对方？

④ 发现对方与自己并不合适，如何妥善终止这段恋情？

（2）请各组集思广益，以自己或朋友的经验，发挥创造力，就所抽到题目在 30 分钟内以短剧表演方式呈现。

（3）各组表演完毕，全班针对刚才的剧情加以讨论，如有关约会时应持有的态度，约会时做什么、谈什么，如何表达爱，如何拒绝爱等，培养健全的两性交往心态。

你的观点：____

____

____

____

____。

活动三　最佳搭档

（1）活动前将班级成员人数一半的彩色纸剪成正方形，并将正方形一分为二，分别对折，不显露颜色，完成后将所有纸放入一个纸箱。

（2）全班同学从纸箱中自由抽取。

（3）抽完后每个人必须找到与自己同色的另一半纸的持有人。找到后，将彩色纸贴在硬纸板上，并在彩色纸上写上两个人的名字，两人自由交谈 5 分钟，互相认识。

（4）最后全班同学围圈坐下，每一对轮流向大家介绍对方，使班上的每个人都能加深了解，并谈谈在刚才活动中的感受。

活动四　爱情价值观

（1）在一张海报上列有 15 项爱情价值观（见表 8-2），看是否有人要补充项目。

表 8-2　爱情价值观

项目	顺序
① 可以和他（她）分享生活中的点点滴滴	
② 可以因他（她）而扩展生活领域	
③ 可以和他（她）相知很深	
④ 可以和他（她）共同建立一个家庭	
⑤ 可以因他（她）的提携、激励而成长进步	
⑥ 可以多一个工作伙伴	
⑦ 可以获得爱和支持的感觉	
⑧ 可以享有和他（她）的美好性生活	
⑨ 可以有他（她）随时随地陪在身边	
⑩ 可以和他（她）一起提升生活质量	
⑪ 可以去照顾和爱他（她），享受付出的幸福	
⑫ 可以有他（她）照顾生活起居	
⑬ 可以和他（她）一起生儿育女	
⑭ 可以因他（她）而增加生活乐趣	
⑮ 可以因他（她）而获得安定感	

（2）每人在一张白纸上写下自己爱情价值观的排序。

（3）若重选一次，你的结果是否会相同？

（4）当你的爱情价值观与你的男（女）朋友相冲突或不同时，怎么办？

（5）你的人生目标会和爱情价值观相同吗？事业、爱情、亲情、友情、兴趣，何者最重？

（6）全班同学分组讨论，探索自己的爱情价值观，以及爱情价值观对自我的影响（注意不要去批判他人的爱情价值观）。

你的爱情观：____

____

____

____。

知识解析

第一部分　什么是爱情

要点一　爱情的实质——心理学视角下的爱情

爱情是人类亘古不变的主题，也是各种文学艺术作品永恒的主题。为了揭示爱情的本质，千百年来，无数的哲学家、作家、诗人都尝试用自己的方式诠释爱情。《诗经》云：

“关关雎鸠，在河之洲；窈窕淑女，君子好逑。”德国哲学家黑格尔说：“爱情里确有一种高尚的品质，因为它不只停留在性欲上，而且显示一种本身丰富的高尚优美的心灵，要求以生动活泼、勇敢和牺牲精神和另一个人达到统一。”

结合现代心理学的视角，可以这样理解爱情：爱情是双方基于性吸引而建立起来的相互接纳、相互需要、相互爱慕的一种亲密的情感关系。爱情的实质有 3 种含义：一是爱情以性的相互吸引为前提，这是爱情与其他各种情感关系的区别；二是爱情是指双方之间的相互接纳、相互需要、相互爱慕；三是爱情是建立在二人之间的亲密的情感关系，爱情关系在本质上讲是一种包含特殊情感的人际关系。因此，爱情具有以下特征。

1. 相互吸引

古希腊一则关于爱情起源的神话形象地说明了爱情的吸引力。古时候的人是一种圆球状的特殊物体，他有 4 条腿、4 只手，有观察相反方向的两幅面孔，一个头颅，4 只耳朵。因为他强健有力而又聪慧，所以他威胁着诸神的霸权。于是宙斯把人劈成两半，从而解除了威胁。但从此以后，人仅仅是原来人的一半。从此，他们走遍世界去寻觅能和他们重新结合为整体的存在者。

2. 体验强烈

爱情是一种强烈的情感体验。相爱中的人在身体接触或感官接触的一刹那，会有一种触电似的感觉，有一种冲击大脑的眩晕，会有战栗的快感。坠入情网的人会在心中充满希望，爱情占据了其全部身心。爱情的幸福感让人充满力量。

3. 排他性

爱情是一对一形式的结合，所以具有明显的排他性。恋爱中的人一方面要求对方不与自己之外的其他人发生情感关系；另一方面，也对自己进行约束，不因他人的介入干扰爱情。这种排他性近乎是一种本能，一旦遭到破坏，必然引发强烈的忌妒和敌意。但过分地、极端地排他，容易发展成对对方生活的牵制干涉，使对方失去独立性。

要点二 爱情三元素理论

美国心理学家斯腾伯格提出了爱情三角形理论，如图 8-1 所示。他认为爱情由 3 个基本成分组成：激情、亲密和承诺。

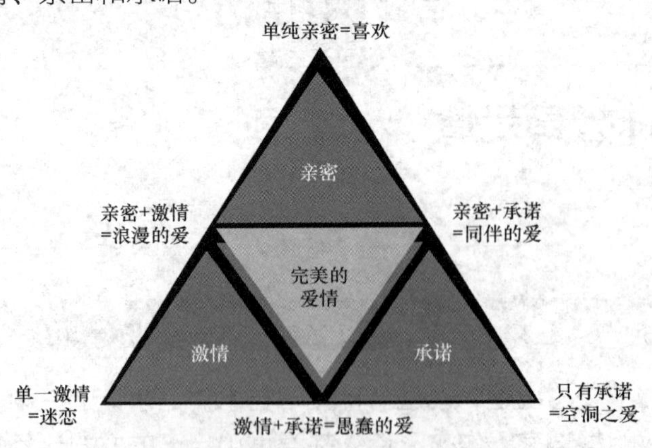

图 8-1 斯腾伯格的爱情三角形理论

激情是一种“强烈地渴望跟对方结合的状态”。通俗地说，就是见了对方，会有一种怦然心动的感觉，和对方相处，有一种兴奋的体验。性的需要，是引起激情的主要原因。

亲密是两人之间感觉亲近、温馨的一种体验。简单来说，就是能够给人带来一种温暖的感觉体验。亲密包含以下基本要素：渴望促进被爱者的幸福；跟被爱者在一起时感到幸福；当双方在一起做事情时，双方都感到十分愉快，并留下美好记忆；尊重对方；双方相互理解，互相分享，相互给予感情上的支持；跟被爱者亲切沟通；珍重被爱者。

承诺由两方面组成：短期承诺和长期承诺。短期承诺就是要做出爱不爱一个人的决定，长期承诺是指有强烈的维持长期爱情的愿望，包括对爱情的忠诚、责任心，是一种患难与共、至死不渝的承诺。短期承诺和长期承诺不一定同时具备，比如决定爱一个人但是不一定愿意承担责任；或者决定一辈子只爱一个人，但不一定会说出口。

激情是爱情中的性欲成分，亲密是指在爱情关系中能够引起的温暖体验，承诺是指维系关系的决定期许或担保。这 3 种成分构成了喜欢式爱情、迷恋式爱情、空洞式爱情、浪漫式爱情、同伴式爱情、愚蠢式爱情、完美式爱情 7 种类型。

（1）喜欢式爱情：只有亲密，在一起感觉很舒服，但是觉得缺少激情，也不一定愿意厮守终生。

（2）迷恋式爱情：只有激情体验，认为对方有强烈的吸引力，除此之外，对对方了解不多，也没有想过将来，如初恋。第一次的恋爱总是充满激情，却少了成熟与稳重，是一种受到本能牵引和导向的青涩爱情。

（3）空洞式爱情：只有承诺，缺乏亲密和激情，如纯粹地为了结婚的爱情。此类“爱情”看上去丰满，却缺少必要的内涵。

（4）浪漫式爱情：有亲密关系和激情体验，没有承诺。这种爱情崇尚过程，不在乎结果。

（5）同伴式爱情：有亲密关系和承诺，缺乏激情。

（6）愚蠢式爱情：在激情体验之下做出承诺，这种爱情有冲动的成分，事后双方可能会后悔。

（7）完美式爱情：同时具备 3 要素，包括激情、承诺和亲密。只有在这一类型中我们才能看到爱情的真谛。

要点三　大学生恋爱的特点

大学生一般在生理上已成年，心理上逐渐成熟，恋爱会经历以下 3 个阶段。

1. 对异性的敏感期

青春期出现第二性征后，男女生理和心理发生剧烈变化，性意识进一步觉醒，由开始的男女界限清晰、情绪分裂、行为羞怯不安逐渐转变为渴望了解对方、好奇探索。

2. 对异性的向往期

随着性生理发育成熟，性心理开始发展成熟，男女情窦初开彼此向往，因相互吸引而出现渴望进一步接触的愿望。这一阶段的男女，由于生理和自我意识的不成熟，他们向往的对象泛化，往往不稳定、不专一，恋爱心理不成熟，因此，有人称这一阶段为泛爱期。

扫一扫

爱情、学业和未来生涯规划的关系

3. 恋爱择偶期

这个阶段，男女性心理已逐步成熟，社会阅历逐渐丰富，恋爱观形成，对异性的向往逐渐专一，开始相互寻求和选择自己的恋爱对象，建立和培育双方感情，进入较为成熟的恋爱心理。大学生的年龄一般是 18 ~ 23 岁，正处于对异性的向往期向恋爱择偶期过渡的阶段，是由不成熟的恋爱心理向较为成熟的恋爱心理过渡的阶段。大学阶段是一个人进一步适应社会生活，发展亲密关系，拓展自我认知，规划职业生涯的重要阶段。如果这个时期能树立正确的恋爱观，学习爱的能力，通过人际交往发展自我，恋爱就会形成正能量，甚至能促进积极的行动。恋爱不仅能使大学生学习与异性相处，相互理解、支持和包容，还可以促进恋爱双方对未来的思考和规划，相互帮助共同进步。

第二部分 恋爱与心理成长

要点一 滋养的关系是什么样的

1. 什么是成熟的爱

弗鲁姆在《爱的艺术》中宣称爱情不是一种与人的成熟程度无关，只需要投入身心的感情。如果不努力发展自己的全部人格并以此达到一种创造的倾向性，那么尝试每种爱都会失败，如果没有爱他人的能力，如果不能真正谦恭地、勇敢地、真诚地和有纪律地爱他人，那么人们在自己的爱情生活中永远得不到满足。不成熟的爱是“我爱你，因为我需要你”；成熟的爱是“我需要你，因为我爱你”。不成熟的爱情原则是“我爱，因为我被人爱”；成熟的爱情原则是“我被人爱，因为我爱人”。爱是促进人走向自我成长的过程，通过付出实现对自我价值的整合。

2. 成熟的爱的特征

（1）给予

弗鲁姆认为人应该用爱去换爱，用信任换取信任。如果你想欣赏艺术，你必须是有艺术修养的人；如果你想对他施加影响，你必须是一个能促进和鼓舞他的人。打算以爱的形式给予的人，不应把对方看作他的帮助对象，而应该同对方建立一种真正的、创造性的紧密关系。给予的范畴不只是物质上，更重要的是立足于人的基本需要，是内在真正有生命力的东西，比如分享知识经验、兴趣爱好、情绪体验等，不仅丰富了他人，也丰富了自己。爱情能带给人积极的情绪体验，首先能够给予而不是索取，给予就是能够付出，给予是力量的体现。能够给予的人能体验到自己的充盈和能量，能带给人持续的愉悦感，这不仅仅是一种“牺牲”，更通过“给予”表现了自己的生命力。

（2）关心

爱情是对我们所爱生命以及所爱之物的积极的关心，如果缺乏这种关心，那么这只是一种情绪而非爱情。爱的本质是创造和培养，爱情和劳动是不可分割的。人们爱自己劳动的成果，人们为所爱之物而劳动，而关心则是这种劳动的实践。

（3）责任心

只有自己尊重自己，才能尊重别人，才有责任心。责任心的含义是“一个完全自觉的行动”，是自己对另一个生命表达出来或尚未表达出来的愿望的答复。有责任心意味着有能力并准备给这些愿望予以回答，前提是能够自尊自爱、人格独立。

（4）尊重

如果没有尊重，那责任心有可能会变成控制别人和奴役别人的主观倾向。尊重对方即正视对方，认识他独特的个性，我希望一个被我爱的人能以他本来的面目去生长和发展，而不是服务于我的爱，爱一个人应该接受他本来的面目，而不是要求他成为我希望成为的样子。爱情是自由给予，而不是控制的产物。

（5）认识

人们只有充分了解对方，才能做到真正爱对方，不了解对方，尊重和责任心都缺乏爱的基础；如果不是从关心的角度去了解对方，那么了解便是一句空话。作为爱的一个方面，了解不能停留在表面，要深入事物内部。只有能站在他人的立场来看待他，才能放下个人的偏向，真正了解对方。

滋养的亲密关系是基于较为成熟的爱的双方的良性互动，是相互促进成就彼此的关系。关心、责任心、尊重和了解是相互依赖的，在恋爱心理成熟的人身上可以看到这些态度的集中体现。

要点二 恋爱前的自我探索

1. 我喜欢什么样的人

有人说，爱是突然心动的感觉；有人说，爱是朝夕相处日久生情；也有人说，爱是一日不见如隔三秋。爱一个人需要理由么？社会心理学家告诉你答案是“需要”。根据人际吸引的规律，外貌特征、临近性、相似性、互补性、互惠性会让人心生喜欢。

外貌指对方的长相、身材、衣品等，这跟个人的生理特征及审美偏好有关；临近性指对方有机会出现在你的视野中；相似性是指兴趣爱好或三观相似，有共同话题；互补性和互惠性是指性格、行为方式的长处和不足能相互照见，能够相互给予物质或精神上的帮助。

2. 怎样恋爱

如果大学生在人群中发现自己喜欢的人，如何发展成为恋人呢？

首先，要了解自己是真的喜欢，还是出于想找一个人陪伴自己打发时间。探索自己的内在需要，评估自己的承受能力以及是否可以承担失去的风险、是否做好相应的准备等。因为爱一个人是需要付出爱和精力的，有时候甚至是需要冒险的。

其次，要了解对方的意愿，看对方是否愿意接纳这份爱。可以寻找机会尝试真诚表达，进一步相处，通过沟通增进彼此的了解。

如果对方也有意愿尝试交往，可以通过团体聚会和个别约会等方式，接触对方的生活圈及朋友圈，甚至见双方父母亲友以确定恋爱关系，通过进一步深入交流来确定彼此是否合适进入持久的亲密关系。

第三部分 如何经营爱情

要点一 爱的沟通

爱需要表达、需要沟通，非暴力沟通是在不伤害对方的前提下增进亲密关系的最佳方式。非暴力沟通的原则就是在看到对方不同层次需要的基础上深深地共情表达，先肯定他的合理期待和感受，再表达自己的不同意见和感受，最后提出改进方案和意见，以达到求同存异相互理解的沟通目标。

美国的家庭治疗师萨提亚曾用了一个非常形象的比喻来阐释亲密关系中的成长模式：这就像一座漂浮在水面上的巨大冰山，能够被外界看到的行为表现或应对方式，只是露在水面上很小的一部分，大约只有八分之一，另外的八分之七藏在水底。而隐藏在水面之下更大的山体，则是长期压抑并被我们忽略的“内在”。揭开冰山的秘密，我们会看到生命中的渴望、期待、观点和感受，看到真正的“自我”。

一般来说，我们在沟通时看见都只是冰山一角，那就是外在行为的呈现。但在水面下面则蕴藏着情绪、感受、期待、渴望等。一个人在恋爱中的关系模式和他的原生家庭有着千丝万缕的联系，如果没有觉察，延续不合适的沟通模式就有可能持续发生冲突，影响其一生的亲密关系质量。

萨提亚曾描述过这样一个现象，在人群中，无论人们的真实感受和想法如何，总有50% 的人回答“是”（讨好型）；30% 的人回答“不是”（指责型），15% 的人既不回答“是”，也不回答“不是”，也不会给出他们真实感受的任何线索（超理智型）；还有0.5% 的人会表现得若无其事、毫无知觉（打岔型）；只有 4.5% 的人的表达是真实的（一致型）。从人们习惯性的行为表现很容易识别其沟通类型：讨好型的人往往倾向于让步，取悦于人，依赖，道歉；指责型的人惯于攻击、批判，愤怒；超理智型的人顽固、僵硬、刻板，一丝不苟；打岔型的人不安定，喜欢干扰，活力过多或不足。这些表现都可归结为与自我的不一致。

1. 不一致沟通的危害

世界是一面镜子，我们看到的不是别人，而是自己。这就涉及一个极为重要的个人成长概念：自我价值。一个自我价值低的人会很在意别人对他的看法，只要有人不同意他们的观点或行为，他们就觉得此人对他充满敌意，否定他的价值。他们害怕犯错误，墨守成规，不敢创新，因为只有这样才让他们感到安全。他们总是觉得自己会受骗，会被人羞辱鄙视。正是这样他们逐渐成为不一致沟通者。他们掩饰、压抑或扭曲自己的情感，不愿袒露自己的感受，而是用自以为高明的办法去掩饰它。例如，当有人做了一件让不一致沟通者愤怒的事，不一致沟通者无法直接说“你这种做法让我感到愤怒”，而会转换成“你怎么什么事都做不好。”这种不一致的沟通会让人压抑，长期下来甚至会造成严重的疾病，如头痛、胃溃疡等。

不一致的沟通会伤害我们和别人建立情感连结的能力，我们试图掩盖真相，将不良情绪累积在心中，这种累积迟早会爆发。

2．一致性沟通

一致性沟通意味着个体承认自己所有的情感，能很好地表达自己的想法，同时顾及他人的感受，且考虑到情境。在表里一致的行为和关系中，我们应该不带任何评判地接纳并拥有自己的感受，并且以一种积极、开放的态度来处理它们。

在恋爱中的一致性沟通并不意味着双方不可以有隐私。恰恰相反，双方不用扭扭捏捏地岔开话题，只需一致地说：“这个话题我现在还没有准备好谈。”一致性沟通会让对方感觉你是可以信任的，愿意向你敞开心扉。

要点二　恋爱的 5 种语言

《爱的五种语言》的作者盖瑞·查普曼是美国的婚姻辅导专家。在这本书中，他把人们表达爱意的方式划分成了 5 种，也就是“爱的 5 种语言”（以下简称“爱语”），处在长期关系中的两个人，需要找到彼此接受爱和表达爱的方式，才能达成舒适和平衡的关系。

这 5 种语言分别是“肯定的言辞”“精心的时刻”“交换礼物”“服务的行动”“身体的接触”。如果双方的语言不一致，表达爱的时候，另一半就如同听“外语”一般，自然不可能得到认可。而现实情况是，很少有双方的主要爱语都是同一种，所以需要找到彼此的爱语。

1．肯定的言辞

心理学家威廉·詹姆斯说过，人类最深处的需要，可能就是感觉被人欣赏。有的人在社会需求中，最渴求的就是被尊重、被认可，特别是被恋人认可，如果他是一个物质欲不强的人，可以接受现实利益的让步和妥协，但是如果让他捕捉到你对他的负面评价，马上就会立刻火冒三丈。在长期关系中，男性往往会比较偏向这个爱语，他们希望在一段关系中被认可，希望在喜欢的姑娘面前自己显得很有力量。面对拥有这种爱语的恋人，需要对对方的付出多提供认可和赞美，不要把对方的行动当作理所当然，尽量给予正向反馈。女性也不例外，特别是童年时缺乏父母的肯定和欣赏的人，她们可能会不太自信，成年以后特别需要他人尤其是恋人的欣赏和优点挖掘。

2．精心的时刻

精心的时刻指的是双方共享的美妙时刻和美妙回忆。在这段时间里面，放下手机和其他工作，把你的全部注意力都投向对方。这种爱语的缺乏更多体现在男性对女性上，现代社会人们忙碌且焦虑，很多男性认为只要努力工作，维系好这个家庭，对方就应该认可自己的良苦用心，却忽略了交流的必要性。所以，与恋人交流的时候，提示自己做到以下几点：当对方说话的时候，保持目光接触；不要一边做别的事情，一边交流；注意对方描述一件事情时所表达的情绪，且保持情绪的共鸣；观察对方的肢体语言，以及肢体语言所表露的情绪；对方结束一个话题之前，不要打断对方。

3．交换礼物

在重要的节日交换礼物是一件很有仪式感的事情，这种仪式感本身以及这件礼物都会成为你们双方关系的黏合剂。礼物可以是具化的一件物品，也可以是一次周末出行等，它是提醒对方我还爱着你的东西。当然，挑选礼物同样是一个值得注意和考究的事情。

4．服务的行动

简言之就是做恋人想让自己做的事，通过提供服务使恋人高兴。当双方热恋时，为对方服务是自愿的，很用心细致，但是有的在热恋之后就变得不同了，让人有心理落差。这种服务的行动往往是生活中的小事，可能是随手倒一下昨天的垃圾，天冷的时候主动给对方倒一杯热水，闲暇的时候主动去帮对方料理一下植物，别看都是小事儿，如果能提醒自己主动去做，会让对方觉得爱意满满。

5．身体的接触

身体接触是人类沟通情感的重要方式，也是表达爱的有力工具，而性只是这种爱语的表达方式之一，拥抱、接吻、抚摸都是身体的接触。而谈恋爱往往谈的是感情，双方如果是身体上交流十分契合，会极大避免日常生活的琐碎摩擦带来的争执，因此，身体的接触对于一段感情的重要性不言而喻。

列举完了表达爱的 5 种方式，很多人会想知道，如何判断自己的恋人是用哪种语言来表达爱意们，你不妨试试以下 3 种方式。

（1）想想你以及你的伴侣做过什么事情最能伤害彼此，这也可能就是你们最在乎的语言，与之相反，这可能就是你们的爱语。

（2）恋爱中，双方最经常提出的诉求是什么，最希望双方用什么行为满足彼此，这种请求可能就是你们的爱语。

（3）你们最常用什么样的方式对恋人表达爱，自己表达爱意的方式，就是各自的爱语。

要点三　如何理解恋爱与婚姻的关系

没有人能确保一对恋人一定能走入婚姻，但每一段恋情都要像婚姻一样认真对待，符合社会规范的恋爱和婚姻均受到法律的保护。恋爱是婚姻的基础，曾有人说，不以结婚为目的的恋爱都是耍流氓。这说明了人们对待婚姻的严肃态度，也表明很多人看重婚姻的感情基础，说明大部分人的婚姻观是珍惜爱情，渴望共同生活彼此融合的。俗话说的“门当户对”，不仅仅指物质基础和未来发展，更是指原生家庭的文化背景、行为习惯。夸张的说法是，婚床上其实睡着最少 6 个人，除了夫妻两人，还有双方的父母甚至亲人，因此，当我们确定恋爱关系开始进入婚姻的规划时，一定要考察双方的家庭情况，增进对彼此原生家庭的生活习惯、思考方式、态度行为的了解，考虑心理承受力的上限和下限，理性决策。有关婚姻的资源条件对等性越高越好，有关婚姻的特质契合性越高越好。

从建立恋爱关系到维持婚姻的稳定也是个体走向自我完善的过程。恋爱双方要在这个过程内逐渐完善自我，需要完成一致性沟通的 3 个层次。

第一层，接纳感受。在进行一致性沟通时，个体的言语和非言语信息（尤其是身体的反应）传递了相同的信息；反之，则传递出两种不同的、矛盾的信息。

要建立一致性沟通，我们首先应学会觉察自己的身体反应和情绪的变化，并且承担起对自己情绪的责任，而不归咎于别人，为自己的情绪、为发生在自己身上的一切事情负责；然后接纳自己会紧张、会生气、会恐惧，并且看看可以做些什么让自己的身体舒服些，情绪平缓些；最终欣赏自己所做的这一切。完成了这个过程，就算做到第一层的一致性沟通了。此时恋爱双方才能不带抱怨的、真诚一致地表达自己的感受，享受到亲密。

第二层，深入觉察。简单来说，就是了解自己内心真正的渴望和期待。有的时候，我们不知道，也不去探索自己真正想要的是什么，并放纵自己沉溺于无聊、不满、抱怨中。还有些时候，我们的所言所行，跟我们的渴望背道而驰。恋爱中人明明渴望温暖、亲密，却不经意地用指责、索求把对方吓跑。因此，在这一层次，我们要做的就是找到自己的渴望，然后为这份渴望付出努力。深入觉察自己未满足的期待会让恋爱双方彼此依靠，让心的距离更近。

第三层，身心合一。这其实也就是古人常说的“天人合一、顺应自然”的意思。正所谓，相似让我们连接，相异让我们成长。

要点四 如何处理学习、工作、个人休闲与恋爱的关系

有人说爱情不是生活的全部，没有爱情的日子里，要安排好自己的学习、工作和休闲生活；有恋人之后，也要保持自我的空间和人格的相对独立性，确保自己既能独处也能相互依赖。诗人纪伯伦说：“要让你们之间有空间，要让天堂之风在你们之间尽情舞蹈”。之所以建立一段亲密关系非常困难，是因为必须在分开的状态和在一起的状态之间建立并保持一种平衡。

因此，关系中的重要事情是每个人都能开诚布公地说出自己的想法，告诉对方你希望他成为的样子，而不是评价不希望的样子。快乐是自己的责任，不要在不开心的时候指责对方。双方都需要为维持关系的健康发展而不断努力，每个人都可以在关系之外获得意义和营养源，关系不是生活的唯一。恋人之间彼此鼓励，去实现自己人生的最大可能。

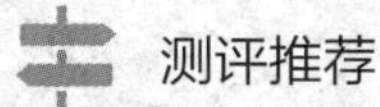

恋爱观自评量表

1. 你认为恋爱作为人生一个重要的环节，最终所达到的目的应当是（　　）。

A. 找到一个情投意合的爱侣

B. 成家过日子，抚育儿女

C. 满足性的需求

D. 只是觉得新鲜有趣，没有明确的想法

2. 男女分别做下面两小题。

（1）你对未来妻子最主要的要求是（男性选择）（　　）。

A. 善于理家，利落能干　　B. 容貌漂亮

C. 温柔体贴，能帮助自己　　D. 顺从你的意思

（2）你对未来丈夫最主要的要求是（女性选择）（　　）。

A. 潇洒大方，有风度

B. 社交能力强

C. 为人诚实正直，有进取心，待人和蔼可亲

D. 只要他爱我，其他都不考虑

3. 你决定和对方建立恋爱关系时所依据的心理根据是（　　）。

A. 彼此各有想法，但相互尊重　　B. 我比对方优越

C. 对方比我优越　　D. 没想过

4. 对最佳恋爱时间的考虑是（　　）。

A. 自己已成熟，懂得人生的意义和爱情的内涵，已确定事业的主攻方向

B. 随着年龄的增大，自有合适的伴侣出现

C. 应尽早并主动

D. 还没想过

5. 你希望自己是怎样结识恋人的？（　　）

A. 青梅竹马，情深意长　　B. 一见钟情，难分难舍

C. 在工作和学习中逐渐产生恋情　　D. 经熟人介绍

6. 你认为推进爱情的良策是（　　）。

A. 极力讨好、取悦对方　　B. 尽力使自己变得更完美

C. 百依百顺，言听计从　　D. 无计可施

7. 你希望恋爱的时间是（　　）。

A. 越短越好，最好是“闪电式”　　B. 时间依进展而定

C. 时间要拖长一些　　D. 自己无主张，全听对方的

8. 谁都希望完整全面地了解对方，你觉得了解他（她）的最佳途径是（　　）。

A. 精心布置特殊场面，常对恋人进行考验

B. 坦诚相待地交谈，细心地观察

C. 通过朋友打听

D. 没想过

9. 你十分倾心的恋人，随着时间的推移，暴露了一些缺点和不足，这时候你会（　　）。

A. 采取婉转的方式告知并帮助对方改进

B. 因出乎意料而伤脑筋

C. 嫌弃对方，犹豫动摇

D. 不知道如何是好

10. 当你已有了恋人时，有其他人对你表示爱慕，你会（　　）。

A. 说明实情　　B. 对其冷淡，但维持友谊

C. 瞒着恋人和其来往　　D. 感到茫然无措

11. 当你对倾慕已久的人发出爱的信息时，你发现他（她）另有所爱，你会（　　）。

A. 静观待变，进退自如　　B. 参与角逐，穷追不舍

C. 抽身止步，成人之美　　D. 不知道

12. 你对恋爱中出现的矛盾波折怎样看？（　　）

A. 既然已出现，也是件好事，双方正好趁此了解和考验对方

B. 感到伤心难过，认为这是不幸

C. 疑虑顿生，就此提出分手

D. 没有对策

13. 由于性格不合或其他原因，你们的恋爱搁浅了，对方提出分手，这时候你会（　　）。

A. 千方百计缠住对方　　B. 到处诋毁对方的名誉

C. 说声再见，各奔前程　　D. 不知所措

14. 假若你十分信赖的恋人喜新厌旧，和你分手以后，你会（　　）。

A. 就当自己认错人　　　　　　　B. 你不仁，我不义

C. 吸取教训，重新开始一段恋爱　　D. 痛苦得难以自拔

15. 你的多次恋爱均告失败，随着年龄增长，你会（　　）。

A. 一如从前，宁缺毋滥

B. 随便找一个人凑合

C. 检查一下自己的择偶标准是否实际

D. 叹息命运不佳，从此绝望

评分标准

对应表 8–3 得出各题分数并相加，算出总分。

表 8–3　选项分数对照表

选项 / 分数/分 / 题号	A	B	C	D
1	3	2	0	1
2	2	1	3	0
3	3	2	1	0
4	3	2	1	0
5	2	1	3	0
6	1	3	2	0
7	1	3	2	0
8	1	3	2	0
9	3	2	1	0
10	3	2	1	0
11	2	1	3	0
12	3	2	1	0
13	2	1	3	0
14	2	1	3	0
15	2	1	3	0

结果解释

根据自己的总分，参考以下 4 种恋爱观解析。

A 型（35 ~ 45 分）：恋爱观成熟正确。你是一个成熟的青年，你懂得爱是什么和为什么爱。不要怕挫折和失败，尽管大胆地走向你梦中的恋人吧，你的恋情会成功的。

B 型（25 ~ 34 分）：恋爱观尚可。你向往真挚而美好的爱情，然而屡屡失败，一时难以如愿。你不妨多看看成功的朋友，将恋爱作为圣洁无比的追求，不断校正爱情的航线，这样你与幸福就相隔不远了。

C 型（15 ~ 24 分）：恋爱观需要认真端正。你的恋爱观存在一些问题，它们使你辛勤播撒的爱情种子难以萌芽或难以结出甜蜜的果实，你应该及时修正自己的恋爱观。

D 型（3 ~ 14 分）：恋爱观尚未形成。你或许年龄还小、天真幼稚，爱情对你来说是个未知的世界，你需要防范圈套和伤害。建议你心智成熟后建立正确的恋爱观再坠入爱河。

第九章
大学生性心理

真实案例

刘某，男，20 岁，大二学生。他长期以来一直经受心理障碍的困扰和折磨，无法摆脱这个阴影，给他的生活和学习造成了很大的影响。他给学校的心理咨询师写了一封信，信中说，他自慰已经将近 5 年了，以前只偶尔为之，可随年龄的增长却越来越频繁，现在已经发展到无法正常上课，无法和女同学正常交往，到夜晚无法入眠，无法控制自己的行为，致使自己很自卑，他觉得自己是个“坏人”。进入大学两年多来，他从不与人多讲话，与人讲话时也不敢直视，像做了亏心事，在别人眼中是个“怪人”。上课时他常常因为紧张，对老师所讲的内容不知所云。更糟糕的是，现在他在亲友、邻居面前说话也“不自然”了。由于这些毛病，他极少去社交场所，很少与人接触。他哭诉说，这个怪毛病严重影响了他各方面的发展：腰酸背痛、失眠健忘、学习成绩下降；交往失败，同学们说他清高并疏远他。

同学们，你是否也有性心理的困扰呢？案例中的刘某经常经受自慰带来的困扰，他认为自己做了“坏事”，但如果加强对性心理和性健康相关知识的学习，我们就知道，人们往往对身体或精神上的性刺激会产生生理反应，这都是正常的。所以，对性心理的学习非常重要。

活动体验

活动一　头脑风暴——我们听到的故事

1. 活动准备

分小组开展，每组不超过 8 人为佳，每组准备一张大尺寸白纸和若干支笔。

2. 活动步骤

（1）关于青春期发育的知识，关于我们是从哪里来的，关于我们身体的各种变化和原因，我们都听说过什么信息？将这些信息用一句话写下来。

（2）这些信息或者故事是谁告诉你的？将名字写在后面。

（3）将讨论结果张贴起来。

（4）从中选择两个常见的错误信息，大家讨论并进行解答。

3. 活动感想

讨论完青春期发育的故事，你最大的收获是____。

活动二 我的 10 步

1. 活动准备

全班同学站成 1 ~ 2 排，拉开距离。

2. 活动步骤

（1）大家闭眼，安静地听老师陈述下列情况，如果认为陈述符合自己的经历，便向前走一步，如果没有就停在原地；站定后，老师陈述下一条情况。

（2）老师陈述。

① 如果你曾因为你的性别，让父母表现过失望，请向前走一步。

② 如果你曾因为你的性别，而不能自由选择自己喜爱的着装打扮，请向前走一步。

③ 如果你曾因为你的性别，而不能去做某些你想做的事情，请向前走一步。

④ 如果你曾因为你的性别，而选择了你不喜欢的专业，请向前走一步。

⑤ 如果你曾因为你的性别，而感到烦恼或伤心，请向前走一步。

（3）大家睁开眼睛，走在前面、中间、后面的参与者分享一下自己的故事，为什么走到了现在这个位置，以及自己的感受。

（4）请大家向后转，然后重新闭眼，安静地听老师陈述下面每一条情况，如果曾发生在自己身上，便向前走一步，如果没有就停在原地；站定后，老师陈述下一条情况。

（5）老师陈述。

① 以后面对社会上的种种，你能用一种社会性别视角去审视吗？如果能，请向前走一步。

② 虽然事情不符合你的社会性别，但你以后会去实施，请向前走一步。

③ 当别人质疑你的行为规范不符合你的社会性别时，你能坚持自己的选择吗？如果能，请向前走一步。

④ 如果你愿意正视自己的性别，勇敢面对自己，请向前走一步。

⑤ 不管你经历了怎样的社会性别历程，你愿意骄傲地说“我就是我”吗？如果愿意，请再向前走一步。

⑥ 大家睁开眼睛，分享与回顾。

3. 活动感想

做完这个活动，你的收获是什么？

____

____

____。

活动三 艾滋病行为的分类

1. 活动准备

3张大白纸、若干支笔。

2. 活动步骤

（1）在3张大白纸上分别写上“高危行为”（很危险的行为）、“低危行为”（有一定危险性的行为）和“安全行为”（没有危险的行为）。

（2）每位同学轮流在白纸上写上自己认为的各类行为。

（3）老师可现场说出各类行为名称，让学生分类。

3. 活动感想

应该采取什么样的行为来避免感染艾滋病呢？

____

____

____。

活动四 有什么不同

1. 活动准备

分小组开展，每组不宜超过8人。

2. 活动步骤

（1）讨论以下内容。

① 我们学习的生理卫生图片和色情图片有什么不同？

② 为什么大家会认为色情图片是不健康的？

③ 学习生理卫生对我们了解青春期发育的知识有帮助吗？为什么？

④ 我们应该用什么样的态度去对待不同的裸体图片？

（2）每组同学选出代表发言。

3. 活动感想

做完这个活动，你有什么感想？请写在下面的横线上。

____

____

____。

知识解析

第一部分　性别与性别认同

要点一　性别的表现

我们通常说人有男女之分，就是性别有差异，而性别的差异往往表现在性征上的区别。

1．什么是第一性征

男女生殖器官的差异称为第一性征，也叫主性征。女性的第一性征是卵巢、子宫和阴道。一般来说，女性性器官发育相对男性较早，月经规律来潮是女性性成熟的标志。男性的第一性征是睾丸、前列腺、阴茎和精囊。男性性成熟的标志是出现精子。处于青年期的男女大学生，这些性器官的发育已经成熟。

2．什么是第二性征

第二性征又叫副性征，是男女在外观和形体上的差异，它包括生理变化、声音变化、皮肤变化以及阴毛、鬓须、腋毛和体毛的变化。女性的第二性征：胸部隆起，阴毛、腋毛的生长，声音变得细而柔韧，音调较高，皮肤细腻、有光泽，皮下脂肪聚集增多，体形均匀，肩窄臀宽。男性的第二性征：阴毛、腋毛、胡须的生长，颈部喉结开始突出，说话声音变得粗而低沉，脂肪腺的分泌旺盛促使粉刺出现，皮肤变得粗糙油腻。

3．什么是第三性征

男女两性在心理方面所表现的主要差异称为第三性征。美国心理学家麦考比和杰克林合编的《性别差异心理学》一书，评述了50多种前人认为男女有别的心理特点。他们认为，可以清晰地显示出男女确实存在心理差异的实际上只有以下4项。

（1）男性的视觉、平衡感能力较强。

（2）男性的数学能力较强。

（3）男性更为好斗。

（4）女性的语言表达能力较强。

我国学者分别对200名男、女青年调查后，得出以下结论。

（1）男性特点：独立性强，具有攻击性，不易受他人影响，能果断做出决定，很少表露感情，支配欲强，不易激动，很有活力，喜好竞争，感情不易被伤害，爱冒险，不爱修饰外貌。

（2）女性特点：文静，爱整洁，爱表达温柔的感情，爱了解他人的感情，虔诚，注意自己的外貌，有极强的安全保护需要，喜欢艺术和文学，乐于表达。

要点二 生理性别、社会性别和性别认同 

1. 什么是生理性别

生理性别是生物学术语，指基于遗传构成、解剖和繁殖功能，个体作为女性或男性的分类。在不同的环境中，可用来指个体的染色体组成，以及通常与染色体差异相关联的生殖器官和次性征、脑性别等。生理性别往往由染色体、性激素、脑、中枢神经系统等决定。

2. 什么是社会性别

社会性别是带有心理学意义和文化意义的概念，是一种社会标签，用来说明文化赋予每一性别的特征和个体给自己安排的与性别有关的特质。联合国教育科学和文化组织给出的定义："社会性别是社会和文化中所形成的对于什么是'男人'和'女人'的不同期待和规范，是与一个人的生理性别有关的态度、情感和行为。"

社会性别不是单以生理构造来划分的，还要看个体的行为特征、处事特质等，主要是指个体自身所在的生存环境对其性别的认定，包括家人、朋友、周围人群、社会机构和法律机关的认定等，是人基本的社会属性之一。符合文化期待的行为被称为社会性别规范，反之则被称为不符合社会性别规范。这些性别包括穿着打扮、做事的方式以及与他人相处的方式。性别角色和期望是习得的，会随着时间而变化，并且会在同一文化内或不同文化间呈现多样性。

3. 什么是性别认同

一个人的生理性别和社会性别可能是协调一致的，也可能是冲突的，这取决于一个人的性别认同。性别认同既包括以生理性别为依据的认同，又包括以社会性别为依据的认同，前者是对自己生理属性的确认，后者是根据社会文化对男性、女性的期望而选择相应的动机、态度、价值观和行为，并发展为性格方面的男女特征，即所谓的男子气和女子气。

要点三 关于性别心理差异的理论研究 

对性别心理差异的研究始于个体差异心理学。1883 年，英国的优生学家、遗传学家、实验生理学家高尔顿发表了《人类才能及其发展的研究》一书，汇总了他在个体心理差异方面的研究成果，其中就有他通过测量对男女身体和心理特性进行的定量比较。

20 世纪初，蓬勃发展的机能主义心理学以心理测验为主要方法，推进了差异心理的研究，对性别差异的探讨使女性的心理特征得到了更为广泛的学术关注。20 世纪初期对两性心理的研究，并未超出传统观念的制约，认为女性突出表现的是自己的魅力，而不是追求成功的能力，因此缺少像自主性、创造性、情绪控制力和接受教育的能力等"男性特征"。这是非常普遍的男优女劣的观点。20 世纪一二十年代，在美国心理学家华生所倡导的行为主义心理学的影响下，一部分心理学家开始对传统的男优女劣的假定提出了有力的挑战。

1. 精神分析理论

弗洛伊德是西方第一个比较系统地论述性别心理差异的心理学家。他是精神分析学派的创始人，他还被看作“西方男性主义心理学之父”。他持有男主动女被动的看法，认为男人是活跃的、富于攻击性的，而女人是被动的。弗洛伊德及其追随者把性别差异的起源和女性个性特征的本质归结为生物学原因，完全是以男女生理结构上的差异为依据的，忽视了社会文化的巨大作用，从而为性别歧视“合法化” 提供了依据。总的来说，精神分析理论不能积极地看待女性的心理，是“男性中心”的理论。同时，精神分析的性别差异理论，无论是对女性的心理发展，还是对男性的心理发展，都相对薄弱，有严重的不足。

2. 行为遗传理论

行为遗传理论的观点是，对行为的影响可以分为遗传和环境两个大的方面。认为家庭成员比较相像的两个因素是共享基因和共享环境。而使家庭成员有所区别的是不共享的遗传和环境因素。

行为遗传学家罗伯特·波罗明在承认环境影响的重要性的同时指出，遗传对个体在行为发展差异上的影响是很大、很显著的。罗伯特·波罗明研究了12种人格和社会行为特征，如情绪型、社交型和活动水平等。他得出的结论是上述的一般人格特征有50%归因于遗传，也就是说，如果你已经知道了同卵双胞胎中其中一个人的行为模式，那么你对另一个具有这个行为模式的预测概率是50%。如果是异卵双胞胎，你的预测概率是25%。但对其他个体来说，这种预测概率则是零。

3. 社会学习理论

社会学习理论是20世纪60年代在美国形成的心理学流派，是在行为主义基础上产生的，并从关于学习的实验研究中引用了术语和原理。与精神分析理论不同，社会学习理论对女性的需要、动机、性格问题不感兴趣，但是重视两性差异的外部表现，即男女不同的行为差异。社会学习理论认为，性别角色发展是经验积累的结果，家长、老师、同伴等影响儿童社会化的人通过榜样、期望、玩具选择来强化性别适宜行为、惩罚性别不适宜行为，通过对男女儿童的不同对待来形成儿童的性别行为。

社会学习理论认为，男女性别角色的获得是一个观察、模仿、强化的交互作用的过程，这一过程通常持续很长时间。社会学习理论主张，在婴儿时期，男女在生理和心理方面都依赖母亲。母亲成为婴儿行为的第一个有效强化者。在婴儿心理发展过程中。母亲强化婴儿的某些行为，但是惩罚另一些行为。这一过程就是性别角色的学习过程。在进一步的学习过程中，儿童开始模仿自己心目中的权威人士，特别是自己的父母。一般来说，男孩主要模仿父亲和其他男人，女孩主要模仿母亲和其他妇女。

在较高层次的学习过程中，儿童开始学会预见自己行为的后果，从而摆脱直接强化，利用已经学得的性别概念指导自己的行动。这一问题与认知过程有密切的关系，人的心理活动是复杂的，高级的认知活动对人的行为起着重要的作用。但社会学习理论对认知的重要作用有所忽略，而对模仿、强化等外部行为机制更为强调和关注。

总体而言，社会学习理论是一个清楚、限定明确、容易测试的理论。它的主要贡献在于将我们早已熟悉的一般学习理论运用于心理性别的发展上。从性别心理差异研究的角度看，社会学习理论强调影响女性的社会环境和文化力量。

4. 认知发展理论

认知发展理论是当代较有影响的心理学理论之一，其认知发生和发展的基本原则是由心理学家皮亚杰提出的。认知发展理论认为，人类是凭借认知结构主动理解和掌握知识的，儿童不断地探索、操纵外物，通过将其吸收形成了认知的新结构式，然后，通过这一新结构再去认识新事物。

科尔伯格认为，儿童的性别认知发展经历了 3 个阶段：基本的性别认同、性别稳定性、性别同一性。

（1）基本的性别认同阶段（2 ~ 3 岁）

性别认同是指个体对自己性别状态的认识、理解或自我意识，科尔伯格认为儿童到 3 岁时具有这种认知。两三岁的幼儿不会将性别搞错，但还不能懂得性别稳定和同一性的概念，会认为改变服装和发型就会改变性别，就是说，他们尚不能在变换时间和场合的情况下永远保持准确的性别概念。

（2）性别稳定性阶段（4 ~ 7 岁）

在这个阶段，儿童开始认识到性别是稳定不变的。4 ~ 6 岁是儿童获得性别认同的关键期。在这一时期，儿童开始初步形成“自我”的概念，具有肯定的自我感。例如，女孩在这一时期开始形成自己不仅是小姑娘而且永远是女人的概念；男孩知道他将来是男人，女孩知道她将来是妇女。这意味着他（她）们已经意识到自己将来会成为特定性别的成人。这对儿童对榜样的模仿具有重要的意义，在这一性别认知发展阶段，儿童没有性别优劣的观念，女孩认为母亲的行为是值得效仿的。

（3）性别同一性阶段（8 ~ 13 岁）

在达到这个发展阶段时，儿童会因为情景和外表的变化影响其对自己和他人性别的判断。儿童获得了稳定性别同一性，明确地意识到：性别不会随时间、情景、行为的变化而变化。只有到这个阶段，儿童才有可能鉴别性别适宜或不适宜行为。

认知发展理论强调儿童性别角色形成的外部因素，但指出这些外部因素的影响受儿童不断形成的认知结构所支配。

要点四 性别平等

1. 对性别的刻板印象

根据一个或一组特征所形成的对人的一种广义和过于简化的看法，称为刻板印象。刻板印象通常不准确，且会引起偏见和歧视。对女孩、男孩、男性或女性的刻板印象被称为性别刻板印象。性别刻板印象往往体现在 4 个方面：外表形象、人格特征、角色行为和职业。性别刻板印象往往是因为受传统性别文化和社会性别分工等的影响而形成的。

2. 性别刻板印象的特点

（1）对社会人群进行极为简单化的性别分类。

（2）在同一社会文化和同一群体中，性别刻板印象具有相当的一致性。

（3）性别刻板印象常与客观事实不相符合。

3．性别歧视和性别偏见

性别歧视是指一种性别成员对另一种性别成员的不平等对待。尤其是男性对女性的不平等对待。两性之间的不平等，造成社会的性别歧视。性别歧视也可用来指称任何因为性别所造成的差别待遇。受歧视者无法享受与其他人相同的权利和机会。歧视违背了人权的基本原则，即所有人在尊严上是平等的，享有同等的基本权利。

判断一个行为是否是性别歧视的条件有以下 3 个。

（1）区别对待不同性别。

（2）这种区别使某一性别的利益受损。

（3）在竞争条件下，对实施区别的社会单位（个人）最终没有好处。

性别偏见是指对性别产生的不合理的感情、观点或态度，通常不是建立在知识、思想或理想的基础上的。

性别刻板印象、性别歧视、性别偏见等一直存在，但都是不合理的。我们希望在校园里建立性别友善的关系，在社会形成性别平等的氛围。性别平等，即对不同社会性别的人赋予同等价值，并为其提供平等的条件来充分实现其人权，使其能够促进经济、社会、文化和政治的发展并从中获益。性别平等，需要全社会共同努力，互相尊重，充分理解。

第二部分 大学生常见性困扰

要点一 性生理成熟带来的心理困扰

大学生性生理已经基本成熟。我们知道，遗精和月经是人成长过程中必然出现的自然和正常的生理现象，但仍有相当部分大学生对其有着不正确认识，并受其困扰。根据对大学生的调查显示，男大学生对遗精的情绪反应，感到“羞愧”“厌恶”“不安”“困惑”的共占了 16.7%；女大学生对月经的情绪反应，感到“紧张”“厌恶”“不安”“情绪低落”的超过一半。男大学生对遗精的负面性心理体验，主要来自几个方面的困扰：一些男大学生受一些错误认识影响，对遗精感到恐慌担忧、焦虑不安；还有部分男大学生认为是自己思想肮脏、卑鄙所致；有的认为是自己的行为（如自慰）下流及堕落才会导致遗精。由于对遗精缺乏正确认识，一些男大学生在思想上感到难以接受，出现焦虑紧张等不良情绪，但遗精的现象仍然存在，于是扰乱了睡眠，导致神经衰弱，出现失眠、头晕、头痛、耳鸣等。这些症状又在一定程度上加剧了心理负担，一方面怕别人知道后嘲笑、蔑视自己，把这种担心恐惧郁积心中，闷闷不乐；另一方面又把注意力集中在自己遗精的问题上不能自拔，出现了恶性循环。个别男大学生因此产生较为严重的心理障碍。

月经是女性走向性成熟的标志，也是一种自然而且正常的生理现象。相当多的女大学生随着月经的周期性变化，其食欲、性欲、情绪、记忆力等方面的心理活动都可能发生程度不同的变化，有的还会有诸如头痛、疲乏、腹痛等身体不适感。部分女大学生还可能出现痛经、烦闷、焦虑、易怒或者沉默寡言、消极抑郁甚至恶心、呕吐等身心体验的经前期紧张综合征，使自己的学习和生活受到较为严重的影响。

要点二　性体像带来的心理困扰

有人曾对大学生做过一次调查，发现大多数人对体像有或多或少的焦虑心理，因为外表可以修饰，而体像却很难改变。对男大学生而言，最苦恼的是对自己的生殖器官不满意，他们错误认为，阴茎小便意味着性功能差，有这样想法的人数不少。困扰男大学生的第二大问题是觉得自己个子矮，这种心理的产生与女性的审美要求有极大的相关性。

对女大学生来说，顾虑自己乳房小的最多。在现代社会中，人们崇尚自然，以健康为美，乳房作为性吸引的重要器官，受到现代女性的重点关注。其次，女性还担忧肥胖问题，既希望苗条，又希望丰满，二者不能兼得，于是产生矛盾心理。

还有的大学生被脸上的“青春痘”所困扰，有人错误地认为“青春痘”与自己的性需求有关，所以面对异性时内心感到很难堪。面对这些困扰，大学生如果不能正确认识自己的身体和第二性征，甚至将其看作自己的缺陷，就会产生自卑心理，以致影响人际交往、学习和生活。

要点三　性意识带来的心理困扰

我国大学生的年龄多在 18 ~ 22 岁，就其生理和心理发展过程而言，大学生已经进入性生理成熟和性心理趋于成熟的阶段。因此，在大学生活阶段出现诸如仰慕异性、渴望与异性相处，有时会有意无意地想到性的问题，甚至产生性幻想、性梦等各种性心理活动。性幻想又叫性的白日梦和精神“自淫”，对大学生的调查数据显示：“经常有”性幻想的大学生占 5.8%，“偶尔有”性幻想的大学生占 68.9%。可见，性幻想是大学生中比较普遍和正常的心理活动。

性梦是指个体进入青春期后，在睡梦中出现的带有各种性内容色彩的景象。调查显示，67.7% 的大学生做过性梦，其中男生占 88.5%，女生占 40.8%；“在梦中与异性是否有过亲密行为”的情况，“经常有”和“偶尔有”的大学生占 67.7%。有的大学生因为性梦或性幻想而认为自己是“不道德的”“罪恶的”“卑鄙下流的”，进而感到羞耻、自卑、注意力不集中，甚至焦虑不安。有的大学生由于频繁性幻想或性梦，而影响休息、睡眠和体力的恢复，严重的还会导致神经衰弱，给大学生的身心健康带来不利影响。

要点四　性行为带来的心理困扰

大学生的性行为主要是自慰性行为、边缘性行为和婚前性行为，其中以自慰行为最为常见。

自慰性行为是构成心理困扰的重要原因之一。有关自慰性行为，许多学者做过深入的研究。自慰是青春期成熟的一种生理表现，是解除因性紧张而引起的躁动、不安的一种自慰方式，适当的自慰对身体是无害的。但由于有些夸大自慰害处的宣传，使部分大学生感到紧张不安。因自慰而产生思想负担的大学生，普遍表现是自责、担忧、羞愧和焦虑。

边缘性行为泛指除性交外的一切亲昵行为，如拥抱、接吻、抚摸等。在大学中，与恋爱情感发展深度相适应的边缘性行为已基本上被人们所接纳，但任何与情感发展不相适应的亲昵行为都将导致不真实感，并引发内心焦虑与空虚。

有婚前性行为的大学生事发当时，男生往往产生严重不安、自我否定和恐惧焦虑。因为性行为本身往往是双方冲动所致，事后女大学生往往不能摆脱失贞心理从而给双方罩上阴影。另外，由于缺乏条件或避孕措施，大学生婚前性行为极易导致怀孕，所以双方事后总是担心、焦虑、不安甚至恐惧。

要点五 性压抑带来的心理困扰 

大学生性机能的成熟使性的生物性需求较为强烈、迫切，即大学生健全的性心理结构尚未确定，对各种性现象、性行为的认知评价体系还不完善，再加上性的社会性要求的约束，使大学生的性心理发展处于矛盾之中。有的大学生对性冲动持否定、抵制的态度，采取压抑的方式。调查表明 55.19% 的男生和 48.77% 的女生有性压抑感。性压抑不仅会有碍于性心理的健康发展，严重者还会导致精神问题。

第三部分 性健康与性心理

要点一 性健康的基本概念 

世界卫生组织认为，随着人类文化和生活水平的提高，人类的性问题对个人健康的影响将远比人们以前所认识的更为深入和重要，对性的无知或错误观念将极大地影响人们的生活质量。

1. 什么是性健康

性健康即指与性有关的身体、情感、精神和社会适应方面的良好状态，它不仅仅是没有疾病、功能障碍或不适。性健康需要通过积极的、互相尊重的方式去构建性和性关系，也包括在没有强迫、歧视和暴力的情况下享有愉悦、安全的性体验的可能性。为了获得和维护性健康，所有人的性权利都必须得到尊重、保护和满足。

2. 性健康的内涵

性健康主要包括性生理健康、性心理健康和性行为健康 3 个方面。

（1）性生理健康：有正常发育的生殖器官和第二性征；生殖系统功能正常；有良好

的卫生习惯，保持生殖系统健康。

（2）性心理健康：性心理健康指性心理的形成是健康的；有健康的性别自认；用正常的心态对待各种性问题。

（3）性行为健康：性行为健康是指性行为符合社会规范；遵守性行为的道德要求；履行性行为的社会责任。

要点二　青春期性心理发展 

性心理的发展是从出生就展开的一个过程，尤其是到了青春期，更会以加速的方式得到发展。此时性心理可能向两个方向发展：在良好的家庭和社会环境的影响下及学校适时干预的性教育中，青春期性心理融入性的科学知识体系、性的道德观念和性的文明素养；反之，如果缺乏正确的性教育引导和性文化熏陶或受到不良的环境影响，青春期性心理则可能会被灌输隐晦、愚昧、迷信、伪科学甚至反科学与反社会的性的思想观念。性心理的形成与发展受个体的遗传、家庭生活、社会文化条件、文化程度、经历、个性特点等因素制约。所以，个体性心理的形成和发展有很大差别。

1. 青春前期的性心理

青春前期一般指 10 ~ 13 岁。当发现自己在生理特别是在第二性征上与异性逐渐显现差异时，便可能产生不安和害羞心理，各自藏匿自己的性征，在社会交往上趋向于同性交往，而回避异性交往。男孩对女孩的认识是娇气、胆小、心胸狭隘；女孩则认为男孩粗野、淘气、不懂事等。这些“误解”常常成为两性不愿意交往的“托词”。

大体上看，即将进入青春期时，男孩与女孩在学习、生活和活动等方面泾渭分明、来往较少。但事实上，他们内心并没有任何拒绝与异性交往的动机和理由，只不过他们还没有完全意识到异性的人格魅力，还未形成对异性的强烈好奇心及主动追求的意识，也不敢直接表现自己的真实心态。

这一时期的同性交往，造成了少男少女无形的“分隔”，增添了异性之间心理上的疏远感与陌生感，有利于纯化他们各自的性别角色行为，形成两性性别角色的鲜明差异。这种暂时的“分隔期”可能会带来日后异性相吸的巨大引力。有了对异性的陌生感，就可能产生对异性的好奇心，也就会增强对异性的兴趣与追求意愿。

2. 青春中期的性心理

青春中期一般指 14 ~ 17 岁。随着性生理发育和性社会化的过程，青少年产生了一种渴望了解身体变化和异性秘密的意向。这种萌动的性心理的主要表现：女孩更为突出和主动，乐于与男孩相处；男孩也有意或无意地在女孩面前展露才华，以博得女孩的欢心和仰慕。异性同学相处时，彼此都觉得愉快。这种由朦胧的性心理所支配的行为，并不是“谈恋爱”，而是“异性效应”的相互交往。他们渴望在交往中了解异性，但是他们还未接触到异性肉体，还没有产生一种肉体占有欲，只有一种焦虑性质的性欲萌动。他们大都十分注意收集和交流有关性方面的知识，社会中的种种和性相关的信息以及是否接受了正确的性教育等，都可能影响到此时期青少年的性心理发展。

少男少女的性心理有其自身特点。大部分女孩在初潮之后对男孩都会产生一种朦胧的爱，并用自己的整个身心努力去塑造一个窈窕淑女的形象，以博得男孩的欢心。男孩对各种性刺激的反应一般比女孩敏锐，大部分男孩体验过遗精，有的可能有过自慰行为的性快感，周身充满了性的自然欲望，希望与女孩接触，渴求拥抱、接吻甚至性交。这一时期的男孩女孩，异性交往心理发展在社会化过程中大多数都能得到良好的塑造，极少数可能接触到不适当的性的文化环境：有的可能无法理智地控制自己，陷于难以自拔的性痴迷境地；有的已经得到了性体验，但缺乏处理自我性需要与社会规范之间矛盾的经验，在这种矛盾冲突中陷于被动境地，如较早陷入初恋等困境。

3. 青春后期的性心理

青春后期一般指 18 ~ 20 岁。这个时期的男女青年，其逻辑思维、抽象思维充分发展，知识扩展和深化，在个性、人生观、世界观初步形成的同时，个体的性心理也基本达到了成熟水平。他们的性心理趋于现实化。男女之间相互交际习以为常，不再存在以前那样的羞涩和紧张感；既能从容对话，又能非常自然地共同学习和活动。男女之间不论是正常交往，还是恋爱，都可以直截了当地交谈，不需要煞费苦心去揣测对方的真实意图。在他们的性心理中对异性的认识已基本成熟，对自己所喜爱对象的具体类型也胸有成竹。因此，他们可以明确确定自己钟爱的对象并与其友好相处，直至发展成恋人关系。他们不再像以前那样，与异性仅保持一种尝试性的不稳定关系，而是从长远着想，力求持久稳定地长期交往，特别是一些“青梅竹马”或自幼就同班同校的青年男女，更容易确立恋爱关系。

青年男女的性心理以惊人的速度发展直至成熟。在性心理成熟过程中始终伴随着身体各个器官系统的发育，有着生物本能的性需求。要使自己的性需求意识与心理和社会性的关系、性的秩序保持相互协调，就需要不断地学习和调整。

要点三　大学生性心理的特点

1. 性焦虑

性焦虑包括对与自己性别相关的形体特征的焦虑、对自己的心理行为是否与性角色相吻合的焦虑、对自己性功能是否正常的焦虑。大学生应该树立健康的审美观，同时接受自身现实，不怨天尤人，注意扬长避短，如果对自身的性生理、性心理有疑惑，应及时寻求咨询和帮助，不可独自敏感多疑，无事生非。

2. 性别的差异性

性别不同，造成大学生的性心理也有所差异。

（1）在感情流露上，男性往往表现得较为外显和热烈，女性则往往表现得比较含蓄和深沉。

（2）在内心体验上，男性更多的是感到新奇、喜悦和神秘，而女性则茫然和不安，常常会感到不知所措、惊慌、羞涩、喜悦、惧怕，以至于神思恍惚、神情迷惘。

（3）在表达方式上，男性一般比较主动，有意识地在自己爱慕的异性面前表现自己，常常寻找机会向对方暗示，甚至直接表达自己的爱慕之情。女性则往往显得被动、羞涩和腼腆。

此外，男性的性冲动易被性视觉刺激唤起，而女生则易在听觉、触觉刺激下引起性兴奋。

3．动荡性和压抑性

大学生拥有人的一生中最旺盛的性能量，体内突然增加的性激素的刺激，会引发强烈的生理感应和心理体验。尤其是外界各种渠道的性刺激，更易诱发大学生性的需求和冲动，从而出现动荡不安的情况。

然而，大学生深感道德、法律的力量，这种欲望被理智限制和约束着，于是在需求和满足之间出现了尖锐的冲突和矛盾。不少大学生的心理还不成熟，尚未形成稳固的、正确的性价值观和恋爱观，自控能力较弱。性的生物性与社会性的冲突使许多大学生产生了性压抑。

4．强烈性和文饰性

大学生正处于心理断乳期，心理闭锁是其显著特点。他们既寻求自我独立，又感到孤独无依；既渴求在新的集体中得到帮助和安慰，又紧紧地封锁自己的心灵。一方面大学生需要友谊，渴望理解，寻求归属感和爱，希望与自己所爱的人分担痛苦、共享快乐；另一方面又自我闭锁，他们虽然十分重视自己在异性心目中的形象、评价，但表面上却无动于衷，不屑一顾或故意回避。他们表面上好像讨厌那种亲昵的动作，但实际上却十分希望亲身体验。文饰自己强烈的渴望导致许多人不愿轻易敞开自己的心扉，这种心理上的矛盾，使大学生产生了种种心理冲突和苦恼。

5．本能性和朦胧性

大学生的性心理缺乏深刻的社会内容，尤以低年级大学生为重，基本上还是生理急剧变化带来的本能作用。大学生往往怀着好奇心，甚至怀有罪恶心理来秘密探求性知识，对异性有着浓厚的兴趣、好感和爱慕。然而，这种生理变化带来的性意识的觉醒和萌动，还披着一层朦胧的面纱，在此基础上，在朦胧纷乱的心理变化中，性意识逐渐强烈和成熟起来。

要点四　择偶心理

心理学创始人之一霭理士精辟地阐述了在追求异性过程中择偶与求爱各自的侧重方面和相互关系，他说：“择偶是目的，求爱是手段”。在选择配偶的过程中，持续的、有一定规律的心理活动现象及所导致的行为举止，就被称为择偶心理。

1．择偶心理模式

择偶心理模式可以定义为选择配偶的过程中按照综合的条件使自己的择偶标准实现的心理期待方式。

（1）生活型模式

① 外倾型模式：侧重于对方的容貌、身材、言谈举止、风度等外形特征和热情大方、开朗活泼、善于交际等性格特征。

② 内倾型模式：侧重于对方是否诚实稳重、知识丰富、才华横溢、品德高尚等。

③ 精神型模式：以精神满足为主要择偶准则的模式。追求者看重的是对对方的敬佩、敬爱、敬畏的情感和报恩之情、怜悯之心。

④ 情感型模式：以情感满足为首选，即爱情至上主义。只要两人相爱，诸如长相、才华、经济、父母态度及社会舆论等条件都置之脑后。

⑤ 忘年交型模式：交往双方年龄相距较大的模式。一般来说，爱情是没有种族、国籍、年龄界限的。在一些特定环境和条件下，有些人更爱慕年长者，喜欢成熟美，感到在情感上有更大的满足，有更高的安全感。

（2）理想主义模式

理想主义模式也叫求全型模式，即期待十全十美、完美无缺恋人的模式。在现实中，抱有理想主义的择偶方很难达成愿望。

2. 择偶动机冲突

择偶动机冲突是指个体在性选择过程中，由于对不同的性恋对象的特质、相异的条件或在不同的性恋对象之间进行比较后，而产生的对性爱对象的矛盾心理。根据特征，择偶动机冲突可以分为以下 3 类。

（1）趋避冲突：即处在欲爱不能、欲弃不忍的矛盾心理之中。例如，甲在对乙的性选择过程中，从乙的某一方面看，乙是自己理想的情侣，从其另一方面考虑，又感到乙不太理想，甚至认为与乙在一起不可能有幸福美满的婚姻生活。性知识不足、性观念（含人生观、价值观）或性心理与社会规范偏差太大的人在择偶中容易产生择偶动机趋避冲突。

（2）双趋冲突：即在都令自己满意的两个恋爱对象中只能择其一时所产生的矛盾心理。“三角恋爱”中常常会发生择偶动机双趋冲突。

（3）双避冲突：对两个异性对象的选择都不满意，却必须从中选择一个对象，或对两种结果的选择都不满意，但是又必须从中选择一种结果时，所产生的矛盾心理。

要点五 性心理健康与成熟 

1. 性心理健康

性学家贺兰特·凯查杜里安认为：“性是人类本性的一个组成部分，也是大自然淘汰与生物进化留给我们人类的一份遗产和礼物。”性心理健康是指在充分发挥个体潜能的同时，内部性心理协调与外部性行为适应相统一的良好状态。这一定义表明，性心理健康既表现在个体与环境互动时的性适应行为上，也蕴含在相对稳定并处于动态发展和完善中的性心理特质上。这二者又是辩证统一的，表现在个体与环境互动时的性适应行为是其内在的良好性心理特质使然，而个体在对环境的良好性适应中，又发展并完善了自己的性心理特质。

2. 性心理成熟指标

心理学家和性学家们公认的性心理成熟的指标如下。

（1）对男女两性关系有正确认识，真正领悟到男女两性的本质及其社会功能和社会责任。

（2）以社会认可的方式表现性冲动和性需要，并能正常追求异性对象和谈恋爱、发展并确定爱情关系、满足自己的性欲望。

（3）有着合乎常规的性情感和性意志，能自觉按照社会道德规范和法律的要求，主动地控制自己的性行为。

（4）能合宜地处理一般异性朋友与恋人或配偶的关系。

（5）能有效地建立一个以爱情为基础的家庭和完成养育子女的社会责任。

要点六 性与性行为

性是复杂的，它包含生理、社会、心理、精神、伦理和文化等多个层面，并贯穿人一生的发展。人的一生中享受身体和亲近他人是十分自然的，人天生具备终身享受性的能力。性感觉、性幻想和性欲都是自然现象，始终伴随着人们，尽管人们并不总是选择凭感觉行事。

人们可以通过触摸和其他亲密行为来表达对他人的爱，包括亲吻、拥抱、触摸，或性行为，但我们必须知道什么是合适的，什么是不合适的，甚至是有害的。人们往往对身体或精神上的性刺激会产生生理反应，这也是正常的。

我们都有选择性行为的权利，但在性行为上做出明智的决策很重要。性行为能带来愉悦，同时伴随着与健康和幸福相关的责任。我们要充分考虑是否具有足够的知识、自信和能力，来面对相伴随的责任。同时，我们还要采取足够的措施避免或减少性行为带来的风险，预防非意愿怀孕和包括艾滋病病毒感染在内的性传播感染。

总之，性行为是正常的，受尊重的，做出发生性行为的决策应该是慎重的，性行为应该是安全的。

要点七 预防艾滋病

艾滋病又称获得性免疫缺陷综合征，由感染人类免疫缺陷病毒（Human Immunodeficiency Virus，HIV）引起。HIV 是一种能攻击人体免疫系统的病毒，患有艾滋病的人免疫功能会部分或完全丧失，易感染各种疾病，病死率较高。

艾滋病传播的主要途径有性交传播、血液传播和母婴传播。其中，不安全的性交是艾滋病最主要的传播途径，75% ~ 85% 的感染者是通过未保护的性行为（如未正确使用安全套）而感染 HIV 的。

艾滋病是我们共同的敌人，预防艾滋病最有效的措施是避免危险性行为，切断 HIV 传染途径。

测评推荐

爱与性测试量表

请根据你的真实想法进行回答。

	是	否
1. 我为自己出现性冲动感到紧张与羞耻。	（ ）	（ ）
2. 我认为适度的自慰是健康的性行为的一种，而过度的自慰是有害的。	（ ）	（ ）
3. 我觉得自己的发育状况不理想。	（ ）	（ ）
4. 性远远不只是带来快乐的事情。	（ ）	（ ）
5. 如果我爱一个人，我奉献什么都义无反顾。	（ ）	（ ）
6. 真正的爱情不是单恋。	（ ）	（ ）
7. 发生性关系的双方并不需要相爱。	（ ）	（ ）
8. 我认为心心相印是通向幸福的桥梁。	（ ）	（ ）
9. 没有爱情的性行为很难令人真正感到快乐。	（ ）	（ ）
10. 爱一个人主要是给予和付出。	（ ）	（ ）
11. 恋爱当中，拒绝与争吵都是正常的事情。	（ ）	（ ）
12. 对于性，不愿意的时候就应该坚定地说“不”。	（ ）	（ ）
13. 爱是包容对方，使她（或他）更自信。	（ ）	（ ）
14. 我只在乎曾经拥有，不在乎天长地久。	（ ）	（ ）
15. 我一旦喜欢上了她（或他），就非他不嫁，非他不娶。	（ ）	（ ）
16. 没有爱情的性行为根本不能填补两人之间的鸿沟。	（ ）	（ ）
17. 爱是很简单的事，困难的是如何找到爱的对象或被爱。	（ ）	（ ）

评分标准

第1，3，5，7，14，15，17题，答案肯定计0分，答案否定计1分；其余题目，答案肯定计1分，答案否定计0分。

结果解释

将第1，2，3，4题的得分相加，即得到你有关性生理的看法得分，如果你的得分在2分以下，则表明你对性生理的看法有失偏颇，容易产生精神压力和情绪问题。

将第 6，8，10，11，13，14，15，17 题的得分相加，即得到你对爱的看法得分，如果你的得分在 6 分以上，表明你对什么是爱有比较正确的看法；如果得分在 4 分以下，那么你需要再深入地思考一下，究竟什么是“爱”。

将第 5，7，9，12，16 题的得分相加，即得到你对爱与性关系的看法的得分，如果你的得分在 2 分以下，也许你对爱与性的看法有些偏差，易导致心理失衡。

第十章
网络与心理健康

真实案例

一位心急如焚的父亲告诉心理老师，他的儿子小林迷恋游戏已经 3 年了。小林上高中时，有老师和家长管着，晚上和周末可以玩 1 ~ 2 小时游戏。可进入大学后，小林每天头不梳脸不洗，懒得出门活动，饭也不想吃，只要不上课就待在宿舍里玩游戏，甚至把生活费都拿来换装备。平时他也不愿与其他同学来往，逃避学校的集体生活。大一开始他还能坚持完成作业，大二以后逐渐开始逃课，甚至不交作业，直至考试不及格。

上个假期，小林迟迟未回家，打他的手机也打不通。就在父亲心急如焚、准备向派出所报案的时候，小林终于回来了。原来，小林放假后并没有直接回家，而是径直走进了家附近的一家网吧，直到花光了身上所有的钱才想到回家。小林不愿意与人交流，甚至经常莫名其妙地发脾气，有时显得十分暴躁。

你是怎么看待这种情况的呢？

活动体验

活动一　你言我语话网络

（1）全班同学分为 A、B 两组。A 组持正方观点：网络利大于弊。B 组持反方观点：网络弊大于利。两组各派 4 名选手进行辩论。

（2）写下你认为的网络的利与弊。

____

____

____

____。

活动二 我诉我心

（1）网络小调查。在括号内填“是”或“否”。

① 你是否经常上网？（ ）

② 你上网的时候是否经常玩游戏和聊天？（ ）

③ 你是不是在课下搜集了很多关于游戏的海报和手册等？（ ）

④ 你是否特别喜欢谈论关于网络的问题？（ ）

⑤ 你是否因为上网与父母发生争吵？（ ）

⑥ 你上网的时候是不是很烦家人的打扰？（ ）

⑦ 你是否下线后仍继续想着上网的情景？（ ）

⑧ 你是否觉得需要花更多的时间在网络上才能得到满足？（ ）

⑨ 你是否向家人或师长撒谎以隐瞒自己涉入网络的程度？（ ）

⑩ 你是否不能成功地减少和控制上网的时间？（ ）

（2）全班同学自由发言，讲述自己与网络的故事。

____

____

____。

知识解析

第一部分 互联网对大学生的影响

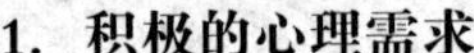

要点一 大学生上网的心理需求

1. 积极的心理需求

（1）追求开放性与求知求新心理。网络是一个开放的信息源，多种文化、思想观念共生，为大学生追求开放性和多元性提供了平台。

（2）满足自我实现愿望。在网络世界里，每个网民都拥有平等的发言权，人们不需要过多的面具。

（3）满足归属感的需求。对人类来说，寻求归属感是一种基本需求。通过互联网，大学生交往范围扩大，选择性明显增强。

2. 消极的心理需求

（1）猎奇心理，追求感官刺激。一部分大学生上网的目的是猎奇，即追寻一种在现实生活中难以了解、通过正当渠道难以获得的新奇事物或信息，并借以获得感官刺激。

（2）急功近利心理。网络信息的丰富与快捷使许多大学生把上网当作通往成功的捷径和有利条件。在他们眼里，网络就是商机，网络就是生财之道。电子商务、留学资讯、成才捷径、求职之路备受一部分大学生的关注。他们渴望凭借这些信息，成为网络时代的成功人士。

（3）逃避现实的解脱心理。大部分大学生都会遇到这样或那样的挫折和危机，诸如学习上的、感情上的、人际关系上的。同时，复杂的社会生活也会使思想相对不成熟的青年学生感到难以应对。部分大学生在现实中受挫时，往往愿意到虚幻的网络空间去倾诉，互联网成了他们逃避现实、寻求自我解脱的一个良好的渠道和环境。

（4）虚拟的自我实现心理。强烈的自我意识是大学生群体的一个显著特征，虚拟的网络可以成为大学生实现自我的一个理想王国。在网络上，大学生可以享受到网络特有的平等、自由、成功、刺激的感觉，暂时摆脱学习与就业的压力，以及社会与家长的希望造成的心理上的压抑。

要点二　网络对大学生心理发展的影响

1. 网络对大学生心理过程的影响

历史证明，技术是一把锐利的双刃剑。正如英国历史学家阿诺尔德·约瑟夫·汤因比所说，“技术每提高一步，力量就增大一分。这种力量可以用于善恶两个方面。”在看到互联网给人类带来巨大好处的同时，我们也应当看到，其负面效应正在影响人类的生活。

（1）网络对大学生认知发展的影响

网络拓宽了大学生的认知视野，提高了大学生的认知效率，激发了大学生的认知潜能。同时，铺天盖地的信息对大学生现有的接受能力和判断能力提出考验和挑战。没有明确价值指向的信息长期充斥大学生的大脑，干扰大学生的学习、思考和价值取向，必将影响大学生思维的深度和广度，阻碍大学生认知中对信息的准确选择和内化过程，阻碍良好判断力的形成。

（2）网络对大学生情感的影响

网络极大地拓展了大学生情感交流的空间，也是大学生情感宣泄的重要渠道。当大学生的一些不良情绪、情感在网络中得到宣泄并获得其他网民的认可时，其不良情感可能会得到强化。网络虽然缩小了人们之间的时空距离，但是拉大了人们之间的情感距离。

（3）网络对大学生意志的影响

网络有助于培养大学生独立的意志品质，然而无节制地上网只会消磨人的意志。无节制上网通常是由于大学生的自制力弱而造成的，这种上网方式反过来又强化了原有的弱自制力。终日沉醉于虚拟世界的上网学生，有明显的意志减退和意志缺乏现象，对学习产生厌恶感，并逐步失去信心。

（4）网络对大学生人格的影响

自我意识是人格的核心内容，大学生正处于自我意识不断增强而又不稳定的时期，注重自尊、自信、自我展现。网络既增强了大学生的平等意识和民主观念，又可能导致大学生自我意识的膨胀和集体意识的淡薄。网络游戏中的角色扮演，容易导致大学生人格的分裂和异化。

2. 网络对大学生行为心理的影响

（1）网络对大学生交往心理的影响

网络扩大了大学生人际交往的范围，有助于满足大学生强烈的交往需求。网络也丰富了大学生交往的方式，提供了越来越多方便快捷的交往方式。大学阶段是人际交往能力和人际关系形成的重要时期，过多依赖网络交往会使大学生与现实生活中的人际交往相脱离。网络交往难以形成真实可信和安全的人际关系，大学生在网络交往中一旦上当受骗就容易对现实产生怀疑、悲观和敌意的态度。

（2）网络对大学生道德心理的影响

大学生在网络这个自由空间可以获取各种道德体检，积累丰富的经验，有助于增强主体的道德选择、自我评价的行为能力，从而拓展、延伸和强化人性中的品德结构和伦理气质，促进人的完善和发展。同时网络也容易引发大学生道德选择和道德评判的冲突。网络信息污染弱化了大学生的思想道德意识，威胁着大学生的道德伦理。网络的隐蔽性使道德行为的自由度和灵活性显著增强，少数人甚至认为在网络世界里不需要对自己的行为负责，将自我凌驾于社会法律之上，无视道德的存在，不忌伤害别人，更甚者可能违法犯罪。

（3）网络对大学生性心理的影响

网络能及时提供丰富的性知识，满足大学生对性奥秘的探究心理。但黄色网站和色情信息对大学生性心理会造成极为恶劣的影响。缺乏辨别力的大学生会产生性认知偏差，甚至在开放的性观念的驱使下，放纵自己的性行为来宣泄和满足自己的性需求。

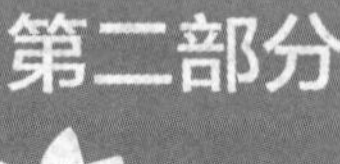

第二部分 大学生手机依赖

要点一 大学生手机依赖的原因

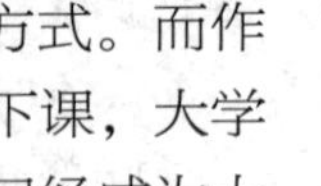

21 世纪是信息化、数字化的时代，手机上网已成为人们一种新型的生活方式。而作为引领时代潮流的大学生，更是成了手机使用最广泛的群体。无论是上课还是下课，大学生拿着手机看视频、聊天、打游戏，已经是司空见惯的场景。显然，手机上网已经成为大学生必不可少的生活方式。大学生手机依赖的原因主要有以下 3 种。

1. 信息渴求

大学生思维敏锐，对新事物的接受能力强，而手机作为第五媒体的重要组成部分，其自身的便捷和强大的网络功能，在一些较为重大、敏感的实际问题上的传播通常先于传统媒体，并以快速、广泛的优势在手机中传播，以最快速度抓住了学生们的眼球。同时，现代化的智能手机还拥有许多其他的功能，如电子支付、微信、手机游戏、看书、新闻短视频等。处在青年阶段的大学生，对知识和信息充满了渴求，手机的便捷应用，满足了大学生对信息处理的渴求。同时，当代大学生善于接受新环境，具体表现为追求流行、大众等诸多方面。特别是现在很多软件设计界面友好，游戏设计深谙消费者心理，特别吸引人的注意力，让人欲罢不能，不知不觉就让人养成习惯，自觉变成低头族。

2．独立心理

手机的强大功能让大学生越来越依赖手机，不论是学习打卡还是休闲娱乐都离不开它。在方便学习、生活的同时，手机也阻隔了大学生与外界乃至亲朋好友面对面的交流，还会引发大学生的生理和心理问题。

3．排遣情绪

大学时期的学生情绪波动比较大，面对多姿多彩的校园文化生活和较高中时期的“自由化”，以及新的自主学习模式，一时很难适应，出现了“理想间隙期”，在心理上会出现寂寞、无助。同时，理想和现实的差异，造成大学生无法对自己正确地认知与评价，很容易造成其自我意识的“两极化”，具体表现为情绪上的不安与焦躁。他们的这些负面情绪需要排解和发泄，而手机正是因为其方便的优点、诸多的功能迎合了大学生们的这种需求，成为他们找寻安全感和排遣烦躁无聊的“小助手”。但同时过于依赖手机与外界交流，也容易养成沉迷于虚拟世界的习惯，越来越难以走进现实生活。

要点二　大学生手机依赖的影响

手机上网已经成为大学生必不可少的生活方式。对手机的高频率使用，势必引起对手机的高度依赖，而手机依赖已经让大学生产生了很多的睡眠、行为或情绪问题，这对他们的身心健康发展非常不利。手机依赖其实是一种新型的心理疾病，是指人们由于过度使用手机而对手机产生了依赖，一旦不使用手机，就没有安全感，坐立不安，造成心理和生理的不适。对大学生而言，手机依赖对生理、心理和社会影响如下。

1．生理影响

目前，“触屏指”、眼疲劳、听力下降、颈椎疾病等症状层出不穷，国内外研究已证实这正是“低头族”的表现，这种症状可能是由于过度使用手机引发的。长期使用手机会引起身体疲乏、精神不振、视力下降、情绪低迷、失眠等症状，更严重的是使用过程中过于沉迷手机从而引发交通事故。长期注视手机屏幕的青少年更容易出现视物模糊、眼睛干燥、眼部胀痛、视力下降等不适症状。人在使用触屏手机设备时需要保持颈部深度屈曲，持续时间过长可能导致颈部疼痛，这已成为显著的健康问题。晚上使用手机与睡眠质量也显著相关，过度使用可导致睡眠障碍，影响学生的认知和学习能力。

2．心理影响

长期过度使用智能手机可导致成瘾行为，导致学生自律性下降，无节制使用，这对大学生的心理健康造成很大的影响。大学生心理健康表现在价值观、世界观、人生观层面，过度依赖手机对大学生的世界观、价值观和人生观都会产生较为突出的影响。在世界观层面上，学生由于浪费大量的时间在手机网络上，然而网络上掺杂各种各样的信息，学生缺乏判断是非能力，无法汲取有用的信息，这不仅大大减少了他们认识生活、学习的时间，而且影响了他们对生活的认识，甚至有的大学生自暴自弃，对世界产生消极的态度。在人生观层面，手机网游使学生迷失了方向，有的大学生长期沉迷游戏，耽误学校课程、逃课旷课、迟到早退甚至辍学，很少花时间思考如何更好地学习和成长，形成扭曲的人生观，迷失人生方向。在价值观层面，由于学生的价值观尚未真正形成，手机网络的影响，让自律性差的学生在正常的教育教学活动中无法全心投入且忽视了现实社交，这对他们人生价值的实现产生巨大影响。

3．社会影响

手机的智能化给人们的生活带来了海量信息，人们的生活方式和社交方式发生了翻天覆地的变化。一些大学生似乎发展成了被手机信息“绑架”的群体：睡前、醒后、吃饭、走路、如厕、聊天、开会、工作学习都离不开手机，手机已经成为校园里不可替代的必需品。学生由于长期依赖手机，导致机械式思维和“无思想状态”，最终渐渐迷失自我。此外，攀比、功利性动机开始出现在高校，这使购买智能手机不再是单纯的获得工具，如当下很多大学生追求外观时尚价格昂贵的手机，智能手机已演变成炫耀和攀比式的消费。

要点三　如何避免手机依赖的负面影响

长时间依赖手机缺乏运动会导致身体能量不足。能量不足会导致大脑前额叶没有充足的能量进行工作，负向情绪增加，情绪低落会使人丧失意志力。大学生可采用以下 4 种方式避免手机依赖的负面影响。

1．加强时间管理

大学生主要的任务是学习，因此，要合理规划学习时间，制订合适的目标，加强时间管理。按重要紧急性原则制订当天的学习计划，利用科学的时间管理方法进行当天的任务管理，完成任务后可以给予自己一些小奖励。

2．慎选安装软件

现在的手机功能非常丰富，安装软件需要根据当前阶段的学习目标进行选择。除了一些生活必备软件，如支付软件、交通软件等，大学生可主要考虑安装一些对学习有帮助的软件，对于娱乐软件的安装要先查看评论，有选择性地安装，特别是要慎选游戏软件。

3．增加身体素质

现代人习惯于网络沟通后会导致不同程度的生理和心理问题，因此，我们可以在使用手机间歇设置屏保，强迫自己放下手机眺望远方或者走进大自然，养成运动习惯，提高身体素质，增加免疫力。

4．培养健康的兴趣爱好

手机软件一般画面感强，比较抓人眼球，能刺激镜像神经元，促使人的多巴胺分泌。多巴胺驱使我们采取行动和消耗体能。如很多商品的广告能够促使我们分泌多巴胺，从而导致冲动消费。镜像神经元的功能是让我们注意观察别人在想什么、感觉如何、在做什么。这会促使我们理解他人，并对他人的感觉做出回应。但在这一过程中，我们很可能被别人影响，从而感觉自己的意志力下降，不愿意从事学习这一类相对脑力消耗大的艰难活动。因此，为了避免注意力涣散、意志力减退，可以通过培养一些有益身心健康的兴趣爱好来休闲娱乐，同时提升我们的专注力，比如做手工、学习一门乐器等。

第三部分 互联网时代下的心理健康

要点一 大学生网络心理问题的表现形式

1. 网络恐惧

大学新生特别是来自经济落后地区的学生，很少接触互联网，进入大学后面对色彩斑斓的网络世界，可能会感到害怕和迷茫。另外，一些对网络比较熟悉的大学生也有这样的障碍，他们对网络的畏惧主要是害怕跟不上网络的快速发展，怕掌握不了最新的网络技术而被淘汰。

2. 网络依恋

长时间沉溺于网络游戏、上网聊天，醉心于网上信息、网上猎奇，会造成大学生对网络的过度依赖和依恋，导致个人生理受损，正常的学习、生活及社会交往也会受到严重影响。

3. 网络交往障碍

通过敲击键盘进行交流，与现实中的人际交往有很大差别，大学生容易因过度沉迷网络交际而引发现实生活中的社交障碍。例如，一些大学生因上网而忘记了自己在现实生活中的角色，整日沉溺在网络上，心甘情愿地退出现实生活。长久下去，他们会忽视身边的亲情、爱情、友情，在情感上封闭自己，将自己孤立于狭小的生活圈子，以致产生情感障碍。另外，网络的虚幻性容易使大学生意志消沉，精力涣散，导致学习效率下降、记忆力下降、思维能力下降。

4. 网络孤独

一些大学生由于性格内向、自卑、心思敏锐，而不愿意或不善于与他人交往。他们青睐于网上交往这种匿名、隐匿性别和身份的形式，常向网友发泄自己的不良情绪，排解忧虑，这样他们的心情会得到放松。可下网后他们发现自己面对的依然是四壁空空的孤独，这使他们感到网络对孤独抑郁的排解并没有实际的意义。

5. 网络人格心理失真

一些大学生在网络情景和现实生活情景中交替出现两种或多种不同的性格特征，表现为网上网下缺乏同一性，行为判若两人，人格缺乏相应的完整性、和谐性，从而形成虚拟角色与现实角色相混淆的二重人格冲突。网络人格心理失真，具体表现为脱离现实、退缩、孤僻、幻想等行为特点。

6. 网络依赖

一部分大学生上网时精神极度亢奋并乐此不疲，获得心理满足且不能自制，通宵达旦上网，对现实生活无兴趣，即为“网络成瘾症”。“网络成瘾症”可造成人体植物神经紊乱和体内激素水平失衡，使免疫功能降低，出现食欲不振、记忆力减退、焦虑、忧郁、情感淡漠、行为怪诞等症状。大学生对网络过度依赖，将发展成身体上的依赖，最终给大学生的身体和心理带来严重的伤害。

7. 网络越轨

随着上网时间的增加，一部分大学生将猎奇和追求刺激作为网上生活的主要内容，自我约束能力降低。他们会破译他人网络密码，窃取、篡改他人网上信息，散发、编制病毒，当黑客；或利用计算机技术窃取其他网络用户及一些公司、企业、网站的账户，从中谋取非法利益，还有的学生为了发泄自己的不满情绪，揭发他人隐私、毁人形象，在网上散布虚假信息，甚至恶意中伤他人。这些行为既给他人、组织、社会造成不良影响，同时也给自身带来严重的身心伤害。

要点二 大学生网络心理健康的标准及网络心理问题调适 

1. 网络心理健康的标准

（1）正确认识网络。

（2）面对网络能保持情绪的稳定。

（3）较好的自我控制能力。

（4）虚拟与现实环境中的人格统一。

（5）良好的道德约束力。

（6）信息选择和辨认的能力。

2. 大学生常见网络心理问题调试适

（1）网络焦虑的治疗与预防。

首先，要学会客观分析自己网络不适应问题产生的原因。其次，要看到自己的实力所在，在艰苦环境下可以取得学业上的成功，说明自己缺乏的不是能力，而是锻炼的勇气和机会。最后，要不断培养自己积极正确的信息意识，提高自身的信息处理能力；要树立安全防范意识，在上网之前需要学习相关的网络安全常识，提高自己的网络安全防范水平和技术。

（2）网络依恋的调适。

网络依恋是指个体由于长时间沉溺于网络而与网络之间结成的特殊情感关系，表现为网络信息收集成瘾、网络交际迷恋、网络游戏迷恋、网络恋情迷恋、网络制作迷恋、网络色情迷恋等。调适网络依恋的关键是树立正确的网络认知，认识到过分使用网络对自己的危害，坚持预防为主。首先，要分析自己上网的动机和情绪所在；其次，要合理安排上网时间和上网内容，尽量减少无目的浏览和无意义上网；最后，在现实中主动发展人际交往，形成健康的人际关系。

要点三 网络成瘾及其调适

1. 网络成瘾的含义

网络成瘾指个体强烈地渴望上网的倾向与行为。成瘾者明知这会给自己带来身心的危害，并严重影响正常生活，却还是沉溺其中，且情况会日益加重，严重影响成瘾者的日常生活和社会功能。无法上网时，成瘾者就会焦虑不安、激动甚至情绪失控。

2. 网络成瘾的症状

（1）对网络的使用有强烈的渴求或冲动感。

（2）减少或停止上网时会出现周身不适、烦躁、易激惹、注意力不集中、睡眠障碍等戒断反应。

（3）为达到满足感不断增加上网时间和投入程度。

（4）使用网络难以控制，多次努力未成功。

（5）固执使用网络而不顾其危害后果，即使知道也难以停止。

（6）使用网络作为一种逃避问题的途径。

（7）网络成瘾的判断标准为平均每日连续上网达到 6 小时，且符合症状标准达 3 个月。

3. 网络成瘾的调适

（1）树立科学的网络观

首先，大学生要认识到，我们是网络这一工具的主人，而不是网络的奴仆。网络资源是人类社会不可缺少的财富，我们要很好地利用它来成长自我、打造幸福生活。其次，应该认清网络社会并非真实的社会，大学生在学校里的学习、生活、恋爱及人际交往才是活生生的充满情感的现实生活，网络世界只是现实世界的调剂和补充。大学生只有树立了正确的网络观，才有可能合理地使用网络资源，准确把握自我，认清自己的真实需要，处理好现实社会与虚拟社会的关系，避免网络成瘾。

（2）加强自律与自我管理

大学生只有自律才能充分实现其自尊、自主与自由，培养强大的自制力，养成良好的“慎独”习惯。在网络社会里，一方面其信息量十分庞大，各种文化理念与价值观激烈碰撞；另一方面网络具有极大的隐蔽性和虚拟性，如不加约束，带来的危害将无法想象。

（3）丰富课余生活

大学生要善于利用课余时间，参加一些有意义的讲座、讨论会、学术报告、文娱活动、社团活动等，尽量培养自己的多种兴趣爱好。这样可以使生活充实丰富，有利于增强自信心和社会适应能力，同时也避免了因为生活空虚单调而陷入网络世界无法自拔，对大学生的身心健康发展非常有利。

（4）积极求助心理咨询和治疗

老师、家人、朋友会让你感受到家庭和社会的温暖与支持，会采取各种办法把你从网络虚拟世界拉回到现实中来。心理咨询人员会根据你的成瘾程度，从专业角度对成瘾行为采取必要的心理干预和治疗。

测评推荐

网络使用程度自测量表

请对以下 20 个陈述按照发生的频率，用 0 ~ 5 分进行评分，0 ~ 5 分的具体含义如下。

0 分—没有，1 分—罕见，2 分—偶尔，3 分—较常，4 分—经常，5 分—总是。

（1）你发现待在网上的时间会超出预计时间。（　　）

（2）由于上网时间太长，以致你忘记了要做的事情。（　　）

（3）你觉得上网的愉悦已经超过与恋人或伴侣间的亲昵。（　　）

（4）你会与网上的人建立各种关系。（　　）

（5）你的亲友会抱怨你花太多的时间上网。（　　）

（6）由于你花在网上的时间太多，以致耽误了学业和工作。（　　）

（7）你宁愿去查收电子邮件，也不愿意去完成课业。（　　）

（8）上网已影响到了你的学习成绩或工作业绩。（　　）

（9）你尽量隐瞒你在网上的所作所为。（　　）

（10）你会同时想起网上的快乐和生活中的烦恼。（　　）

（11）在准备开始上网时，你会觉得你早就渴望上网了。（　　）

（12）没了互联网，生活会变得枯燥、空虚和无聊。（　　）

（13）别人打扰你上网时，你会恼怒或吵闹。（　　）

（14）你因为深夜上网而睡不着觉。（　　）

（15）睡觉时你仍全身心想着上网或幻想着上网。（　　）

（16）你上网时老想着“就再多上一会儿”。（　　）

（17）你尝试减少上网时间，但失败了。（　　）

（18）你企图掩饰自己上网的时间。（　　）

（19）你选择花更多的时间上网，而不是和朋友出去玩。（　　）

（20）当你外出不能上网时，你会感到沮丧、忧郁和焦虑，一旦能上网，这些感觉就消失了。（　　）

标分标准

请把你选择的各项分数加在一起，得出总分。

结果解释

（1）24 ~ 49 分：你是一个一般的上网者，只是有时会上网时间稍长，但总体上仍能够自我控制，尚未沉溺于此。

（2）50 ~ 79 分：你由于上网似乎开始引起一些问题，你该谨慎对待上网给你带来的影响以及给亲友带来的影响。

（3）80 ~ 100 分：上网已经给你和你的家庭生活带来很多问题，你应该正视并尽快解决这些问题。

第十一章 大学生生命教育与危机应对

真实案例

小程出生在一个偏远的山区，每天上学要走好几千米的山路，他一直想为父母争口气并改变自己的命运，通过刻苦努力学习，他考上了大学，成为当地来到大城市求学的第一个大学生，他走的时候全村还为他举办了欢送仪式。大学期间，他一直认真听课按时完成作业，课余时间积极参加学校的各种活动，晚上还坚持跑步锻炼。本来家里人都指望他毕业后留在城市里找一个稳定体面的工作，谁知道他在大三下学期因为和同学尝试合伙创业，误入校园贷，最终难以偿还高额贷款，又不想连累家人，灰心丧气之下想选择结束自己的生命。当他在 QQ 签名上发出“生存不易，死不足惜”的签名时，好友及时联络到他，邀请他去找辅导员求助，并想办法报案，寻找解决问题的方法……

生命是最宝贵的，生命对每个人只有一次，这仅有一次的生命要怎样过呢？人生路上不可能一帆风顺，人人都有可能面临过不去的坎儿，如何觉察自己处于危机中，面对危机我们该如何应对呢？

让我们勇敢面对危机，在学习自助与助人中不断成长，让我们一起来思考生命的价值，活出自己独特的生命意义吧！

活动体验

活动一　生命之旅

背景音乐：班得瑞轻音乐《神秘园之歌》。

同学们安静下来后，播放音乐。老师用舒缓而柔和的声音、中慢速朗读下面的引导语。

大家好，我是你们的伙伴，今天我将带你们度过一段神奇的旅程。

现在请大家闭眼。

听，远方传来一阵美妙的音乐，悠扬，动听。你听，海浪一层层推来，好像就到了身旁，离你很近很近。

伴随着海浪声和音乐，我将赋予你们一种神奇的能力。用心感受，你们仿佛已经拥有了这种神奇的能力。

你们的灵魂现在已变得很轻很轻，已经离开自己的身体。

你们可以看到现在，看到过去，看到将来。

现在你可以在我们教室的另一个角落，看见教室中的一群人围坐在一起，也能看到你自己。

一道白光在眼前闪过，岁月发生了翻转。

你现在回到了生命最开始的地方。

那个时候，你还在妈妈的肚子里。请用心感受。

那是世间最温暖也是最柔软的地方啊！

爸爸在轻轻地抚摸着妈妈的肚子，也抚摸着你。

你能看到爸爸妈妈年轻时候的模样吗？

能看到他们脸上洋溢的笑容吗？

你是不是长得很像年轻时候的他们？

音乐很动听，时光也随之流淌，爸爸妈妈的容颜在音乐中悄悄淡去。

时间过得很快，一转眼，你已经出生了。不久之后，你开始上幼儿园了。

还记得那个和你要好的玩伴吗？

还记得你们一起玩过的游戏吗？

还记得那幅不一样的画作吗？

童年的时光应该是最开心的吧，无忧无虑。

时光永远不会停留下脚步，也不会等待我们任何一个人。

你现在已经上小学了。还记得那个时候，你是什么样的状态吗？

你是自己一个人上下学？还是有人接你？那个人是谁？你还记得吗？

那个时候，爸爸妈妈的关系怎么样？

一家人是不是一起围坐在餐桌上吃饭，说说笑笑？

时光真的是种奇怪的东西，它奔跑的速度真的很快。

你已经小学毕业升入初中了。

这是一天的早晨，天气很好。

你穿过熟悉的校门，慢慢步入校园，走在熟悉的道路上。

偶尔会从窗户传来清亮的读书声，或老师讲课的声音。

你可能有了自己第一个喜欢的男生（女生）吧？

那是一个怎样的男孩（女孩）呢？
你会做一些简单但是又特别的事情去吸引他（她）的注意吗？
那是多么简简单单的情感，简简单单的时光啊！
真是美好啊！

时间，它永远不会因为人们留恋、不舍的情绪而驻足。
时间来到了你高中的时候。
你感受到学业的压力了吗？你的成绩怎么样？
你会焦虑吗？会憧憬着以后的大学生活吗？
你现在坐在高考的考场里，考试还顺利吗？
成绩出来了。看到成绩的这一刻，你是什么反应？
失望？伤心？还是开心？欣喜？

在欢快的音乐中，你迎来了到校报到的日子。
道路两旁都是彩旗、气球，志愿者们、学长学姐们面带善意的笑容。
你又认识了来自不同地方的室友、同学，
经过了军训……

好的，你现在来到了我们这个时间、这个地点。
你还是能够在一旁看到我们所有人，包括你自己。

时光依然没有停留，继续往前走。
你看到了更多，也经历了很多，岁月在你身上刻下了很多印记。
你能看到毕业时候的事情……
毕业 5 年了……
毕业 30 年了……

岁月催人老，你不止一次地在感叹，如今你已经真的老去，
真的很老很老了。
躺在床上，你的生命已经走到了最后的时刻。
你闭上眼睛，回顾你这一生。
从儿时的无忧无虑、青少年的校园时光、中年的磕磕碰碰，
再到老年的黄昏风景。
一幕幕、一幅幅画面在你眼前闪过。
这一生，你遇到了很多人。
父母、亲人、朋友、妻子（丈夫）、孩子……
也有很多遗憾。

但是你已经足够感谢了，
感谢生命中遇到的这些人、这些事，
也感谢生命本身。
一道白光在你眼前闪过，岁月发生了反转。
你获得了一次再生的机会。

你对刚刚的一生，有什么反思？
在新的生命中，你又会做些什么不一样的尝试？
在悠扬的音乐声中，你的灵魂开始变得沉重，步伐变得缓慢，
灵魂慢慢回到了你的身体。
你完成了一段神奇的旅程——生命之旅。

现在，请慢慢地睁开眼，开始重新认识这个世界和生命。

你的感想：____
____
____
____
____
____。

活动二　探讨成长

1. 播放科普片

播放科普片《任何生命都是由种子孕育而生》。全班同学分组讨论：在看到“几亿精子一起冲向一个卵子，最终只有一个精子取得胜利”时感受到了什么？然后每个小组自愿产生代表和全班同学分享。

2. 小组成员探讨成长话题

组员间探讨分享：我感受到的父爱（母爱）；我第一次离家的感受；生理发育成熟时我的感受；18 岁意味着什么；青春期我刻骨铭心的经历；成长中的性与爱；如何看待大学生同居；我的职业目标；怎样看待同学间的冲突；成长中的快乐与无奈。最后每个小组自愿产生代表和全班同学分享。

你的看法：____
____
____
____
____。

活动三　感悟生死

（1）在温和的音乐和老师的指导语的引导下，每位同学为自己的生命做一个“丈量”。

在一张白纸的中部画一条横线，给这条线右侧加上一个箭头，让它成为一条有方向的线，在线条的左侧，写上“0”，在线条右侧的箭头旁边，写上你为自己预计的寿命。在这条线的最上方，写出你的名字，再写上“生命线”3个字。在生命线的上下方、左右侧留下自己不同颜色的标记，上方表示快乐，下方表示挫折与困难，这样我们的生命线才称得上完整。检测一下自己的生活质量，调整一下自己看世界的眼光，规划一下自己的未来，明确目前需要做出的努力，然后分组讨论。

（2）每位同学在悲伤的音乐和老师的指导语的引导下写下面临“生命终止”时，最想做的10件事。在有限的时间里，逐件去掉，直至“保留一件事”。

你最想做的10件事：____

____

____

____

____

____

____。

（3）每位同学在2分钟内写出自己的“墓志铭”，说出自己“活着的理由”。

______________的墓志铭

____

____

____

____

____。

活动四 生命中的5样

（1）在白纸中间郑重地写下你的名字。

（2）在你名字下方写下你生命中最重要的5样东西。这5样东西可以是实在的物体，也可以是精神层面的东西。

（3）在你的5样重要东西中去掉一样。

（4）在剩下的4样东西中再去掉一样。

（5）在剩下的3样东西中再去掉一样。

（6）在剩下的两样东西中再去掉一样。

（7）这就是你的人生优先排序。如果在生活中遇到无所适从的时候，不妨用头脑中的打印机，把这张纸无形地打印出来。它会告诉你，什么才是你的最爱，什么才是你最为重要的东西。

你的5样重要东西：____

____

____

____

____。

你最为重要的东西：____

____

____。

活动五 唤醒生命

（1）阅读下面的故事短文。

他生活宽裕，爱好旅游，常利用闲暇时间开着自己的车四处游历。前不久，他又进行了一次长途旅行。经过半个多月的奔波，他到达了平均海拔 3000 多米的青藏高原地区。只身旅行，难免孤寂，他打开车里的收音机，却收听不到任何节目。

车子进入高原腹地。穿越戈壁和沙丘的道路，两旁没有成活的草木，有的只是冰天雪地和不时刮起的狂风。他一路上领略着奇特的高原风光，不料赖以行进的汽车却出了故障。他仔细检查了半天，竟然没有找到任何原因。他想起以前听别人说过，如果遇到这种情况，唯一能做的事情就是等待过往的车辆，请别的司机帮忙修理，或者帮助他拖着坏了的车离开这里。

只有等待，他一直等了 3 天。糟糕的是，3 天里竟没有任何车辆从这里经过，甚至连一个人影都没看见。那是怎样的一个世界啊，死一般的沉寂、空旷。他携带的食物和水已所剩无几，处境非常险恶，如果再等不到过往的车辆或者能够帮助他的人，等待他的只有死亡。又过了两天，一场大雪将他的车慢慢覆盖。他又冷又饿，因为食物已经全部吃完了。

迷迷糊糊中，蜷缩在车内的他被一种声音吵醒。爬出车来，他看见车顶上趴着一只不知名的小鸟。那只小鸟也许是在寻觅食物，看起来同样无助，正用微弱的声音不停地鸣叫着。霎时间，他的泪水禁不住涌出，这是 5 天来，他第一次听到来自生命的声音！他伸出手，轻轻地捉住了那只小鸟，将它放进相对暖和的车厢里。他开始打起精神，试着努力自救。他反反复复地仔细检查汽车，终于找到了故障的原因，原来是化油器上的一个零件阻塞了油路。车子修好了，他靠虚弱的身体开着车向前行驶了 40 多千米，抵达一个牧民居住点，他终于得救了。只是，那只吵醒他的小鸟在车子行驶的途中不幸死去了。

这段经历，后来他常常谈起。他说："是那只小鸟求生的叫声，挽救了我的生命。"直到今天，作为纪念，他还把那只风干得比拳头还小的小鸟保存在自己的书橱里。

（2）全班同学分组讨论交流：你怎么看待文中的主人公"把那只风干得比拳头还小的小鸟保存在自己的书橱里"这一做法？

你的看法：____

____

____

____

____。

（3）假如你在旅途中遇险，你会采取什么方式挽救生命？

____。

活动六 50 年后的相会

（1）全班每位同学都运用自己的想象力预测一下 50 年后大家再相聚的情景，然后把自己想象的场景用彩笔画在纸上，10 分钟后全班同学分组进行分享交流。

（2）你觉得画画和言语表达有什么不同？

____。

（3）你的画作给了你什么启示？

____。

（4）同伴的作品给你怎样的启示？

____。

知识解析

第一部分 生命教育与危机识别

要点一 生命的内涵

从广义上理解，可以把一切有机体的存在，包括人、动物、植物、微生物都叫作生命

的存在。从狭义上理解，生命专指人的生命，即人从出生至死亡的全过程。狭义的生命可以从以下 4 个层面来解读。

1. 自然生命

生命首先是一个自然的物质存在，这一物质存在与其他物质具有共同的组织特性。人和动物的共性是首先是一个肉身。生命正是因为是自然界中一个物种的存在，才使各种生命的文化、内核、精神层面的内容有所依托。也正是因为生命的自然性，使它短暂、脆弱、独特。自然生命使每个人不可脱离现实去看待生命，使每个人都有需求对这一自然物进行探寻，需要每个人以遵循自然规律的方式认识生命、了解生命。

2. 社会生命

人的社会属性决定了人的生命内涵包括社会生命。因为人的生命离不开社会生活和社会交往，人是社会的人，人的生命通过个人所承载的社会角色、文化规则及其所从事的事业展开。在人类社会高度发达的今天，人与人通过社会关系连接在一起，人从一出生就成为社会群体中的一员，这不是以人的意志为转移的。人们也是通过各种社会关系，吸收各种信息，传达各种信息，实现个人理想，传递各种情感，展现个人才能，在社会这个大团体中实现人生价值。实践既是人的生命的基础，又成为生命的特性，是生命的表现形式。人的生命通过实践展开，在实践中生成，又在实践中展开。

3. 精神生命

精神生命是个体完美人格的基础。在精神人格中，真、善、美、利四者是统一的。“真”注重的是人的科学精神，即合规律性；“善”注重的是人的道德精神，体现精神生命的伦理观，即合目的性；“美”注重的是人的审美精神，体现精神生命美学观，即生命感受性；“利”注重的是人的价值精神，体现精神生命的价值观，即生命的价值性。人的生命与其他生命体最大的不同就是人的活动具有目的性。动物的生命简单明了，但是人的生命却是自然的半成品，自然赋予人以有限的肉体，人在此基础上发展了更高层面的自由的意识、主观的体验和无限的精神。生命是有限的、短暂的，但生命表现出的精神特质却可以是无限的。所以人意识到自然生命的有限，才不断追求精神生命的无限，用精神生命的无限来弥补自然生命的有限，以无限超越有限。

4. 价值生命

“价值”一词，是指事物的用途和积极意义。西方哲学家认为价值就是有意义。人类的社会实践活动因为创造并实现价值而有意义。价值生命具体表现在：作为价值主体，生命的存在和属性只有满足了人的需要才能产生价值。无论是个人的需求还是社会的需要，都必须依托于生命的存在及其固有属性，离开了生命，一切发展和进步都将无法实现。生命的价值存在于人的实践活动之中，生命的价值既不是生命作为客体的存在及其属性本身，也不是主体的需要和能力，是价值客体和主体在实践活动中的产物，离开了实践，价值就无法产生。

要点二　大学生生命教育的意义

大学生生命教育是保证大学生健康成长的客观要求和现实需要，帮助大学生了解生命的来之不易，激发大学生对自己生命的热爱，以正确的态度看待人生问题，懂得珍惜生命，以积极的态度迎接生活。大学生生命教育的意义主要体现在以下 3 个方面。

1. 促进大学生健康成长

大学时期是个体人生重要的转折时期，青春蓬勃又显得极为脆弱。开展生命教育，可以让大学生深刻理解生命的内涵。作为一名大学生，不仅仅要追求“活着”，更要追求“有意义地活着”。生命的意义在于让自己有限的生命创造出无限的价值，大学生应尽早规划自己的人生，懂得一个人的成长不仅包括身体的健康成长，还包括人格的健全，促进自我各方面协调发展。

2. 帮助学生正确面对压力与挫折

许多大学生存在心理问题，有的已经严重影响其学习与生活。从大学生面临的现实问题来看，其心理应激源主要在于学习、就业、交往以及经济负担等。生命教育可帮助大学生掌握一定的生理和心理知识，了解关于生命的知识，提高他们对生命的感悟和深层认识。面对挫折与应对挫折，是人成长的重要组成部分，部分大学生之所以感到迷茫，是因为没有体验到挫折的真正意义，对人生缺乏精神层面的正确认知。只有经历了奋斗和拼搏中的失败与成功、奉献与回报，才能升华生命的境界。

3. 帮助学生正确接纳自我

开展生命教育，可以帮助大学生认识自我、探索自我、了解自我。许多大学生在进入大学这个新环境后，面对多元化的评价标准，一些在竞争中处于弱势的学生，容易进行不恰当的比较，看不到自己的优点，产生自卑感，不能够正确评价自我。开展生命教育，可以让大学生认识到自己生命的独特性与特殊性，面对优势，不骄傲，不自大；面对缺陷，不埋怨，不自卑；培养大学生良好的自我意识，引导其正确地面对客观现实，正确地认识自我、评价自我、悦纳自我，并不断努力，积极塑造更加完善的自我。

要点三　识别心理异常

1. 认识心理异常

如何确定一个人是否心理异常或是否有心理障碍呢？心理正常与不正常行为之间的界限是否很清楚呢？对一个人是否心理异常的判断通常建立在专家对个人行为的评估的基础上。描述心理异常的 7 项标准如下。

（1）痛苦或功能不良

个体因痛苦或功能不良而造成身体或心理衰退或丧失行动的自由。

（2）行为方式妨碍目标达成

个体的行为方式妨碍了目标的达成，无利于个人的幸福，甚至严重扰乱了他人的目标和社会的需要，如总是醉酒而无法坚持完成一项工作，或因为醉酒对他人的安全造成威胁等。

（3）非理性

个体的行为或言语方式是非理性的或不能被他人所理解的。个体若对事实上不存在的声音有反应就是非理性的行为。

（4）不可预测性

个体从一个情境到另一个情境的行为都是不可预测的或无规律的。一个孩子无缘无故用拳头打碎玻璃即具有不可预测性。

（5）非惯常性和统计的极端性

个体的行为方式在统计学上处于极端位置且违反了社会认为不可接受或赞许的标准。

（6）令观察者不适

个体通过令他人感到威胁或遭受痛苦而造成他人的不适。一个人走在大街上自言自语地大声讲话，就会令周围的路人感到不适。

（7）对道德或理想标准的违反

个体违反了社会规范对其行为的期望。

可以从以上的条目中看出，判定心理异常的指标并不是显而易见的，没有哪一条标准可以单独作为充分条件来区分异常行为和正常行为。正常和异常之间的差别，并不是两个独立行为类别之间的差异，而是一个人的行为合乎一整套公认的正常标准的程度。最好将心理异常理解为一个从心理健康到心理疾病的连续体。

2．心理异常的诊断标准

判断个体的心理活动是否正常，是否具有心理疾病，其判断标准并不是非此即彼、黑白分明的，往往需要参照一些原则进行衡量。判断心理异常的总体指导原则有 3 条。

（1）个体行为是否与其所处情境的要求相符合，即主体的心理活动是否与环境具有统一性。

（2）个体自身的心理活动是否具有完整的协调统一性。

（3）个体的个性特征是否具有相对的稳定性。

对心理异常实施诊断的操作过程中，所运用到的判定标准如下。

（1）经验标准

首先是主观经验，由于存在心理异常，个体可能经历过不愉快或自己不能控制的某些行为，始终无法摆脱困境，据此，个体可以判断自己存在心理异常，并主动寻求医生帮助。但是，仅仅依靠个体自身的主观经验作为判定标准是不够的。一方面，当心理异常严重到一定程度时，本人会丧失自知力，即难以对自己的心理状态做出符合客观实际的认识和评价；另一方面，某些心理异常患者并不认为自己的心理有异常。

经验标准还包括医者自身的主观经验，即设身处地的诊断模式，这种经验标准因人而异，缺乏一定的可靠性。

（2）社会适应标准

人生活在特定的社会文化环境中，社会必然对个体的行为具有规范性的要求。人要适应社会环境，其行为就必须符合社会规范，必须根据社会要求和道德准则行事。因此，心理和行为异常是相对于社会常态而言的。通过考察一个人对人对己的态度，与他人交往的方式和人际关系情况，社会适应和社会功能情况，就可以对其是否心理异常做出判断。使用这一标准时，应注意社会文化的差异，在某一社会文化背景下被认为是正常的心理和行为，在另一社会文化背景下可能被视作异常。

（3）社会常规模型和统计学标准

社会常规模型和统计学标准即对正常心理特征进行测量，以群体中具有这种心理特征的人数分布为依据，把变态心理看作对“正常的偏离”。

（4）精神症状标准

心理异常就其主观上的感受体验或客观上的动作行为都必然有其外在表现。异常心理活动的临床表现即为各种精神（心理）症状。因此，是否存在精神症状可作为是否异常的判定标准。再进一步，还可根据症状的内容和形式，以及症状的组合和相互关系，来对心理障碍进行分类。有些精神症状与正常精神活动有着质的差别，例如幻觉、妄想等重性精神病的症状；有些症状与正常精神活动之间只有量的差别，例如各种神经症中的焦虑。对于后者，判断其是否属于精神症状比较困难，必须结合具体的情境来分析。日常生活中的情绪反应，例如遇到高兴的事时感到愉快，遇到挫折时感到沮丧、郁闷等，都属于正常心理活动。但如果持续很长时间，程度与客观事件不相称，以致影响了个体的社会功能时，就属于精神症状了。

第二部分 危机应对与危机干预

要点一 大学生常见心理危机

1. 认识大学生心理危机

大学生心理危机是指大学生个体或群体面临大于其承受能力范围的压力或认为自己面临某种重大生活事件，不能（或认为自己不能）解决、处理和控制时产生的严重心理失衡状态。临床实践研究表明，大学生心理危机包括3个核心要素：第一，大学生面临或认为自己面临某种导致心理压力的重大或意外的事件，如亲人去世、重病，或本人失恋、落选、失业、重要考试失败等；第二，躯体和意识出现不适感觉，但尚未达到精神病程度，不符合精神诊断要求；第三，遭遇到依靠自身能力无法应对的困境。

2. 大学生常见心理危机的类型

大学生心理危机一旦发生并出现后果，就会对个体、他人产生强烈破坏性的影响。大学生常见心理危机可分为以下5类。

（1）躯体疾病导致的心理危机

大学生在患急性疾病时容易出现以下心理反应。

① 焦虑，轻者感到紧张、忧虑、不安，重者甚至感到大祸临头。

② 恐惧，轻者感到担心、疑虑，重者惊恐不安。

③ 抑郁，可致使患者情绪低落、悲观绝望、言语减少，不愿与人交往，严重者甚至出现自杀的念头或者行为。

大学生在患慢性疾病时容易出现以下心理反应。

① 抑郁，性格内向的患者尤其容易产生这类心理反应。

② 性格改变，如总是责怪、埋怨、挑剔，对躯体方面的微小变化非常敏感。

（2）失恋导致的心理危机

失恋可引起严重的痛苦和愤懑情绪，有的可能出现自杀行为，或把爱变成恨，出现攻击行为，攻击恋爱对象或所谓的第三者。

（3）亲人死亡导致的哀伤反应

哀伤是人们对于失落所产生的一种正常而自然的情绪反应。哀伤的反应是复杂的，有时候不仅仅会有单纯的哀伤反应，还会涉及其他更多的认知、行为与情绪的反应。有些哀伤反应是正常的，但是有些哀伤反应却会延迟出现、压抑、过度强烈或持续过久，变成未完成的、慢性化的哀伤，影响生命的质量与人际关系。

与死者关系越是密切的人，产生的哀伤反应越严重。亲人如果是猝死或意外死亡，引起的哀伤反应最为严重。

以下是 3 种常见的哀伤反应。

① 急性反应

急性反应是指在听到噩耗之后陷于极度痛苦的反应，严重者情感麻木或者昏厥，也可能出现呼吸困难或窒息感，或痛不欲生呼天抢地，或处于极度激动状态。

② 伤痛反应

伤痛反应是指当事人在居丧期间出现焦虑、抑郁，或自己认为对死者生前关心不足而感到自责或有罪，脑子里常浮现死者形象或出现幻觉，难以开展日常活动，甚至不能料理日常生活，常伴有疲乏、失眠、食欲降低和其他胃肠道症状。严重者可能产生自杀念头或行为。

③ 病理性居丧反应

如果哀伤或抑郁的情绪持续数月以上，有明显的激动或迟钝性的抑郁，自杀念头持续存在，幻觉、妄想、情感淡漠、惊恐发作，活动过多而无哀伤情感，行为草率或不负责任等，则为病理性居丧反应。

（4）重要考试失败导致的心理危机

重要考试失败导致的心理危机是指对个体本身具有重要意义的考试失败引起个体痛苦的情感体验，通常表现为退缩、不愿与人接触等。个体之所以出现这种心理危机，主要是由于个体通过失败经历对自己形成负面评价，出现较强的无助感、无价值感，导致自尊心下降，甚至出现习得性无助。

（5）因陷入校园贷或者其他暴力事件导致的危机

近年来，一些大学生因为周遭环境的刺激，难以抵御诱惑，为了满足自己的超前消费等非理性行为，陷入校园贷等陷阱，造成心理和身体双重打击，甚至威胁到生命安全。

要点二 大学生心理危机的预防

大学生心理危机的预防与干预应以预防为主。预防是前提，是基础，也是关键。只有把预防工作做实做好，才能有效地降低心理危机及恶性事件的发生。与狭义危机干预相比，预防是一项更为主动、积极，也更有意义的工作。

以下情况是心理压力超过应对能力的征兆，存在的情况越多且持续的时间越长，就越需要帮助。

（1）直接表露自己处于痛苦、抑郁、无望或无价值感中。

（2）易激惹，过分依赖，持续不断地悲伤或焦虑，常常流泪。

（3）注意力不集中、成绩下降、经常缺勤。

（4）孤僻、人际交往明显减少。

（5）无缘无故地生气或与人敌对。

（6）酒精或毒品的使用量增加。

（7）行为紊乱或古怪。

（8）睡眠、饮食或体重明显增减，过度疲劳，体质或个人卫生状况下降。

（9）日记或其他发挥想象力的作品所透露出的主题为无望、脱离社会、愤怒、绝望、自杀或者死亡。

（10）任何书面或口头表达出的内容就像在临终告别或透露出自杀的倾向，如“我会离开很长一段时间”等。

（11）出现自伤或自杀行为。

扫一扫

如何预防心理危机

大学生应提高预防和应对心理危机的能力，要了解心理危机的基本常识，学会辨认心理危机，增强危机中求助和助人的意识与能力；完善心理品质，提高面对挫折的能力；认识并学习应对现实生活中可能遇到的各种挫折；接受必要的社会实践锻炼，在实践中去感受挫折、经受考验、锤炼意志、提高能力。

要点三 危机干预的实施

危机干预本身属于一种心理卫生的救助措施，主要对心理适应陷入危机状态者给予适时救援，助其渡过危机，并根据个体情况转向有关机构进行治疗。处于危机中的当事人，常常会忽略一些明显的事情，包括对自身资源的忽略。

自我支持技术的目的在于从自身的角度出发来解决危机、调整情绪，使自身的功能水平得到恢复。

1. 如何自救

（1）寻求滋养型的环境

个体在危机中陷于莫名其妙的恐惧和不知所措的境地，不知道发生了什么事情，也不知道将来会发生什么事情，但可以肯定的是，那些过去有类似经历的人，从他们的经验中能够获得解决办法。因此，向有经验的人或心理咨询老师求助，是寻求解决问题的办法之一。

（2）积极调整情绪

危机的出现会使人们极度地紧张和沮丧，这些情绪反应不仅是内在的、强烈的不适感，而且是消极的挫折体验，将使危机进一步恶化。当危机超出个体控制以及个体无力改变外部事物时，把握自己的情绪尤为重要。情绪调节法包括抑制、分散等回避痛苦的方法。这些方法能转移人的消极思想和情绪，为个体心理重建赢得时间。当遇到的痛苦得到宣泄的时候，情绪会适度舒缓，因此，向朋友倾诉、自我对话、大声独白和心情记录都是调整情绪的方法。

（3）建立良好的人际关系

孤立无援的个体希望能够得到别人的帮助，在危机期间和危机过后，个体都需要与周围的人保持良好的人际关系，但不一定是提供强烈的情感支持，而是与其保持日常联系，共同分享经验，共同面对事物。这有助于遭受危机的个体重新适应社会，还可以分散注意力，缓解消极紧张情绪。另外，每个人在与朋友的交往中都带有肯定自我的成分，倾向于选择能肯定其自我价值的人做朋友。

（4）面对现实，正视危机

在危机的前期，个体习惯采用积极的态度来应对危机，利用一切可以利用的资源来避免危机带来的损害。但到了危机中后期，当个体应对危机的策略失败，个体感到绝望的时候，他们就会消极地逃避现实，采取退缩的策略来应对危机。而面对现实、正视危机，有利于个体激发自身潜在的力量，动用一切资源寻求危机的解决办法。

（5）暂时避免做出重大决定

处于危机中的个体处理问题的能力比平时要低，由于个体受到问题和情感的双重困扰，搜集信息和处理信息的能力受到一定限制。个体在对面临的问题无法进行深入分析，掌握的信息量又少的情况下，很难做出正确的决策。个体虽然很想摆脱危机，努力去寻找一切解决问题的办法，但危机的无法控制往往使个体无功而返，甚至造成更大的伤害。因此，在危机时期，不做重大决定，有利于个体的自我保护，避免再次受到伤害。

（6）寻求专业帮助

如果通过自身调节难以摆脱较强的负面情绪走出困境，可以求助身边的专业人士。比如心理委员、辅导员和心理健康教育中心的咨询师等。

2. 如何帮助他人

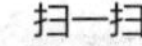

如何面对心理危机的人群

（1）倾听：保持冷静和耐心倾听，让他们倾诉自己的感受；认可他们表露出的情感，不要进行评判，也不要试图说服他们改变自己的感受。

（2）询问：直接询问，不转弯抹角，打破心理危机者的静默。

（3）确认：确认后立刻求助，特别是已经有准备行为的。

（4）求助：向辅导员、心理咨询中心、所有觉得有帮助的人求助。

（5）陪伴：心理危机者需要外界强有力的陪伴和保护。

扩展阅读

心理干预 7 步模型

心理干预 7 步模型由艾伯特·罗伯特提出，用于帮助有急性的心理危机、急性的情境性危机和急性的应激障碍的人群。模型包括 7 个步骤，如图 11-1 所示。

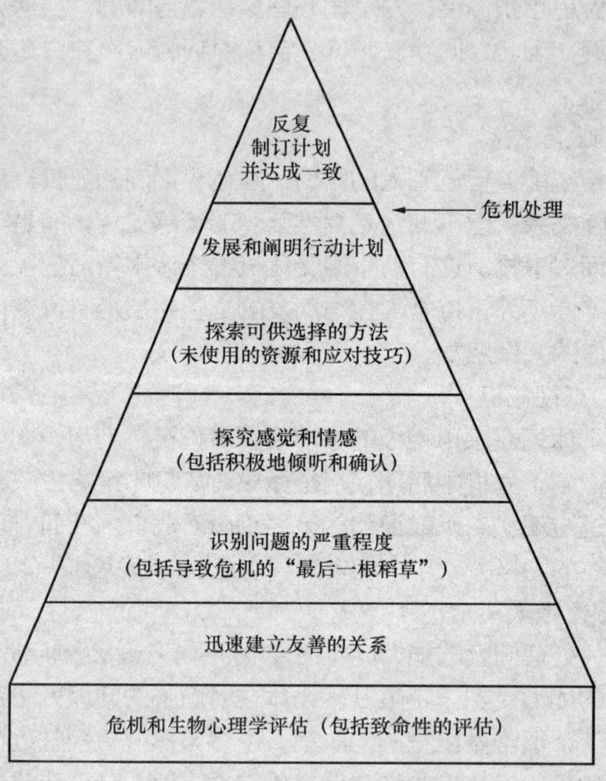

图 11-1 心理干预 7 步模型

（1）危机和生物心理学评估。评估涉及对于危险性的迅速评估，包括对自残、暴力的危险性、药物治疗的需要等情况的评估。

（2）迅速建立友善的关系。向对方表示你的尊敬和接纳是关键。要极力去迎合当事人的话题，并保持中立而不做评判，尽量确保不要表露个人观点；保持冷静，并使局面处在掌控之中。

（3）识别问题的严重程度。首先用开放性问题让当事人用自己的语言解释和描述他（她）遇到的问题，这样便于危机干预工作者了解问题真相。可以感受到危机干预工作者的关注与理解，对当事人来讲很重要，这也有利于友善、信任关系的进一步建立。然后采用问题解决疗法，识别当事人的能动性和应对资源，包括对其以往有效应对策略的辨别。

（4）探究感觉和情感。利用鼓励性语言，让当事人感到危机干预工作者在仔细聆听，这些口头反馈在电话干预中尤为重要。除此之外，反应、解释、情绪定性等都是可使用的技巧。反应包括重复当事人所说的话、所表达的感情和想法；解释包括用危机干预工作者本人的语言来重复当事人的话；情绪定性包括归纳出隐含在当事人话语中的情感，如“你听起来非常生气”。

（5）探索可供选择的方法。危机干预工作者和当事人的合作能使潜在的应对资源更为丰富，供选择的方法范围更为广阔。因此，危机干预工作者的创造性、灵活性和应变能力是成功干预的关键。

（6）发展和阐明行动计划。危机干预工作者应在限制性最小的模式下帮助当事人感到自主性。这一步骤中的重要环节包括识别可供联系的人和转接资源，以及提供应急机制。

（7）反复制订计划并达成一致。第一次会面后，危机干预工作者应与当事人达成一致，共同确定能使危机得到解决的计划。

一、抑郁自测量表

请根据自己近一周的实际情况来进行选择。1、2、3、4依次表示从无、有时、经常、持续。

1. 我感到沮丧、郁闷	1	2	3	4
2. 我早晨心情最好	4	3	2	1
3. 我经常哭或想哭	1	2	3	4
4. 我睡眠不好	1	2	3	4
5. 我吃饭像平时一样多	4	3	2	1
6. 我身体的各项功能正常	4	3	2	1
7. 我体重减轻	1	2	3	4
8. 我为便秘烦恼	1	2	3	4
9. 我的心跳比平时快	1	2	3	4
10. 我无故感到疲劳	1	2	3	4

续表

11. 我的头脑像往常一样清楚	4	3	2	1
12. 我做事情像平时一样乐观	4	3	2	1
13. 我坐卧不安，难以保持平静	1	2	3	4
14. 我对未来充满希望	4	3	2	1
15. 我比平时更容易激怒	1	2	3	4
16. 我觉得决定什么事很容易	4	3	2	1
17. 我感到自己是有用的和不可缺少的人	4	3	2	1
18. 我的生活很有意义	4	3	2	1
19. 假若我不在别人会过得更好	1	2	3	4
20. 我仍旧喜爱自己之前喜爱的东西	4	3	2	1

评分标准

将20个题目的得分相加，即得粗分。标准分等于粗分乘以1.25后的整数部分。总粗分的正常上限为41分，标准总分为53分。

抑郁严重度 = 各条目累计分 /80

结果解释

0.5以下者为无抑郁，0.5 ~ 0.59为轻微至轻度抑郁，0.6 ~ 0.69为中至重度，0.7以上为重度抑郁。

注意事项：关于抑郁症状的分级，除参考量表分值外，主要还要根据临床症状，特别是要害症状的程度来划分，量表分值仅能作为一项参考指标而非绝对标准。

二、焦虑自评量表

请你根据自己最近一周的实际情况进行回答。

1. 我觉得自己比平常容易紧张和着急。
2. 我常无缘无故地感到害怕。
3. 我容易心里烦乱或感到惊恐。
4. 我偶尔觉得自己快要疯掉了。

5. 我觉得一切都很好，也不会发生什么不幸。
6. 我时常手脚发抖打颤。
7. 我因为头痛、颈痛和背痛而苦恼。
8. 我感觉很容易疲乏。
9. 我觉得心平气和。
10. 我觉得日常的心跳很快。
11. 我因为间歇性头痛而苦恼。
12. 我有晕倒症状或偶尔觉得要晕倒似的。
13. 我呼吸很舒畅。
14. 我偶尔手脚麻木和刺痛。
15. 我因为胃痛和消化不良而苦恼。
16. 我常常要小便。
17. 我的手是干燥温暖的。
18. 我时常脸红发热。
19. 我容易入睡并且睡眠质量较好。
20. 我时常做噩梦。

评分标准

该测试采用 4 级评分，主要评定症状出现的频度，标准如下：没有或很少时间有计 1 分，有时有计 2 分，大部分时间有计 3 分，绝大部分或全部时间都有计 4 分。在 20 个题目中，第 5，9，13，17，19 题，是用正性词陈述的，按 4 ~ 1 分顺序反向计分；剩余 15 题是用负性词陈述的，按 1 ~ 4 分顺序评分。将 20 个项目的各个得分相加，即得粗分。用粗分乘以 1.25 后取整数部分，就得到标准分。

结果解释

50 ~ 59 分：轻度焦虑。

60 ~ 69 分：中度焦虑。

70 分以上：重度焦虑。

参考文献

[1] [美] 罗兰・米勒. 亲密关系（第 5 版）[M]. 王伟平，译. 北京：人民邮电出版社，2016.

[2] 中国计划生育协会. 青春健康生活技能培训指南——成长之道 [M]. 北京：中国人口出版社，2012.

[3] 刘杰. 高校开展生命教育的新视角 [J]. 教育评论，2011（3）：52–54.

[4] 姚萍. 大学生心理健康与咨询 [M]. 北京：北京大学出版社，2010.

[5] 张成山，江远. 新编大学生心理健康教育（第二版）[M]. 北京：清华大学出版社，2010.

[6] 何冬梅，王丽娜. 大学生心理健康教育教程 [M]. 北京：中国电力出版社，2010.

[7] 周家华，王金凤. 大学生心理健康教育 [M]. 北京：清华大学出版社，2004.

[8] 马雁平，陈萍，张澜. 大学生心理健康教育 [M]. 长春：吉林大学出版社，2011.

[9] 朱琦，张艳萍. 大学生心理健康教育实践指导 [M]. 成都：西南交通大学出版社，2013.

[10] 张汉芳，金琼. 大学生心理健康 [M]. 北京：世界图书出版公司，2014.

[11] 鲁忠义，安莉娟. 大学生心理健康教育 [M]. 北京：教育科学出版社，2015.

[12] 袁一平，张楠，梁润华. 心灵方舟——大学生心理健康教程 [M]. 武汉：华中师范大学出版社，2015.

[13] 蔡晓军，张立春. 自助与成长——大学生心理健康教育 [M]. 北京：教育科学出版社，2010.

[14] 罗新兰. 大学生心理健康教育 [M]. 杭州：浙江大学出版社，2014.

[15] 王丽萍，黄车白. 大学生心理健康 [M]. 北京：北京师范大学出版社，2011.

[16] 吴青枝，王利平. 大学生心理健康教育 [M]. 北京：现代教育出版社，2012.

[17] 翟巧丽，李娜，黄莉. 大学生心理健康教育教程 [M]. 北京：中国传媒大学出版社，2012.

[18] 黄志军. 当代大学生网络心理问题及其对策 [J]. 教育观察，2015，4（4）：63–64.

[19] 吴才智，蒋湘祁. 大学生心理健康 [M]. 上海：华东师范大学出版社，2013.

[20] 马建青. 大学生心理健康 [M]. 北京：人民教育出版社，2013.

[21] 张大均. 大学生心理健康教育 [M]. 北京：科学出版社，2010.

[22] 江光荣. 大学生心理健康 [M]. 武汉：华中师范大学出版社，2018.

[23] 江光荣. 心理咨询的理论与实务（第 2 版）[M]. 北京：高等教育出版社，2012.

[24] [英] 约翰·鲍尔比. 依恋三部曲——丧失 [M]. 付琳，译. 北京：世界图书出版公司，2018.

[25] 钟谷兰，杨开. 大学生职业生涯发展与规划（第 2 版）[M]. 上海：华东师范大学出版社，2016.

[26] [美] 简妮·爱丽丝·奥姆罗德. 学习心理学（第 6 版）[M]. 汪玲，李燕平，廖凤林，等译. 北京：中国人民大学出版社，2015.

[27] 戚昕. 大学生心理健康教程 [M]. 北京：人民邮电出版社，2020.

[28] 张馨之. 班杜拉社会学习理论在青少年德育中的应用 [D]. 烟台：鲁东大学，2015.

[29] 余灿. 高校学生社团对大学生个人成长影响的研究 [D]. 上海：上海师范大学，2017.

[30] 王宇中，孙小博，姚星星. 恋爱资源及其对等性与恋爱质量的关系 [J]. 中国心理卫生杂志，2015，29（10）：767-773.

[31] 邓林园，许睿，方晓义. 父母冲突与大学生恋爱冲突及其解决的关系：大学生自我分化的中介作用 [J]. 中国特殊教育，2015（11）：89-96.

[32] 张怡斌. 高校双性化性别角色教育中隐性教育的实施 [J]. 继续教育研究，2011（9）：137-139.

[33] 娄文涛. “手机依赖”对大学生心理健康的危害及矫治方法 [J]. 现代经济信息，2017（1）：393.

[34] 李利丽，周矗. 智能手机依赖行为对大学生心理健康的负面影响与对策 [J]. 当代教育实践与教学研究，2019（10）：225-226.

[35] 刘红，王洪礼. 大学生的手机依赖倾向与孤独感 [J]. 中国心理卫生杂志，2012（1）：66-69.

[36] 潘嘉楠，王悦. 大学生手机依赖症的心理因素分析及对策研究 [J]. 时代教育，2013（10）：106.

[37] 庄红平，王娟，陈端颖. 大学生心理健康教育 [M]. 长春：东北师范大学出版社，2012.

[38] 吴少怡. 新编大学生心理健康教育 [M]. 西安：西安交通大学出版社. 2018.